高等数学

李景昌　主编

丁瑞　张延莉　副主编

经济管理出版社

图书在版编目(CIP)数据

高等数学/李景昌主编. —北京:经济管理出版社,2007.6
ISBN 978 - 7 - 80207 - 967 - 0

Ⅰ.高…　Ⅱ.李…　Ⅲ.高等数学　Ⅳ.013

中国版本图书馆 CIP 数据核字(2007)第 074483 号

出版发行:**经济管理出版社**
北京市海淀区北蜂窝 8 号中雅大厦 11 层
电话:(010)51915602　　　　邮编:100038

印刷:北京银祥印刷厂　　　　　　　　经销:新华书店

责任编辑:娄俊杰　王光艳
技术编辑:杨　玲
责任校对:郭红生

787mm×1092mm/16　　　　　　16.75 印张　　386 千字
2007 年 7 月第 1 版　　　　　　2007 年 7 月第 1 次印刷
印数:1—7000 册　　　　　　　　定价:34.00 元
书号:ISBN 978 - 7 - 80207 - 967 - 0/F·840

前　言

　　本书作为高职教育的知识载体,在深化教育教学改革、全面推进素质教育、培养创新人才中有着举足轻重的地位。高等数学是高职院校各专业重要的基础课程之一,随着高职教育的蓬勃发展和教学改革的不断深入,为了适应高等职业教育培养高技能人才的需要,更好地贯彻教育部等七部门《关于进一步加强职业教育工作的若干意见》的有关精神,在认真总结兄弟高职院校高等数学课程的教学改革经验以及我院教师的教学经验的基础上,我们组织编写了教材《高等数学》,本书力求充分考虑高职教育的特点与要求,使其既满足高职各类专业需要,又适合高职学生的不同知识需求。

　　在本书的编写过程中我们遵循以下原则:

　　1. 注重以实例引入概念,并最终回到数学应用的思想,加强学生对数学的应用意识和兴趣,培养学生用数学思想消化吸收专业知识的能力。注意与实际应用联系较多的基础知识、基本方法和基本技能的训练,但不追求过分复杂的计算和变换。

　　2. 缓解课时少与教学内容多的矛盾,恰当地把握教学内容的深度和广度,不过分追求理论上的严密性,尽可能显示微积分的直观性与应用性,适度注意保持数学自身的系统性与逻辑性。

　　3. 充分考虑高职学生特点以符合高职学生的认知结构,便于学生自学。在内容处理上兼顾对学生抽象概括能力、逻辑推理能力、自学能力以及较熟练的运算能力和综合运用所学知识分析问题、解决问题的能力的培养。对课程的每一主题都尽量从几何、数值和解析三个方面加以体现,避免只注重解析推导。

　　4. 注意有关概念的解释,以及与专业实际的联系,力求表述确切、思路清晰、通俗易懂,并注重数学思想与方法的阐述。注意培养学生的综合素质,体现数学课程改革的新思路——数学教学不仅要具备工具功能,而且还要具备思维训练和文化素质教育的功能,也就是要立足于综合素质教育,重视培养学生的科学精神、创新意识和综合运用数学解决实际问题的能力。

　　5. 注意数学软件包 MATHEMATICA 的引入,力求做到易教、易学、易懂。

6. 全书共分八章,教学学时不少于 60 学时。

本书由李景昌任主编,丁瑞、张延莉任副主编,张焕玮主审。第一、四、五、七章以及附录由李景昌编写,第二、三章由丁瑞编写,第六、八章由张延莉编写。

编者水平有限,错误在所难免,敬请批评指正。

编 者

2007 年 3 月

—目 录—

第一章 极限与连续

第二章 导数与微分

第三章　导数的应用

第四章　不定积分

第五章　定积分

第六章　微分方程

第七章　多元函数的微积分

第八章　无穷级数

第一章　极限与连续

极限的概念是微积分学中最基本的概念之一,本章在给出极限的描述性定义的基础上研究函数的连续性.

§1.1　极限的概念

一、数列的极限

定义 1.1　以正整数 n 为自变量的函数 $y_n = f(n)$,把函数值依自变量 n 由 $1,2,3,\cdots$ 依次增大的顺序排列起来:

$$y_1, y_2, y_3, \cdots, y_n, \cdots$$

这样的一列数称为数列,记作 $\{y_n\}$. 数列中的每一个数叫做数列的项,y_n 称为数列的一般项或通项.

例如 $\quad 2, \dfrac{3}{2}, \dfrac{4}{3}, \dfrac{5}{4}, \cdots, \dfrac{n+1}{n}, \cdots$ $\hfill$ (1.1)

$$-1, \frac{1}{2}, -\frac{1}{3}, \frac{1}{4}, \cdots, (-1)^n \frac{1}{n}, \cdots \tag{1.2}$$

$$1, -1, 1, -1, \cdots, (-1)^{n+1}, \cdots \tag{1.3}$$

$$1, 3, 5, 7, \cdots, (2n-1), \cdots \tag{1.4}$$

由上述几个例子可以看到,当 n 逐渐增大以至无限增大时,数列(1.1)由大于 1 而无限接近于 1;数列(1.2)时而大于 0,时而小于 0,但无限接近于 0;数列(1.3)在 -1 与 1 之间振荡,不与任何常数接近;数列(1.4)无限变大,而不与任何常数接近.

像上面数列(1.1),(1.2),当 n 无限增大时,y_n 无限趋近于一个常数,这样的数列我们称为有极限的数列,这个常数称为数列的极限值.

定义 1.2　设有数列 $\{y_n\}$,如果当 n 无限增大时,y_n 无限趋近于一个确定的常数 A,我们称常数 A 是数列 $\{y_n\}$ 的极限,或称数列 $\{y_n\}$ 收敛于 A,记作

$$\lim_{n \to \infty} y_n = A \quad \text{或} \quad y_n \to A (n \to \infty)$$

对于上例(1.1)有

$$\lim_{n\to\infty}\left(1+\frac{1}{n}\right)=1 \quad 或 \quad 1+\frac{1}{n}\to 1(n\to\infty)$$

数列(1.2)有

$$\lim_{n\to\infty}(-1)^n\frac{1}{n}=0 \quad 或 \quad (-1)^n\frac{1}{n}\to 0(n\to\infty)$$

如果当 $n\to\infty$ 时,y_n 不趋向于一个确定的常数,我们就说数列 $\{y_n\}$ 没有极限,或称数列 $\{y_n\}$ 是发散的.

对于上述数列(1.3),(1.4),它们都是发散的.

二、函数的极限

数列是定义于正整数集合上的函数,它的极限是一种特殊函数的极限. 现在,我们讨论一般定义于实数集合上函数的极限.

1. 当 $x\to\infty$ 时,函数 $f(x)$ 的极限

例1　$f(x)=\frac{1}{x}(x\neq0)$,如图 1 – 1.

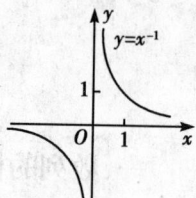

我们现在讨论当 x 无限增大时,函数的变化趋势. 从图形可以看出,当自变量 x 连续无限增大时,因变量 $f(x)$ 就无限趋近于常数零. 这时,我们称 x 趋于无穷大时,$f(x)$ 以零为极限.

图 1 – 1

定义 1.3　如果当 $x\to\infty$ 时,函数 $f(x)$ 无限地趋近于一个常数 A,那么称常数 A 为函数 $f(x)$ 在 $x\to\infty$ 时的极限,记作

$$\lim_{x\to\infty}f(x)=A \quad 或 \quad f(x)\to A(x\to\infty)$$

对于例1,$f(x)=\frac{1}{x}(x\neq0)$,有 $\lim\limits_{x\to\infty}\frac{1}{x}=0$.

在定义 1.3 中,x 可取正值或负值,即 x 趋于无穷大指的是既可趋于正无穷大,又可趋于负无穷大. 如果限制 x 在某个时刻后,只取正值(或负值)我们记为

$$\lim_{x\to+\infty}f(x)=A \quad 或 \quad \lim_{x\to-\infty}f(x)=A$$

称为变量 x 趋于正无穷大(或负无穷大)时,$f(x)$ 以常数 A 为极限.

例如图 1 – 2.

$$\lim_{x\to+\infty}\left(\frac{1}{2}\right)^x=0$$

$$\lim_{x\to-\infty}2^x=0$$

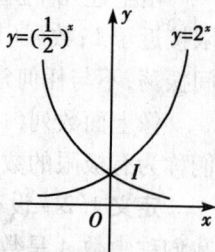

2. 当 $x\to x_0$ 时,函数 $f(x)$ 的极限

例2　函数 $f(x)=x+1$,讨论当 $x\to1$ 时,函数变化的趋势,列表 1 – 1.

图 1 – 2

表 1 - 1

x	0.9	0.99	0.999	…	1	…	1.001	1.01	1.1
$f(x)$	1.9	1.99	1.999	…	2	…	2.001	2.01	2.1

由表 1 - 1 可以看到 x 趋于 1 时，$f(x)$ 趋于 2，这时称 x 趋于 1 时，函数 $f(x) = x + 1$ 以 2 为极限.

例 3　已知函数 $f(x) = \dfrac{x^2 - 1}{x - 1}$，如图 1 - 3. 讨论当 x 趋于 1 时，这个函数的变化趋势.

显然表 1 - 1 中的所有数值，除 $x = 1$，$y = 2$ 这对数值外，其他的数值均适用于这个函数. 同样由表 1 - 1 可以看出，当 x 无限趋近于 1 时，函数 $f(x)$ 的值趋近于 2，这时称 x 趋于 1 时，函数 $f(x) = \dfrac{x^2 - 1}{x - 1}$ 以 2 为极限.

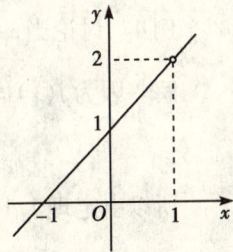

图 1 - 3

定义 1.4　如果当 $x \to x_0$ 时，函数 $f(x)$ 无限地趋近于一个常数 A，那么称常数 A 为函数 $f(x)$ 在 $x \to x_0$ 时的极限，记作

$$\lim_{x \to x_0} f(x) = A \quad \text{或} \quad f(x) \to A \, (x \to x_0)$$

注意　当研究 $x \to x_0$ 时，函数 $f(x)$ 的极限是指 x 充分接近 x_0 时 $f(x)$ 的变化趋势，而不是求 $x = x_0$ 时 $f(x)$ 的函数值. 所以研究 $x \to x_0$ 时，函数 $f(x)$ 的极限问题与 $x = x_0$ 时 $f(x)$ 是否有意义无关.

由以上定义，我们很容易得到两个常见的简单的极限

$$\lim_{x \to a} x = a \qquad \lim_{\substack{x \to x_0 \\ (x \to \infty)}} c = c \quad (c \text{ 为常数})$$

另外，初等函数 $f(x)$ 在 $x \to x_0$ 处有定义时，$\lim\limits_{x \to x_0} f(x) = f(x_0)$，此结论在 §1.5 中讨论.

3. 左极限与右极限

前面给出的 $x \to x_0$ 时 $f(x)$ 的极限，x 趋于 x_0 的方式是任意的，可以从 x_0 的左侧 $(x < x_0)$ 趋于 x_0，也可以从 x_0 的右侧 $(x > x_0)$ 趋于 x_0. 但是，有时我们只能或只须考虑 x 仅从 x_0 的左侧趋于 x_0（记作 $x \to x_0^-$），或仅从 x_0 的右侧趋于 x_0（记作 $x \to x_0^+$）时，$f(x)$ 的变化趋势.

定义 1.5　如果当 x 从 x_0 的左侧趋于 x_0 时，函数 $f(x)$ 无限地趋近于一个常数 A，那么称常数 A 为 x 趋于 x_0 时函数 $f(x)$ 的左极限，记作

$$\lim_{x \to x_0^-} f(x) = A$$

例如，$\lim\limits_{x \to 1^-} \sqrt{1 - x} = 0$，$\lim\limits_{x \to 0^-} \arctan \dfrac{1}{x} = -\dfrac{\pi}{2}$.

如果当 x 从 x_0 的右侧趋于 x_0 时，函数 $f(x)$ 无限地趋近于一个常数 A，那么称常数 A 为 x 趋于 x_0 时函数 $f(x)$ 的右极限，记作

$$\lim_{x \to x_0^+} f(x) = A$$

例如, $\lim\limits_{x \to 1^+} \sqrt{x-1} = 0$, $\lim\limits_{x \to 0^+} \arctan \dfrac{1}{x} = \dfrac{\pi}{2}$

根据左右极限的定义, 显然可以得到如下定理.

定理 1.1 $\lim\limits_{x \to x_0} f(x) = A$ 成立的充分必要条件是

$$\lim_{x \to x_0^+} f(x) = \lim_{x \to x_0^-} f(x) = A$$

例 4 讨论当 $x \to 0$ 时, $f(x) = |x|$ 的极限是否存在.

解 因为 $f(x) = |x| = \begin{cases} x & x \geq 0 \\ -x & x < 0 \end{cases}$

$$\lim_{x \to 0^+} f(x) = \lim_{x \to 0^+} x = 0, \quad \lim_{x \to 0^-} f(x) = \lim_{x \to 0^-} (-x) = 0$$

所以由定理 1.1 得 $\lim\limits_{x \to 0} f(x) = 0$, 如图 1-4.

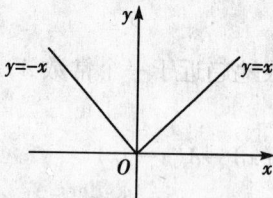

图 1-4

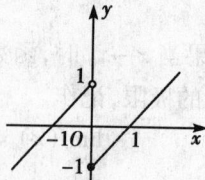

图 1-5

例 5 设 $f(x) = \begin{cases} x-1 & x \geq 0 \\ x+1 & x < 0 \end{cases}$ 讨论当 $x \to 0$ 时, $f(x)$ 的极限是否存在.

解 $\lim\limits_{x \to 0^-} f(x) = \lim\limits_{x \to 0^-} (x+1) = 1$, $\lim\limits_{x \to 0^+} f(x) = \lim\limits_{x \to 0^+} (x-1) = -1$

$f(x)$ 的左、右极限都存在, 但不相等, 所以 $\lim\limits_{x \to 0} f(x)$ 不存在, 如图 1-5.

习题 1.1

1. 讨论下列函数当 $x \to 0$ 时, 函数的极限是否存在.

(1) $f(x) = \begin{cases} x & x \geq 0 \\ x+1 & x < 0 \end{cases}$

(2) $f(x) = \begin{cases} \ln(x+1) & x \geq 0 \\ x & x < 0 \end{cases}$

2. 设函数 $f(x) = \begin{cases} 2x-1 & x < 1 \\ 3 & x = 1 \\ 1 & x > 1 \end{cases}$ 画出它的图像, 并讨论 $x \to 1$ 时, 函数的极限是否存在.

§1.2　无穷小量与无穷大量

一、无穷小量

我们常会遇到以零为极限的变量. 例如: 当 $n \to \infty$ 时, $\dfrac{1}{n}$ 是以零为极限的; 当 $x \to 2$ 时, $x-2$ 是以零为极限的.

定义 1.6　以零为极限的变量称为无穷小量, 简称无穷小.

以上所说的例子中, 当 $n \to \infty$ 时, $\dfrac{1}{n}$ 是无穷小量; $x \to 2$ 时, $x-2$ 是无穷小量.

应当注意, 无穷小量是一个变量, 是一个以零为极限的变量, 它不是一个很小的数. 一个不论多么小的数都是一个常数. 只有常数 0 是一个特殊的无穷小, 因为 $\lim 0 = 0$.

可以验证无穷小量具有如下性质:

(1) 有限个无穷小量的代数和是无穷小量;

(2) 有限个无穷小量的乘积是无穷小量;

(3) 有界变量与无穷小量之积是无穷小量.

推论　常量与无穷小量之积仍是无穷小量.

例　求 $\displaystyle \lim_{x \to \infty} \frac{\sin x}{x}$.

解　因为 $|\sin x| \leqslant 1$, 所以 $\sin x$ 是有界变量; 而 $x \to \infty$ 时, $\dfrac{1}{x}$ 是无穷小量; 所以当 $x \to \infty$ 时, $\dfrac{\sin x}{x}$ 是有界变量 $\sin x$ 与无穷小量 $\dfrac{1}{x}$ 的乘积. 于是, 由性质 3 可知, 当 $x \to 0$ 时, $\dfrac{\sin x}{x}$ 是无穷小量, 所以 $\displaystyle \lim_{x \to \infty} \frac{\sin x}{x} = 0$.

由极限定义和无穷小量的定义, 可以推得以下定理.

定理 1.2　变量 $f(x)$ 以 A 为极限的充分必要条件是 $f(x)$ 可以表示为常数 A 与一个无穷小量之和. 即:

如果　$\lim f(x) = A$, 则有　$f(x) = A + \alpha$;

其中 α 是 $x \to x_0$ (或 $x \to \infty$) 时的无穷小量.

反之, 如果　$f(x) = A + \alpha$, 其中 α 是 $x \to x_0$ (或 $x \to \infty$) 时的无穷小量.

则　$\lim f(x) = A$.

注意　这里是为了省略起见, 在极限符号下面并没有注明变化的趋向, 即它们对于 $x \to x_0$ 或 $x \to \infty$ 等都适用. 当然, 在同一问题中, 自变量的变化过程是相同的, 这一点以后不再加以说明.

二、无穷小量与无穷大量的关系

当我们研究变量变化趋势时,有一类变量具有共同点,在各自的变化过程中都是无限增大的. 如函数 $f(x) = \dfrac{1}{x}$,当 $x \to 0$ 时,$\left| \dfrac{1}{x} \right|$ 无限增大. 函数 $f(x) = x^2$,当 x 无限增大时,x^2 也无限增大. 这类变量称为无穷大量.

定义 1.7　在变量的变化过程中,如果 $|y|$ 可以无限增大,则称变量 y 是无穷大量(简称无穷大),记作　$\lim y = \infty$.

由以上讨论可知,$\lim\limits_{x \to 0} \dfrac{1}{x} = \infty$,$\lim\limits_{x \to \infty} x^2 = \infty$.

在定义 1.7 中,如果变量 y 只取正值(或只取负值),就称变量 y 为正无穷大(或负无穷大),记作　$\lim y = +\infty$ (或 $\lim y = -\infty$).

例如,由函数图像可得出　$\lim\limits_{x \to \frac{\pi}{2}^+} \tan x = +\infty$,$\lim\limits_{x \to 0^+} \ln x = -\infty$.

在求极限的过程中,我们常用到无穷小量与无穷大量的关系,对此有如下定理.

定理 1.3　在变量的变化过程中

(1)如果 $y(\neq 0)$ 是无穷小量,则 $\dfrac{1}{y}$ 是无穷大量;

(2)如果 y 是无穷大量,则 $\dfrac{1}{y}$ 是无穷小量.

(证明略).

三、无穷小量的比较

两个无穷小量的比较,不论在理论上还是在实际问题中,都是很重要的. 所谓两个无穷小量的比较,就是对它们趋向于零的快慢程度进行比较.

例如,当 $x \to 0$ 时,x、$2x$、x^2 都是无穷小量,但它们趋于 0 的速度却不一样. 列表比较如下.

表 1 - 2

x	0.1	0.01	0.001	0.0001	...
$2x$	0.2	0.02	0.002	0.0002	...
x^2	0.01	0.0001	0.000001	0.00000001	...

显然 x^2 比 x 及 $2x$ 趋于零的速度要快得多.

为了比较无穷小量趋于零的快慢程度,我们给出无穷小量阶的概念.

定义 1.8　设 α、β 是两个无穷小量,如果 $\lim \dfrac{\beta}{\alpha} = 0$,则称 β 是比 α 较高阶的无穷小

量,记作 $\beta = o(\alpha)$.

如果 $\lim \dfrac{\beta}{\alpha} = \infty$,则称 β 是比 α 较低阶的无穷小量.

如果 $\lim \dfrac{\beta}{\alpha} = c (c \neq 0, c$ 为常数$)$,则称 β 与 α 是同阶的无穷小量;特别地当 $c = 1$ 时,称 β 与 α 是等价的无穷小量,记作 $\alpha \sim \beta$.

因为 $\lim\limits_{x \to 0} \dfrac{x}{2x} = \dfrac{1}{2}$,所以当 $x \to 0$ 时,x 与 $2x$ 是同阶的无穷小量. 又因为 $\lim\limits_{x \to 0} \dfrac{x^2}{x} = 0$,所以当 $x \to 0$ 时,x^2 是比 x 较高阶的无穷小量,反之,当 $x \to 0$ 时,x 是比 x^2 较低阶的无穷小量.

习题 1.2

1. 函数 $y = \dfrac{1}{(x-1)^2}$ 在什么变化过程中是无穷大量? 又在什么变化过程中是无穷小量?

2. 当 $x \to 0$ 时,下列变量中哪些是无穷小量?

$$2x, \quad \sqrt{x}, \quad \dfrac{2}{x}, \quad \dfrac{x}{x^2}, \quad \dfrac{x^2}{x}, \quad 2^x - 1, \quad \ln(1+x)$$

§1.3   极限的运算

为了解决极限的计算问题,本节将讨论极限运算法则,并利用这些法则去求一些变量的极限. 在下面的讨论中,u、v 都是 x 的函数,a、b、c 都是常量.

定理 1.4   如果 $\lim u = A, \lim v = B$ 则 $\lim (u + v)$ 存在,且
$$\lim (u \pm v) = \lim u \pm \lim v = A \pm B$$
即两个具有极限的变量的和(差)的极限等于这两个变量的极限的和(差).

证明   因为 $\lim u = A, \lim v = B$ 由定理 1.2 有
$$u = A + \alpha, v = B + \beta$$
其中 α、β 均为无穷小量,
于是 $(u \pm v) = (A + \alpha) \pm (B + \beta) = (A \pm B) + (\alpha \pm \beta)$.
由无穷小量的性质 1 知 $\alpha \pm \beta$ 是无穷小量,因此由定理 1.2 有
$$\lim (u \pm v) = A \pm B = \lim u \pm \lim v$$
此定理可推广到三个或三个以上的有限个变量的情况.

定理 1.5   如果 $\lim u = A, \lim v = B$,则 $\lim uv$ 存在,且
$$\lim (uv) = \lim u \cdot \lim v = AB$$
即两个具有极限的变量的积的极限等于这两个变量的极限的积.

证明　因为 $\lim u = A, \lim v = B$ 由定理 1.2 有

$$u = A + \alpha, v = B + \beta$$

其中 α、β 均为无穷小量，

于是

$$uv = (A + \alpha)(B + \beta) = AB + (B\alpha + A\beta + \alpha\beta)$$

由无穷小量的性质及推论知　$B\alpha + A\beta + \alpha\beta$ 是无穷小量，因此有

$$\lim(uv) = AB = \lim u \cdot \lim v$$

　　此定理也可推广到三个或三个以上的有限个变量的情况，且由此定理很容易得出以下推论：

推论 1　如果 $\lim u = A, c$ 为常数，则

$$\lim(cu) = c\lim u = cA$$

此推论表明，常数因子可以提到极限符号外面．

推论 2　如果 $\lim u = A, n$ 为正整数，则

$$\lim u^n = (\lim u)^n = A^n$$

以后可证明，如果 n 是正整数，则

$$\lim u^{\frac{1}{n}} = (\lim u)^{\frac{1}{n}} = A^{\frac{1}{n}}$$

同样我们可以证明：

定理 1.6　如果　$\lim u = A, \lim v = B \neq 0$，则 $\lim \dfrac{u}{v}$ 存在，且

$$\lim \frac{u}{v} = \frac{\lim u}{\lim v} = \frac{A}{B}$$

利用这些定理和推论可求下面变量的极限．

例 1　$\lim\limits_{x \to 1}(3x^2 - 5x + 8)$．

解　$\lim\limits_{x \to 1}(3x^2 - 5x + 8) = \lim\limits_{x \to 1} 3x^2 - \lim\limits_{x \to 1} 5x + \lim\limits_{x \to 1} 8 = 3\lim\limits_{x \to 1} x^2 - 5\lim\limits_{x \to 1} x + 8$

$$= 3\left(\lim\limits_{x \to 1} x\right)^2 - 5 + 8 = 3 - 5 + 8 = 6$$

前面已经给出，若初等函数 $f(x)$ 在 x_0 处有定义，则有

$$\lim\limits_{x \to x_0} f(x) = f(x_0)$$

即可如下求极限：$\lim\limits_{x \to 1}(3x^2 - 5x + 8) = 3 \times 1^2 - 5 \times 1 + 8 = 6$

例 2　$\lim\limits_{x \to 3} \dfrac{2x}{x^2 - 9}$

解　因为 $\lim\limits_{x \to 3}(x^2 - 9) = 0$

所以不能直接利用商的运算法则求此分式的极限，但

$$\lim\limits_{x \to 3} 2x = 6 \neq 0$$

因此可求出　$\lim\limits_{x \to 3} \dfrac{x^2 - 9}{2x} = \dfrac{\lim\limits_{x \to 3}(x^2 - 9)}{\lim\limits_{x \to 3} 2x} = \dfrac{0}{6} = 0$

即当 $x \to 3$ 时，$\dfrac{x^2 - 9}{2x}$ 是无穷小量，由无穷大量与无穷小量的关系可以得出

$$\lim_{x \to 3} \frac{2x}{x^2 - 9} = \infty$$

例 3 $\lim\limits_{x \to \infty} \dfrac{2x^2 - 2x + 1}{5x^2 + 1}$

解   将分子分母同除以 x^2,

$$\lim_{x \to \infty} \frac{2x^2 - 2x + 1}{5x^2 + 1} = \lim_{x \to \infty} \frac{2 - \dfrac{2}{x} + \dfrac{1}{x^2}}{5 + \dfrac{1}{x^2}} = \frac{\lim\limits_{x \to \infty} 2 - \lim\limits_{x \to \infty} \dfrac{2}{x} + \lim\limits_{x \to \infty} \dfrac{1}{x^2}}{\lim\limits_{x \to \infty} 5 + \lim\limits_{x \to \infty} \dfrac{1}{x^2}} = \frac{2}{5}$$

例 4 $\lim\limits_{x \to \infty} \dfrac{3x^2 - 2x - 1}{2x^3 - x^2 + 5}$

解   将分子分母同除以 x^3,得

$$\lim_{x \to \infty} \frac{3x^2 - 2x - 1}{2x^3 - x^2 + 5} = \lim_{x \to \infty} \frac{\dfrac{3}{x} - \dfrac{2}{x^2} - \dfrac{1}{x^3}}{2 - \dfrac{1}{x} + \dfrac{5}{x^3}} = \frac{\lim\limits_{x \to \infty} \dfrac{3}{x} - \lim\limits_{x \to \infty} \dfrac{2}{x^2} - \lim\limits_{x \to \infty} \dfrac{1}{x^3}}{\lim\limits_{x \to \infty} 2 - \lim\limits_{x \to \infty} \dfrac{1}{x} + \lim\limits_{x \to \infty} \dfrac{5}{x^3}} = 0$$

例 5 $\lim\limits_{x \to \infty} \dfrac{x^3 + 1}{8x^2 + 2x + 9}$

解   将分子分母同除以 x^3,得

$$\lim_{x \to \infty} \frac{x^3 + 1}{8x^2 + 2x + 9} = \lim_{x \to \infty} \frac{1 + \dfrac{1}{x^3}}{\dfrac{8}{x} + \dfrac{2}{x^2} + \dfrac{9}{x^3}} = \frac{\lim\limits_{x \to \infty} 1 + \lim\limits_{x \to \infty} \dfrac{1}{x^3}}{\lim\limits_{x \to \infty} \dfrac{8}{x} + \lim\limits_{x \to \infty} \dfrac{2}{x^2} + \lim\limits_{x \to \infty} \dfrac{9}{x^3}} = \infty$$

由例 3~5 的结果得如下的结论:

$$\lim_{x \to \infty} \frac{a_0 x^m + a_1 x^{m-1} + \cdots + a_{m-1} x + a_m}{b_0 x^n + b_1 x^{n-1} + \cdots + b_{n-1} x + b_n} = \begin{cases} \dfrac{a_0}{b_0} & (n = m) \\ 0 & (n > m) \\ \infty & (n < m) \end{cases}$$

(其中 $a_0, a_1, \cdots, a_m, b_0, b_1, \cdots, b_n$ 为常数,且 $a_0 \neq 0, b_0 \neq 0, m, n$ 是非负整数)

例 6 $\lim\limits_{x \to 2} \dfrac{x - 2}{x^2 - 4}$

解   当 $x \to 2$ 时,分子、分母同时趋于 0,所以不能直接用运算法则. 但当 $x \to 2$ 时,$x - 2$ 趋于 0 而不等于 0,因而分子分母可以同时约去公因式 $x - 2$,即

$$\lim_{x \to 2} \frac{x - 2}{x^2 - 4} = \lim_{x \to 2} \frac{1}{x + 2} = \frac{1}{4}$$

例 7 $\lim\limits_{x \to 1} \dfrac{2 - \sqrt{x + 3}}{x^2 - 1}$

解 $\lim\limits_{x \to 1} \dfrac{2 - \sqrt{x + 3}}{x^2 - 1} = \lim\limits_{x \to 1} \dfrac{(2 - \sqrt{x + 3})(2 + \sqrt{x + 3})}{(x^2 - 1)(2 + \sqrt{x + 3})}$

$\qquad\qquad\qquad\qquad = \lim\limits_{x \to 1} \dfrac{1 - x}{(x + 1)(x - 1)(2 + \sqrt{x + 3})}$

$$= \lim_{x \to 1} \frac{-1}{(x+1)(2+\sqrt{x+3})} = -\frac{1}{8}$$

例 8　$\lim\limits_{x \to \infty} \dfrac{\sqrt{3x^2+1}}{x+1}$

解　$\lim\limits_{x \to \infty} \dfrac{\sqrt{3x^2+1}}{x+1} = \lim\limits_{x \to \infty} \dfrac{\sqrt{3+\dfrac{1}{x^2}}}{1+\dfrac{1}{x}} = \sqrt{3}$

例 9　$\lim\limits_{x \to \infty}(\sqrt{x^2+x}-\sqrt{x^2-x})$

解　$\lim\limits_{x \to \infty}(\sqrt{x^2+x}-\sqrt{x^2-x})$

$$= \lim_{x \to \infty} \frac{(\sqrt{x^2+x}-\sqrt{x^2-x})(\sqrt{x^2+x}+\sqrt{x^2-x})}{\sqrt{x^2+x}+\sqrt{x^2-x}}$$

$$= \lim_{x \to \infty} \frac{2x}{\sqrt{x^2+x}+\sqrt{x^2-x}}$$

$$= \lim_{x \to \infty} \frac{2}{\sqrt{1+\dfrac{1}{x}}+\sqrt{1-\dfrac{1}{x}}} = 1$$

下面我们给出反映极限重要性质的一个定理.

定理 1.7　极限值与求极限的表达式中的变量符号无关,即:尽管 $u=u(x)$,有

$$\lim_{x \to \infty} f(x) = \lim_{u \to \infty} f(u) \quad \text{或} \quad \lim_{x \to x_0} f(x) = \lim_{u \to x_0} f(u).$$

习题 1.3

计算下列极限:

1. $\lim\limits_{x \to 1} \dfrac{x+2}{x^2+2}$

2. $\lim\limits_{x \to 0}(1-\dfrac{2}{x-3})$

3. $\lim\limits_{x \to 3} \dfrac{x^2-1}{x-3}$

4. $\lim\limits_{x \to 3} \dfrac{x^2-9}{x-3}$

5. $\lim\limits_{x \to 1} \dfrac{\sqrt{3-x}-\sqrt{1+x}}{x^2-1}$

6. $\lim\limits_{x \to \infty} \dfrac{6x+1}{3x-2}$

7. $\lim\limits_{x \to \infty} \dfrac{(x+1)^2}{2x}$

8. $\lim\limits_{x \to \infty} \dfrac{100x}{x^2-1}$

§1.4 两个重要极限

一、极限存在准则 I 与重要极限 $\lim\limits_{x \to 0} \dfrac{\sin x}{x} = 1$

定理 1.8(准则 I) 如果在某个变化过程中,三个变量 u、v、w 总有关系 $u \leqslant v \leqslant w$,且 $\lim u = \lim w = A$,则 $\lim v = A$.

这个定理称为两边夹定理.

例 1 证明:$\lim\limits_{x \to 0} \sin x = 0$.

证明 因为当 $|x| < \dfrac{\pi}{2}$ 时,$0 \leqslant |\sin x| \leqslant |x|$

所以,由 $\lim\limits_{x \to 0} |x| = 0$,根据定理 1.8 得 $\lim\limits_{x \to 0} \sin x = 0$.

例 2 证明(1)$\lim\limits_{x \to 0} \cos x = 1$;(2)$\lim\limits_{x \to 0} \dfrac{\sin x}{x} = 1$.

证明 (1)因为 $0 \leqslant 1 - \cos x \leqslant 2\left(\sin \dfrac{x}{2}\right)^2 \leqslant 2\left(\dfrac{x}{2}\right)^2 = \dfrac{x^2}{2}$,而 $\lim\limits_{x \to 0} \dfrac{x^2}{2} = 0$,

所以根据定理 1.8 得 $\lim\limits_{x \to 0} (1 - \cos x) = 0$

即

$$\lim\limits_{x \to 0} \cos x = 1$$

(2)因为 $\dfrac{\sin x}{x}$ 是偶函数,所以当 x 改变符号时,$\dfrac{\sin x}{x}$ 的值不变,因此,我们只讨论 x 由正值趋于零(即 x 角取在第一象限内)的情形.

作单位圆,如图 1-6.

设圆心角 $\angle AOB = x \left(0 < x < \dfrac{\pi}{2}\right)$

则 $S_{\triangle AOB} < S_{扇形 AOB} < S_{\triangle AOD}$

因为 $S_{\triangle AOB} = \dfrac{1}{2} \cdot OA \cdot BC = \dfrac{1}{2} \cdot 1 \cdot \sin x$

$S_{扇形 AOB} = \dfrac{1}{2} \cdot 1 \cdot x$

$S_{\triangle AOD} = \dfrac{1}{2} OA \cdot AD = \dfrac{1}{2} \cdot 1 \cdot \tan x$

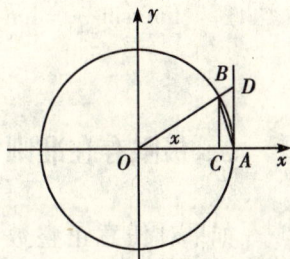

图 1-6

所以 $\dfrac{1}{2} \sin x < \dfrac{1}{2} x < \dfrac{1}{2} \tan x$,即 $\sin x < x < \tan x$,

同除 $\sin x$ 得 $1 < \dfrac{x}{\sin x} < \dfrac{1}{\cos x}$,亦即 $\cos x < \dfrac{\sin x}{x} < 1$.

由于 $\lim\limits_{x \to 0} \cos x = \lim\limits_{x \to 0} 1 = 1$ 根据定理 1.8 得

$$\lim_{x \to 0} \frac{\sin x}{x} = 1$$

根据定理 1.8 可推广为

$$\lim_{u(x) \to 0} \frac{\sin u(x)}{u(x)} = 1$$

下面举例说明这个公式的应用.

例 1　求 $\lim\limits_{x \to 0} \dfrac{\sin 2x}{x}$

解　$\lim\limits_{x \to 0} \dfrac{\sin 2x}{x} = \lim\limits_{x \to 0} \dfrac{\sin 2x}{2x} \cdot 2 = 2$

例 2　求 $\lim\limits_{x \to 0} \dfrac{\tan x}{x}$

解　$\lim\limits_{x \to 0} \dfrac{\tan x}{x} = \lim\limits_{x \to 0} \dfrac{\sin x}{x} \cdot \lim\limits_{x \to 0} \dfrac{1}{\cos x} = 1$

例 3　求 $\lim\limits_{x \to 0} \dfrac{\tan 2x}{\sin 3x}$

解　$\lim\limits_{x \to 0} \dfrac{\tan 2x}{\sin 3x} = \lim\limits_{x \to 0} \dfrac{\tan 2x}{2x} \cdot \lim\limits_{x \to 0} \dfrac{3x}{\sin 3x} \cdot \dfrac{2}{3} = \dfrac{2}{3}$

例 4　求 $\lim\limits_{x \to 0} \dfrac{1 - \cos x}{x^2}$

解　$\lim\limits_{x \to 0} \dfrac{1 - \cos x}{x^2} = \lim\limits_{x \to 0} \dfrac{2 \sin^2 \dfrac{x}{2}}{x^2} = \dfrac{1}{2} \lim\limits_{x \to 0} \left(\dfrac{\sin \dfrac{x}{2}}{\dfrac{x}{2}} \right)^2 = \dfrac{1}{2}$

例 5　求 $\lim\limits_{x \to \infty} x \sin \dfrac{1}{x}$

解　$\lim\limits_{x \to \infty} x \sin \dfrac{1}{x} = \lim\limits_{x \to \infty} \dfrac{\sin \dfrac{1}{x}}{\dfrac{1}{x}} = 1$

二、极限存在准则 II 与重要极限 $\lim\limits_{x \to \infty} \left(1 + \dfrac{1}{x} \right)^x = e$

如果对任意正整数 n, 数列 $\{y_n\}$ 若满足 $y_n \leqslant y_{n+1}$, 则 $\{y_n\}$ 为单调增加数列; 若 $y_n \geqslant y_{n+1}$, 则 $\{y_n\}$ 为单调减少数列. 如果存在两常数 m 和 $M (m < M)$, 使对任意正整数 n, 有 $m \leqslant y_n \leqslant M$, 则 $\{y_n\}$ 为有界数列.

(1) **定理 1.9 (准则 II)**　单调有界数列一定有极限 (证明从略)

例如, 数列 $y_n = 1 - \dfrac{1}{2^n}$, 即 $\left\{ \dfrac{1}{2}, \dfrac{3}{4}, \dfrac{7}{8}, \cdots \right\}$, 显然 $\{y_n\}$ 是单调增加的, 且 $y_n < 1$, 所以由

定理 1.9 可知 $\lim y_n$ 一定存在, 可以求出 $\lim\limits_{n \to \infty} \left(1 - \dfrac{1}{2^n} \right) = 1$.

$(2) \lim\limits_{x \to \infty} (1 + \dfrac{1}{x})^x = e$

首先我们讨论数列 $y_n = (1 + \dfrac{1}{n})^n$ 的情形. 从下表中可以看出,当 $n \to \infty$ 时,$(1 + \dfrac{1}{n})^n$ 变化的大致趋势,当 n 变大时,$(1 + \dfrac{1}{n})^n$ 也变大,但变大的速度越来越慢,而且与某一常数越来越近.

表 1 - 3

n	1	10	100	1000	10000	100000	...
$(1 + \dfrac{1}{n})^n$	2	2.25937	2.70481	2.71692	2.71814	2.71827	...

可以证明数列 $y_n = (1 + \dfrac{1}{n})^n$ 是单调增加的,且有界(小于 3). 根据定理 1.9 可知,$\lim\limits_{x \to \infty} (1 + \dfrac{1}{n})^n$ 是存在的. 可以证明这个极限是无理数,通常用记号 e 来表示,即

$\lim\limits_{x \to \infty} (1 + \dfrac{1}{n})^n = e.$ 其中 e 的近似值为:$2.718281828459045\cdots$

可以证明,当 x 连续变化且趋于无穷大时,函数的极限 $\lim\limits_{x \to \infty} (1 + \dfrac{1}{x})^x$ 存在且也等于 e,即

$$\lim\limits_{x \to \infty} (1 + \dfrac{1}{x})^x = e$$

可推广为

$$\lim\limits_{u(x) \to \infty} (1 + \dfrac{1}{u(x)})^{u(x)} = e$$

利用 $\alpha = \dfrac{1}{x}$ 代换,则当 $x \to \infty$ 时,$\alpha \to 0$,上式也可写为

$$\lim\limits_{\alpha \to 0} (1 + \alpha)^{\frac{1}{\alpha}} = e$$

以 e 为底的对数叫做自然对数,在高等数学中常用到以 e 为底的对数函数 $y = \ln x$ 和以 e 为底的指数函数 $y = e^x$.

下面举例说明这个公式的应用.

例 1 $\lim\limits_{x \to \infty} (1 + \dfrac{1}{x})^{x+3}$

解 $\lim\limits_{x \to \infty} (1 + \dfrac{1}{x})^{x+3} = \lim\limits_{x \to \infty} (1 + \dfrac{1}{x})^x (1 + \dfrac{1}{x})^3 = \lim\limits_{x \to \infty} (1 + \dfrac{1}{x})^x \lim\limits_{x \to \infty} (1 + \dfrac{1}{x})^3 = e$

例 2 $\lim\limits_{x \to \infty} (1 + \dfrac{1}{x})^{3x}$

解 $\lim\limits_{x \to \infty} (1 + \dfrac{1}{x})^{3x} = \lim\limits_{x \to \infty} [(1 + \dfrac{1}{x})^x]^3 = e^3$

例 3　$\lim\limits_{x\to\infty}\left(1+\dfrac{2}{x}\right)^{x}$

解　$\lim\limits_{x\to\infty}\left(1+\dfrac{2}{x}\right)^{x}=\lim\limits_{x\to\infty}\left(1+\dfrac{2}{x}\right)^{\frac{x}{2}\cdot 2}=\lim\limits_{x\to\infty}\left[\left(1+\dfrac{2}{x}\right)^{\frac{x}{2}}\right]^{2}=e^{2}$

例 4　$\lim\limits_{x\to\infty}\left(1+\dfrac{2}{x}\right)^{3x}$

解　$\lim\limits_{x\to\infty}\left(1+\dfrac{2}{x}\right)^{3x}=\lim\limits_{x\to\infty}\left(1+\dfrac{2}{x}\right)^{\frac{x}{2}\cdot 6}=\lim\limits_{x\to\infty}\left[\left(1+\dfrac{2}{x}\right)^{\frac{x}{2}}\right]^{6}=e^{6}$

例 5　$\lim\limits_{x\to\infty}\left(1-\dfrac{1}{x}\right)^{x}$

解　$\lim\limits_{x\to\infty}\left(1-\dfrac{1}{x}\right)^{x}=\lim\limits_{x\to\infty}\left(1-\dfrac{1}{x}\right)^{(-x)(-1)}=\lim\limits_{x\to\infty}\left[\left(1-\dfrac{1}{x}\right)^{(-x)}\right]^{(-1)}=e^{-1}$

例 6　$\lim\limits_{x\to\infty}\left(1-\dfrac{2}{x}\right)^{3x+1}$

解　$\lim\limits_{x\to\infty}\left(1-\dfrac{2}{x}\right)^{3x+1}=\lim\limits_{x\to\infty}\left(1-\dfrac{2}{x}\right)^{-\frac{x}{2}\cdot(-6)}\cdot\left(1-\dfrac{2}{x}\right)$

$$=\lim\limits_{x\to\infty}\left[\left(1-\dfrac{2}{x}\right)^{-\frac{x}{2}}\right]^{(-6)}\cdot\lim\limits_{x\to\infty}\left(1-\dfrac{2}{x}\right)=e^{-6}$$

例 7　$\lim\limits_{x\to\infty}\left(\dfrac{x}{1+x}\right)^{x}$

解一　$\lim\limits_{x\to\infty}\left(\dfrac{x}{1+x}\right)^{x}=\lim\limits_{x\to\infty}\left(\dfrac{1+x}{x}\right)^{-x}=\lim\limits_{x\to\infty}\left[\left(1+\dfrac{1}{x}\right)^{x}\right]^{-1}=e^{-1}$

解二　$\lim\limits_{x\to\infty}\left(\dfrac{x}{1+x}\right)^{x}=\lim\limits_{x\to\infty}\left(\dfrac{1+x-1}{1+x}\right)^{x}=\lim\limits_{x\to\infty}\left(1-\dfrac{1}{1+x}\right)^{-(1+x)\cdot(-1)-1}$

$$=\lim\limits_{x\to\infty}\left\{\left[\left(1-\dfrac{1}{1+x}\right)^{-(1+x)}\right]^{-1}\div\left(1-\dfrac{1}{1+x}\right)\right\}=e^{-1}$$

例 8　$\lim\limits_{x\to\infty}\left(\dfrac{x+1}{x-1}\right)^{x}$

解一　$\lim\limits_{x\to\infty}\left(\dfrac{x+1}{x-1}\right)^{x}=\lim\limits_{x\to\infty}\left(\dfrac{x-1+2}{x-1}\right)^{x}=\lim\limits_{x\to\infty}\left(1+\dfrac{2}{x-1}\right)^{\frac{x-1}{2}\cdot 2+1}$

$$=\lim\limits_{x\to\infty}\left[\left(1+\dfrac{2}{x-1}\right)^{\frac{x-1}{2}}\right]^{2}\cdot\left(1+\dfrac{2}{x-1}\right)=e^{2}$$

解二　$\lim\limits_{x\to\infty}\left(\dfrac{x+1}{x-1}\right)^{x}=\lim\limits_{x\to\infty}\left[\dfrac{1+\dfrac{1}{x}}{1-\dfrac{1}{x}}\right]^{x}=\dfrac{\lim\limits_{x\to\infty}\left(1+\dfrac{1}{x}\right)^{x}}{\lim\limits_{x\to\infty}\left(1-\dfrac{1}{x}\right)^{-x\cdot(-1)}}=\dfrac{e}{e^{-1}}=e^{2}$

例 9　已知极限 $\lim\limits_{x\to 0}(1+kx)^{\frac{1}{x}}=e^{-5}$（$k$ 为常数），求常数 k 的值

解　$\lim\limits_{x\to 0}(1+kx)^{\frac{1}{x}}=\lim\limits_{x\to 0}(1+kx)^{\frac{1}{kx}k}=\lim\limits_{x\to 0}\left[(1+kx)^{\frac{1}{kx}}\right]^{k}=e^{k}$

根据已知条件,得 $e^{k}=e^{-5}$,所以 $k=-5$.

习题 1.4

计算下列极限:

1. $\lim\limits_{x \to 0} \dfrac{\sin 3x}{x}$

2. $\lim\limits_{x \to 0} \dfrac{\tan x}{2x}$

3. $\lim\limits_{x \to 0} \dfrac{\sin 3x}{2x}$

4. $\lim\limits_{x \to 0} \dfrac{\tan 2x}{\sin 3x}$

5. $\lim\limits_{x \to \infty} \left(1 + \dfrac{1}{x}\right)^{2x}$

6. $\lim\limits_{x \to \infty} \left(1 + \dfrac{3}{x}\right)^{x}$

7. $\lim\limits_{x \to \infty} \left(1 - \dfrac{3}{x}\right)^{\frac{x}{2}}$

8. $\lim\limits_{x \to \infty} \left(\dfrac{x-3}{x}\right)^{x}$

9. $\lim\limits_{x \to 0} (1 + x)^{\frac{3}{2x}}$

10. $\lim\limits_{x \to 0} (1 - x)^{\frac{2}{x}}$

§1.5 函数的连续性

自然界的许多现象,如空气和水的流动,气温的变化,物体运动的路程等,都是随时间的变化而连续不断变化着.这些现象反映在数学上,就是函数的连续性.它是函数的重要性态之一,是微积分的又一重要概念.

一、函数的连续性

定义 1.9 设变量 u 从它的初值 u_1 改变到终值 u_2,终值与初值的差 $u_2 - u_1$,称为变量 u 的改变量(或增量),记作 $\Delta u = u_2 - u_1$.

注意 改变量可正可负,记号 Δu 不表示 u 与 Δ 的乘积,而是整个不可分割的记号.

设函数 $y = f(x)$,当自变量 x 从 x_0 改变到 $x_0 + \Delta x$ 时,函数 $y = f(x)$ 相应的改变量为 Δy,则有 $\Delta y = f(x_0 + \Delta x) - f(x_0)$.

现在讨论函数的连续性.首先从直观上来理解它的意义.如图 $1-7$,函数 $y = f(x)$ 的图像是一条连续不断的曲线.对于其定义域内一点 x_0,如果自变量 x 在点 x_0 处取得极其微小的改变量 Δx 时,相应改变量 Δy 也有极其微小的改变,且当 Δx 趋于零时,Δy 也趋于零,则称函数 $y = f(x)$ 在点 x_0 处是连续的.而如图 $1-8$,函数的图像在点 x_0 处间断了,在点 x_0 不满足以上条件,所以它在点 x_0 处不连续.下面给出函数在一点连续的定义.

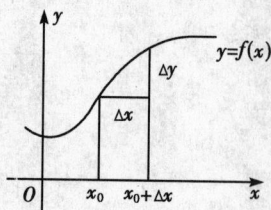

图 1 - 7

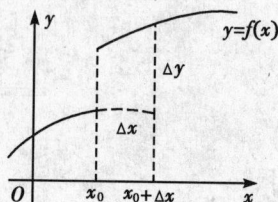

图 1 - 8

定义 1.10　设函数 $y = f(x)$ 在 x_0 的某个邻域内有定义,如果当自变量 x 在 x_0 点处取得的改变量 Δx 趋于零时,函数相应的改变量也趋于零,即

$$\lim_{\Delta x \to 0} \Delta y = 0 \quad \text{或} \quad \lim_{\Delta x \to 0}[f(x_0 + \Delta x) - f(x_0)] = 0$$

则称函数 $f(x)$ 在点 x_0 处连续.

令 $x = x_0 + \Delta x$,即 $\Delta x = x - x_0$,当 $\Delta x \to 0$ 时,$x \to x_0$,于是上式又可以改写为

$$\lim_{x \to x_0}[f(x) - f(x_0)] = 0$$

即

$$\lim_{x \to x_0} f(x) = f(x_0)$$

因此,还可以如下定义函数在点 x_0 处连续.

定义 1.11　设函数 $y = f(x)$ 在 x_0 的某个邻域内有定义,如果当 $x \to x_0$ 时,函数 $f(x)$ 的极限存在,而且等于 $f(x)$ 在点 x_0 处的函数值,即

$$\lim_{x \to x_0} f(x) = f(x_0)$$

则称函数 $f(x)$ 在点 x_0 处连续.

由定义 1.11 可知,如果函数在某点连续,求该点的极限,只须求其点的函数值即可.

例 1　$\lim_{x \to 0} \dfrac{\ln(x + e^2)}{1 + \cos x} = \dfrac{\ln e^2}{1 + \cos 0} = 1$

用定义 1.11 来讨论函数在某一点处的连续性,特别是分段函数在分段点处的连续性更为方便.

例 2　讨论 $f(x) = |x| = \begin{cases} x & x > 0 \\ 0 & x = 0 \\ -x & x < 0 \end{cases}$　在 $x = 0$ 处的连续性.

解　因为 $f(0) = 0$,

$$\lim_{x \to 0^-} f(x) = \lim_{x \to 0^-}(-x) = 0$$
$$\lim_{x \to 0^+} f(x) = \lim_{x \to 0^+} x = 0$$

所以　　$\lim_{x \to 0} f(x) = 0 = f(0)$

因此　$f(x)$ 在 $x = 0$ 处连续.

定义 1.12　设函数 $f(x)$ 在闭区间 $[a,b]$ 上有定义,如果 $f(x)$ 在区间内每一点都连续,则称函数 $f(x)$ 在闭区间 $[a,b]$ 上连续,亦称这个区间是 $f(x)$ 的连续区间.

如例 2,函数的连续区间为 $(-\infty, +\infty)$.

注意　$y = f(x)$ 在左端点 a 连续是指满足 $\lim\limits_{x \to a^+} f(x) = f(a)$;$y = f(x)$ 在右端点 b 连续是

指满足 $\lim\limits_{x\to b^-}f(x)=f(b)$.

由函数在点 x_0 处连续的定义及 $\lim\limits_{x\to x_0}x=x_0$，有

$$\lim\limits_{x\to x_0}f(x)=f(x_0)=f(\lim\limits_{x\to x_0}x)$$

即对于连续函数，极限符号与函数符号可以交换.

例如 求 $\lim\limits_{x\to\frac{\pi}{2}}\sin x$，因已知 $y=\sin x$ 在任一点都连续，所以有

$$\lim\limits_{x\to\frac{\pi}{2}}\sin x=\sin\left(\lim\limits_{x\to\frac{\pi}{2}}x\right)=\sin\frac{\pi}{2}=1$$

二、函数的间断点

根据定义 1.11，如果函数 $y=f(x)$ 在点 x_0 处连续，必须同时满足以下三个条件：

(1) 在点 x_0 处有定义；

(2) $\lim\limits_{x\to x_0}f(x)$ 存在；

(3) $\lim\limits_{x\to x_0}f(x)=f(x_0)$.

上述三个条件中只要有一个条件不满足，$f(x)$ 就在点 x_0 处不连续，也就是在点 x_0 处间断. 此时，$y=f(x)$ 所表示的曲线在点 x_0 处是断开的.

定义 1.13 如果函数 $y=f(x)$ 在点 x_0 处不满足连续条件，则称在点 x_0 处间断，点 x_0 称为 $f(x)$ 的间断点.

例 3 讨论 $f(x)=\dfrac{1}{x-1}$ 在点 $x=1$ 处的连续性.

解 因为函数 $f(x)=\dfrac{1}{x-1}$ 在点 $x=1$ 处没有定义，所以 $f(x)$

在点 $x=1$ 处间断，$x=1$ 是间断点，如图 $1-9$.

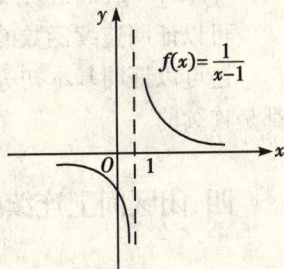

图 1-9

例 4 讨论函数 $f(x)=\begin{cases}e^{-x}, & x\le 0\\ x, & x>0\end{cases}$ 在点 $x=0$ 处的连续性.

解 $f(x)$ 在点 $x=0$ 处有定义，且 $f(0)=e^0=1$，

但是 $\lim\limits_{x\to 0^-}f(x)=\lim\limits_{x\to 0^-}e^{-x}=1$

$\lim\limits_{x\to 0^+}f(x)=\lim\limits_{x\to 0^+}x=0$

$\lim\limits_{x\to 0^-}f(x)\ne\lim\limits_{x\to 0^+}f(x)$

$\lim\limits_{x\to 0}f(x)$ 不存在，因此 $f(x)$ 在点 $x=0$ 处间断，如图 $1-10$.

例 5 讨论 $f(x)=\begin{cases}x+1, & x\ne 1\\ 1, & x=1\end{cases}$ 在点 $x=1$ 处的连续性.

解 $f(x)$ 在点 $x=1$ 处有定义，且 $f(1)=1$

但是 $\lim\limits_{x\to 1}f(x)=\lim\limits_{x\to 1}(x+1)=2$

$\lim\limits_{x\to 1}f(x)=2\ne f(1)$

所以, $f(x)$ 在点 $x=1$ 处间断, $x=1$ 是间断点, 如图 $1-11$.

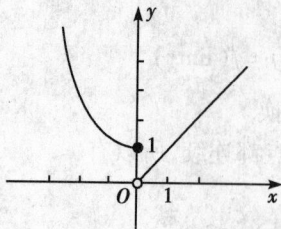

图 $1-10$

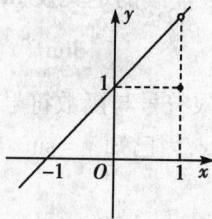

图 $1-11$

三、连续函数的运算

定理 1.10 如果函数 $f(x)$ 与 $g(x)$ 在点 x_0 处连续,则它们的和、差、积、商(分母不为零)在点 x_0 处也连续.

证明 我们只就"函数的和"的情形加以证明,其他情况类似地可以证明.

因为函数 $f(x)$ 与 $g(x)$ 在点 x_0 处连续,

所以,
$$\lim_{x \to x_0} f(x) = f(x_0)$$
$$\lim_{x \to x_0} g(x) = g(x_0)$$

因此有 $\lim_{x \to x_0}[f(x)+g(x)] = \lim_{x \to x_0}f(x) + \lim_{x \to x_0}g(x) = f(x_0) + g(x_0)$

所以 $f(x)+g(x)$ 在点 x_0 处连续.

可以证明连续函数的反函数仍是连续函数;两个连续函数的复合函数仍是连续函数.

还可以证明基本初等函数在其定义域内都是连续函数;一般初等函数在其定义域内都是连续的.

四、闭区间上连续函数的主要性质

下面介绍定义在闭区间上连续函数的主要性质,我们只从几何上直观地加以说明,证明从略.

定理 1.11(最大值和最小值定理) 如果函数 $f(x)$ 在闭区间上连续,则它在该区间上一定有最大值和最小值.

例如在图 $1-12$ 中,函数 $f(x)$ 在闭区间上 $[a,b]$ 连续. 在 $[a,b]$ 内的点 ξ_1 处取得最小值 m,在点 ξ_2 处取得最大值 M.

定理 1.12(介值定理) 如果函数 $f(x)$ 在闭区间 $[a,b]$ 上连续, m 与 M 分别为 $f(x)$ 在 $[a,b]$ 上的最小值与最大值,则对介于 m 与 M 间的任一实数 $c(m<c<M)$,至少存在一点 $\xi(a<\xi<b)$,使得 $f(\xi)=c$.

例如在图 $1-13$ 中,连续曲线 $y=f(x)$ 与直线 $y=c$ 有三个

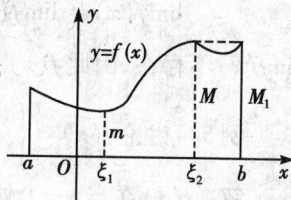

图 $1-12$

交点,其对应的横坐标分别是 ξ_1,ξ_2,ξ_3,所以有

$$f(\xi_1) = f(\xi_2) = f(\xi_3) = c$$

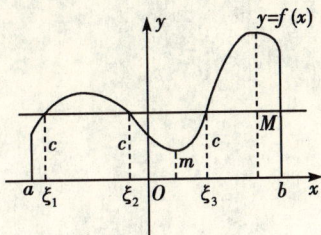

图 1 – 13

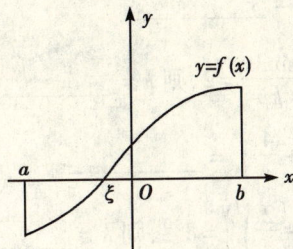

图 1 – 14

推论 如果函数 $f(x)$ 在闭区间 $[a,b]$ 上连续,且 $f(a)$ 与 $f(b)$ 异号,则在 (a,b) 内至少有一点 ξ,使得 $f(\xi) = 0$.

例如在图 1 – 14 中,因 $f(a) < 0$,$f(b) > 0$,连续曲线 $y = f(x)$ 交 x 轴于点 ξ 处,所以有 $f(\xi) = 0$.

习题 1.5

1. 求下列函数的间断点:

$(1)\, y = \dfrac{1}{(1 + x^2)}$

$(2)\, y = \dfrac{x}{1 - x^2}$

$(3)\, y = \dfrac{\sin x}{x} + \dfrac{e^x}{1 - x}$

$(4)\, y = \dfrac{x^2 - 1}{x - 1}$

2. 讨论 $f(x) = \begin{cases} e^x & x \leqslant 0 \\ \dfrac{\sin x}{x} & x > 0 \end{cases}$ 在 $x = 0$ 处的连续性.

复习题一

(一)

1. $\lim\limits_{x \to 0} \dfrac{\sqrt{x + 1}}{x - 2} = $ _____.

2. $\lim\limits_{x \to 0} \dfrac{e^x}{1 + \cos x} = $ _____.

3. $\lim\limits_{x \to \infty} \dfrac{\cos x}{2x} = $ _____.

4. $\lim\limits_{x \to 0} x \sin \dfrac{1}{x^2} =$ _____.

5. $\lim\limits_{x \to 0} \dfrac{\sin x}{2x} =$ _____.

6. 若 $\lim\limits_{x \to 0} \dfrac{\sin 3x}{kx} = 2$,则 $k =$ _____.

7. $\lim\limits_{x \to \infty} \left(1 + \dfrac{4}{x}\right)^x =$ _____.

8. $\lim\limits_{x \to \infty} \left(1 + \dfrac{2}{x}\right)^{kx} = e^{-3}$,则 $k =$ _____.

9. 函数 $f(x) = \begin{cases} e^x & x > 0 \\ a & x \leqslant 0 \end{cases}$ 在点 $x = 0$ 点处连续,则 $a =$ _____.

10. 函数 $f(x) = \begin{cases} \dfrac{\sin 3x}{x} & x \neq 0 \\ k & x = 0 \end{cases}$ 在点 $x = 0$ 点处连续,则 $k =$ _____.

(二)

1. 函数 $f(x)$ 在点 $x = x_0$ 处有定义是当 $x \to x_0$ 时 $f(x)$ 有极限的( ).

　A. 必要条件　　　　　　　　　　B. 充分条件

　C. 充要条件　　　　　　　　　　D. 无关条件

2. 在下列变量中,( )是无穷小量.

　A. $2^x + 1$ $(x \to 0)$　　　　　　B. $\dfrac{\sin x}{x}$ $(x \to \infty)$

　C. $\dfrac{\sin x}{x}$ $(x \to 0)$　　　　　　D. $\dfrac{x + 3}{x^2 - 9}$ $(x \to -3)$

3. 在下列变量中,( )是无穷小量.

　A. $e^{\frac{1}{x}}$ $(x \to 0^-)$　　　　　　B. $\sin \dfrac{1}{x}$ $(x \to 0)$

　C. $\dfrac{x - 3}{x^2 - 9}$ $(x \to 3)$　　　　　D. $\ln x$ $(x \to 1)$

4. 下列变量中,当 $x \to \infty$ 时为无穷小量的是( ).

　A. $1 - x$　　　　　　　　　　　B. $1 - \dfrac{1}{x}$

　C. $\dfrac{1 + 0.01x}{x}$　　　　　　　　D. $\dfrac{\cos x}{x}$

5. 当 $x \to \infty$ 时,变量( )为无穷小量.

　A. e^x　　　　　　　　　　　　B. $1 - \sin x$

　C. $x \sin \dfrac{1}{x}$　　　　　　　　　D. $\dfrac{1}{x} \sin x$

6. 若 $\lim\limits_{x \to 0} \dfrac{\sin 2x}{kx} = 1$，则 $k = ($ $)$．

  A. 1   B. 2

  C. $\dfrac{1}{2}$ D. $-\dfrac{1}{2}$

7. 下列各式中正确的是(   )．

  A. $\lim\limits_{x \to 0} \dfrac{x}{\sin x} = 0$ B. $\lim\limits_{x \to 0} \dfrac{\sin x}{x} = 1$

  C. $\lim\limits_{x \to \infty} \dfrac{x}{\sin x} = 1$ D. $\lim\limits_{x \to \infty} \dfrac{\sin x}{x} = 1$

8. 下列极限正确的有(   )．

  A. $\lim\limits_{x \to \infty} \dfrac{\sin x}{x} = 1$ B. $\lim\limits_{x \to \infty} (1+x)^{\frac{1}{x}} = e$

  C. $\lim\limits_{x \to \infty} e^{\frac{1}{x}} = 1$ D. $\lim\limits_{x \to 0^+} e^{\frac{1}{x}} = 0$

9. 下列极限正确的是(   )．

  A. $\lim\limits_{x \to \infty} \sin x = 1$ B. $\lim\limits_{x \to -\infty} \left(1 + \dfrac{1}{x}\right)^x = \dfrac{1}{e}$

  C. $\lim\limits_{x \to 0^+} \dfrac{1}{\ln x} = \infty$ D. $\lim\limits_{x \to +\infty} e^{-x} = 0$

10. 函数 $f(x)$ 在点 $x = x_0$ 处有定义是 $f(x)$ 在 $x = x_0$ 处连续的(   )．

  A. 必要条件   B. 充分条件

  C. 充要条件   D. 无关条件

（三）

1. 计算下列极限：

(1) $\lim\limits_{x \to 0} \dfrac{\cos x}{1 + e^{2x}}$ (2) $\lim\limits_{n \to +\infty} \left(5 + \dfrac{10}{n} - \dfrac{3}{n^2}\right)$

(3) $\lim\limits_{n \to \infty} \dfrac{(n+1)^2}{2n}$ (4) $\lim\limits_{u \to \infty} \dfrac{100u}{u^2 - 1}$

(5) $\lim\limits_{x \to \infty} \dfrac{\sqrt[4]{x^3 + 3}}{2x + 1}$ (6) $\lim\limits_{x \to \infty} (\sqrt{x^2 + x} - x)$

2. 计算下列极限：

(1) $\lim\limits_{x \to 0} \dfrac{\sin 3x}{x}$ (2) $\lim\limits_{x \to 0} \dfrac{\tan 3x}{\sin 2x}$

(3) $\lim\limits_{x \to 0} \dfrac{\tan 5x - \sin 3x}{x}$ (4) $\lim\limits_{x \to \infty} x \sin \dfrac{1}{x}$

(5) $\lim\limits_{x \to \infty} \left(1 + \dfrac{2}{x}\right)^x$ (6) $\lim\limits_{x \to \infty} \left(1 - \dfrac{3}{x}\right)^{\frac{x}{2}}$

(7) $\lim\limits_{x\to 0}(1-2x)^{\frac{1}{x}+2}$

(8) $\lim\limits_{x\to 0}\left(\dfrac{4-x}{4}\right)^{\frac{3}{x}}$

(9) $\lim\limits_{x\to\infty}\left(\dfrac{x}{x-1}\right)^{3x-2}$

(10) $\lim\limits_{x\to\infty}\left(\dfrac{x-1}{x+1}\right)^{x}$

3. 讨论 $f(x)=\begin{cases} e^x & x<0 \\ 0 & x=0 \\ \dfrac{\sqrt{1+x^2}-1}{x} & x.>0 \end{cases}$ 在 $x=0$ 处的连续性.

4. 设 $f(x)=\begin{cases} \dfrac{\tan 2x}{x} & x<0 \\ k & x\geqslant 0 \end{cases}$ 问 k 为何值时, 函数 $f(x)$ 在其定义域内连续?

5. 设 $f(x)=\begin{cases} \dfrac{1}{x}\sin x & x<0 \\ k(常数) & x=0 \\ x\sin\dfrac{1}{x}+1 & x>0 \end{cases}$ 问 k 为何值时, 函数 $f(x)$ 在 $x=0$ 处连续?

第二章　导数与微分

§2.1　导数的概念

微分学中最基本的概念是导数,而导数来源于许多实际问题的变化率,它描述了非均匀变化现象的变化快慢程度.下面通过几个实例来引出导数概念.

一、引例

例1　变速直线运动的瞬时速度.

设 s 表示一物体从某个时刻开始到时刻 t 作直线运动的路程,则 s 是时间 t 的函数 $s = s(t)$.

当时间 t 由 t_0 改变到 $t_0 + \Delta t$ 时,物体在 Δt 这一段时间内所经过的距离为

$$\Delta s = s(t_0 + \Delta t) - s(t_0)$$

当物体匀速运动时,它的速度不随时间而改变,即

$$\frac{\Delta s}{\Delta t} = \frac{s(t_0 + \Delta t) - s(t_0)}{\Delta t}$$

是一个常量,它是物体在任意时刻的平均速度.

当物体作变速运动时,它的速度就随时间的变化而变化了,此时 $\frac{\Delta s}{\Delta t} = v$ 近似地表示物体时刻 t_0 的速度,显然 Δt 越小,近似的程度就越好.而当 $\Delta t \to 0$ 时,如果 $\lim\limits_{\Delta t \to 0} \frac{\Delta s}{\Delta t}$ 存在,就称此极限为物体在时刻 t_0 的瞬时速度,即

$$v(t_0) = \lim_{\Delta t \to 0} \frac{\Delta s}{\Delta t} = \lim_{\Delta t \to 0} \frac{s(t_0 + \Delta t) - s(t_0)}{\Delta t}$$

例2　平面曲线切线的斜率.

解　已知曲线 $y = f(x)$,它经过点 $M_0(x_0, y_0)$,取曲线上的另一点 $M_1(x_0 + \Delta x, y_0 + \Delta y)$ 作割线 $M_0 M_1$,如图 $2-1$ 所示.设割线 $M_0 M_1$ 与 x 轴的夹角为 φ,则割线的斜率为

$$\tan\varphi = \frac{\Delta y}{\Delta x} = \frac{f(x_0 + \Delta x) - f(x_0)}{\Delta x}$$

当 $\Delta x \to 0$ 时,动点 M_1 沿曲线 $y=f(x)$ 趋于定点 M_0,使得割线 M_0M_1 的位置也随着变动而趋向于极限位置,即直线 M_0T. 称直线 M_0T 为曲线 $y=f(x)$ 在定点 M_0 处的切线. 显然,此时倾角 φ 趋向于切线 M_0T 的倾角 α,即切线 M_0T 的斜率为

$$\tan\alpha = \lim_{\Delta x \to 0} \tan\varphi = \lim_{\Delta x \to 0} \frac{\Delta y}{\Delta x} = \lim_{\Delta x \to 0} \frac{f(x_0+\Delta x)-f(x_0)}{\Delta x}$$

以上两个例题都归结为计算函数改变量与自变量改变量的比,当自变量改变量趋于零时的极限. 这种特殊的极限叫做函数的导数.

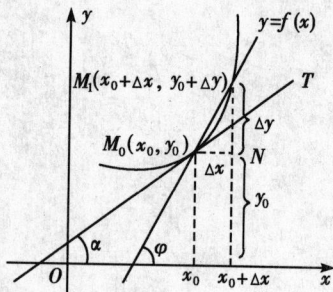

图 2-1

二、导数的定义

定义 2.1　设函数 $y=f(x)$ 在点 x_0 的某个邻域内有定义,当自变量 x 在点 x_0 处取得改变量 $\Delta x \neq 0$ 时,函数 $y=f(x)$ 取得相应的改变量 $\Delta y = f(x_0+\Delta x)-f(x_0)$,如果当 $\Delta x \to 0$ 时,$\dfrac{\Delta y}{\Delta x}$ 的极限存在,即 $\lim\limits_{\Delta x \to 0} \dfrac{f(x_0+\Delta x)-f(x_0)}{\Delta x}$ 存在,则称此极限值为函数 $f(x)$ 在点 x_0 处的导数(或微商),记作

$$f'(x_0), \quad y'\Big|_{x=x_0}, \quad \frac{dy}{dx}\Big|_{x=x_0} \text{或} \frac{d}{dx}f(x)\Big|_{x=x_0}$$

这时称函数 $y=f(x)$ 在点 x_0 处是可导的函数.

例 3　根据导数定义求 $y=\sqrt{x}$ 在 $x=4$ 处的导数.

解　根据导数的定义求导数通常分三步:

(1)求 $\Delta y = f(x_0+\Delta x)-f(x_0)$

$$\Delta y = \sqrt{4+\Delta x}-\sqrt{4} = \sqrt{4+\Delta x}-2$$

(2)求 $\dfrac{\Delta y}{\Delta x}$

$$\frac{\Delta y}{\Delta x} = \frac{\sqrt{4+\Delta x}-2}{\Delta x} = \frac{4+\Delta x-4}{\Delta x(\sqrt{4+\Delta x}+2)} = \frac{1}{\sqrt{4+\Delta x}+2}$$

(3)求 $\lim\limits_{\Delta x \to 0} \dfrac{\Delta y}{\Delta x}$

$$\lim_{\Delta x \to 0} \frac{\Delta y}{\Delta x} = \lim_{\Delta x \to 0} \frac{1}{\sqrt{4+\Delta x}+2} = \frac{1}{4}$$

因此　　$y'(4) = \dfrac{1}{4}$

例 4　求自由落体运动 $s=\dfrac{1}{2}gt^2$ 在时刻 t_0 的瞬时速度 $v(t_0)$.

解　$\Delta s = \dfrac{1}{2}g(t_0+\Delta t)^2 - \dfrac{1}{2}gt_0^2 = gt_0\Delta t + \dfrac{1}{2}g(\Delta t)^2$

$$\frac{\Delta s}{\Delta t} = \frac{gt_0\Delta t + \frac{1}{2}g(\Delta t)^2}{\Delta t} = gt_0 + \frac{1}{2}g\Delta t$$

$$\lim_{\Delta t \to 0}\frac{\Delta s}{\Delta t} = \lim_{\Delta t \to 0}(gt_0 + \frac{1}{2}g\Delta t) = gt_0 = s'(t_0) = v(t_0)$$

通过例 3 和例 4 容易看出,在给定函数 $y = f(x)$ 后,其导数 $f'(x_0)$ 仅与 x_0 有关. 如果函数 $y = f(x)$ 在区间 (a, b) 内任一点 x 处是可导的,则称函数 $y = f(x)$ 在区间 (a, b) 内可导. 这时,对于每一个 $x \in (a, b)$,均有对应的导数值 $f'(x)$,因此 $f'(x)$ 也是 x 的函数,称其为函数 $f(x)$ 的导函数,导函数有时也简称为导数. 记作

$$f'(x), y', \frac{dy}{dx} \quad 或 \quad \frac{df(x)}{dx}$$

例 5 求 $y = x^2$ 的导函数.

解 $\Delta y = (x + \Delta x)^2 - x^2 = 2x\Delta x + \Delta x^2$

$$\frac{\Delta y}{\Delta x} = 2x + \Delta x$$

$$\lim_{\Delta x \to 0}\frac{\Delta y}{\Delta x} = \lim_{\Delta x \to 0}(2x + \Delta x) = 2x$$

因此 $y' = (x^2)' = 2x$

同理可得 $(x^n)' = nx^{n-1}$, (n 为正整数)

例 6 求 $y = \sin x$ 的导函数.

解 $\Delta y = \sin(x + \Delta x) - \sin x = 2\cos(x + \frac{\Delta x}{2}) \cdot \sin\frac{\Delta x}{2}$

$$\frac{\Delta y}{\Delta x} = \frac{2\cos(x + \frac{\Delta x}{2}) \cdot \sin\frac{\Delta x}{2}}{\Delta x}$$

$$\lim_{\Delta x \to 0}\frac{\Delta y}{\Delta x} = \lim_{\Delta x \to 0}\cos(x + \frac{\Delta x}{2}) \cdot \frac{\sin\frac{\Delta x}{2}}{\frac{\Delta x}{2}} = \cos x$$

因此 $y' = (\sin x)' = \cos x$

类似地可以证明 $(\cos x)' = -\sin x$.

三、导数的意义

1. 导数的几何意义

由例 2 可知,函数 $y = f(x)$ 在点 x_0 处的导数 $f'(x_0)$,就是曲线 $f(x)$ 在 $M_0(x_0, y_0)$ 处的切线 M_0T 的斜率,如图 2 - 1.

$$f'(x_0) = \lim_{\Delta x \to 0}\frac{\Delta y}{\Delta x} = \lim_{\Delta x \to 0}\tan\varphi = \tan\alpha \quad (\alpha \neq \frac{\pi}{2})$$

由导数的几何意义及直线的点斜式方程可知,曲线 $y = f(x)$ 上点 (x_0, y_0) 处的切线方程为

$$y - y_0 = f'(x_0)(x - x_0)$$

例 7 求 $y = x^2$ 在 $x = 1$ 处的切线方程.

解 在例 5 中已求得

$$y' = (x^2)' = 2x$$

因为　　　　$y'\Big|_{x=1} = 2$

所以　　　所求的切线方程为　　　　$y - 1 = 2(x - 1)$

即　　　　　　　　　　　　　　　　$2x - y - 1 = 0$

2. 导数的物理意义

从前面的引例中我们知道,变速直线运动物体的速度 $v(t)$,就是路程 $s(t)$ 关于时间 t 的导数. 与此类似,许多物理量其实质就是某一函数的导数.

(1)非均匀分布的密度

设 L 为一非均匀分布的物质杆. 取杆的轴线为 x 轴,它的左端点为原点,杆所在半轴为正半轴,用函数 $m = m(x)$ 表示分布在 o 点到 x 点一段杆上的质量,则差商

$$\frac{\Delta m}{\Delta x} = \frac{m(x_0 + \Delta x) - m(x_0)}{\Delta x}$$

是非均匀杆在 x_0 到 $x_0 + \Delta x$ 一段的平均密度,所以非均匀杆在 x_0 的密度为

$$\mu(x_0) = \lim_{\Delta x \to 0} \frac{m(x_0 + \Delta x) - m(x_0)}{\Delta x} = m'(x_0)$$

即非均匀(线)分布的密度函数是质量分布函数关于坐标 x 的导数.

(2)交变电流的电流强度

若在时刻 t 从导体内的指定横截面上通过的电量为 $Q = Q(t)$,则从时刻 t_0 到 $t_0 + \Delta t$ 内通过该横截面的电量为

$$\Delta Q = Q(t_0 + \Delta t) - Q(t_0)$$

该段时间通过横截面的平均电流强度应为

$$\frac{\Delta Q}{\Delta t} = \frac{Q(t_0 + t) - Q(t_0)}{\Delta t}$$

因此 t_0 时刻的(瞬时)电流强度应是

$$i(t_0) = \lim_{\Delta t \to 0} \frac{Q(t_0 + t) - Q(t_0)}{\Delta t} = Q'(t_0)$$

即交变电流的电流强度是流过的电量 $Q(t)$ 关于时间 t 的导数.

3. 导数的经济意义

设函数 $y = f(x)$ 可导,那么导函数 $f'(x)$ 也叫做函数 $y = f(x)$ 的边际函数. 在经济分析中,有许多问题要求边际函数.

总成本函数 $C = C(x)$ 的导数 $C'(x)$ 称为当产量为 x 时的边际成本. $C'(x)$ 近似等于

产量为 x 时,再多生产一个单位产品所增加的成本.

总收入函数 $R = R(x)$ 的导数 $R'(x)$,称为销售量为 x 时的边际收入. $R'(x)$ 近似等于销售量为 x 时,再多销售一个单位产品所增加(或减少)的收入.

总利润函数 $L(x) = R(x) - C(x)$ 的导数 $L'(x)$ 称为销售量为 x 单位产品时的边际利润. $L'(x)$ 近似等于销售量为 x 单位产品时,再多销售一个单位产品所增加(或减少)的利润.

四、左、右导数

定义 2.2 设函数 $y = f(x)$ 在点 x_0 某领域内有定义,如果 $\lim\limits_{\Delta x \to 0^-} \dfrac{f(x_0 + \Delta x) - f(x_0)}{\Delta x}$ 存在,则称之为 $f(x)$ 在点 x_0 处的左导数,记为 $f'_-(x_0)$;如果 $\lim\limits_{\Delta x \to 0^+} \dfrac{f(x_0 + \Delta x) - f(x_0)}{\Delta x}$ 存在,则称之为 $f(x)$ 在点 x_0 处的右导数,记为 $f'_+(x_0)$.

定理 2.1 函数 $y = f(x)$ 在点 x_0 处可导的充分必要条件是 $y = f(x)$ 在点 x_0 处的左右导数都存在且相等(证明略).

五、函数可导与连续关系

定理 2.2 如果函数 $y = f(x)$ 在点 x_0 处可导,则它在点 x_0 处一定连续.

证明 因为函数 $y = f(x)$ 在点 x_0 处可导,

所以有
$$\lim_{\Delta x \to 0} \frac{\Delta y}{\Delta x} = f'(x)$$

而
$$\Delta y = \frac{\Delta y}{\Delta x} \Delta x$$

所以
$$\lim_{\Delta x \to 0} \Delta y = \lim_{\Delta x \to 0} \frac{\Delta y}{\Delta x} \Delta x = \lim_{\Delta x \to 0} \frac{\Delta y}{\Delta x} \cdot \lim_{\Delta x \to 0} \Delta x = f'(x_0) \cdot 0 = 0$$

即 函数 $y = f(x)$ 在点 x_0 处连续.

但是请读者注意,函数 $y = f(x)$ 在点 x_0 处连续,并不能说明函数 $f(x)$ 在点 x_0 处可导.

例如,函数 $f(x) = |x| = \begin{cases} -x & x < 0 \\ x & x \geqslant 0 \end{cases}$ 在点 $x_0 = 0$ 处是连续的,因为

$$\lim_{\Delta x \to 0^+} |x| = \lim_{\Delta x \to 0^+} x = 0, \quad \lim_{\Delta x \to 0^-} |x| = \lim_{\Delta x \to 0^-} (-x) = 0$$

所以
$$\lim_{\Delta x \to 0} |x| = f(0) = 0$$

但是,在 $x = 0$ 处没有导数,因为

$$f'_+(0) = \lim_{\Delta x \to 0^+} \frac{\Delta y}{\Delta x} = \lim_{\Delta x \to 0^+} \frac{|\Delta x|}{\Delta x} = \lim_{\Delta x \to 0^+} \frac{\Delta x}{\Delta x} = 1$$

$$f'_-(0) = \lim_{\Delta x \to 0^-} \frac{\Delta y}{\Delta x} = \lim_{\Delta x \to 0^-} \frac{|\Delta x|}{\Delta x} = \lim_{\Delta x \to 0^-} \frac{-\Delta x}{\Delta x} = -1$$

即 $$f'_+(0) \neq f'_-(0)$$

所以 $f'(0)$ 不存在.

习题 2.1

1. 根据导数定义求下列函数的导数：

(1) $y = ax + b$　　　　　　　　(2) $y = 2 - x^3$

2. 设函数 $f(x) = \begin{cases} x^2 + 1 & 0 \leqslant x < 1 \\ 3x - 1 & x \geqslant 1 \end{cases}$　讨论 $f(x)$ 在 $x = 1$ 处的连续性与可导性.

3. 求曲线 $y = \sqrt{x}$ 在 $(1,1)$ 处的切线斜率.

4. 求曲线 $y = \ln x$ 在 $(e, 1)$ 处的切线方程.

§2.2　导数的运算法则与基本公式

一、运算法则

在 §2.1 中给出了用导数定义计算导数的具体方法,但是如果对每一个函数都根据定义求导数,那么工作量是很大的. 因此,有必要给出导数的运算法则,以简化求导运算.

法则 1　设函数 $u = u(x)$,$v = v(x)$ 都可导,则

$$(u \pm v)' = u' \pm v'$$

证明　对应于自变量 $\Delta x \neq 0$,函数 u、v 分别取得改变量 Δu、Δv,从而函数 $y = u \pm v$ 取得改变量:

$$\Delta y = u(x + \Delta x) \pm v(x + \Delta x) - [u(x) \pm v(x)]$$
$$= u(x + \Delta x) - u(x) \pm [v(x + \Delta x) - v(x)]$$
$$\frac{\Delta y}{\Delta x} = \frac{u(x + \Delta x) - u(x)}{\Delta x} \pm \frac{v(x + \Delta x) - v(x)}{\Delta x}$$

$$= \frac{\Delta u}{\Delta x} \pm \frac{\Delta v}{\Delta x}$$

$$\lim_{\Delta x \to 0} \frac{\Delta y}{\Delta x} = \lim_{\Delta x \to 0} \left(\frac{\Delta u}{\Delta x} \pm \frac{\Delta v}{\Delta x} \right) = u' \pm v'$$

即 $$(u \pm v)' = u' \pm v'$$

例 1　求 $y = x^4 + \sin x$ 的导数.

解　$y' = (x^4 + \sin x)' = (x^4)' + (\sin x)' = 4x^3 + \cos x$

法则 2　如果函数 $u = u(x)$,$v = v(x)$ 都可导,则 $u(x) \cdot v(x)$ 也可导,且

$$(u \cdot v)' = u' \cdot v + u \cdot v'$$

证明　设 $y = u(x) \cdot v(x)$　则

$$\Delta y = u(x + \Delta x) \cdot v(x + \Delta x) - u(x) \cdot v(x)$$

$$= u(x + \Delta x) \cdot v(x + \Delta x) - u(x) \cdot v(x + \Delta x) + u(x) \cdot v(x + \Delta x) - u(x)v(x)$$

$$\frac{\Delta y}{\Delta x} = \frac{u(x + \Delta x) - u(x)}{\Delta x} \cdot v(x + \Delta x) + u(x) \cdot \frac{v(x + \Delta x) - v(x)}{\Delta x}$$

$$\lim_{\Delta x \to 0} \frac{\Delta y}{\Delta x} = \lim_{\Delta x \to 0} \frac{u(x + \Delta x) - u(x)}{\Delta x} \cdot v(x + \Delta x) + \lim_{\Delta x \to 0} \frac{v(x + \Delta x) - v(x)}{\Delta x} \cdot u(x)$$

$$= u' \cdot v + u \cdot v'$$

即

$$(u \cdot v)' = u' \cdot v + u \cdot v'$$

例2　求 $y = x^5 \cdot \cos x$ 的导数.

解　$y' = (x^5 \cdot \cos x)' = (x^5)' \cos x + x^5 (\cos x)'$

$$= 5x^4 \cdot \cos x - x^5 \sin x$$

法则3　设 $u = u(x), v = v(x)$ 都可导,且 $v(x) \neq 0$,则 $\dfrac{u}{v}$ 也可导,而且

$$\left(\frac{u}{v}\right)' = \frac{u'v - uv'}{v^2}$$

证明　设　$y = \dfrac{u(x)}{v(x)}$　则

$$\Delta y = \frac{u(x + \Delta x)}{v(x + \Delta x)} - \frac{u(x)}{v(x)} = \frac{u(x + \Delta x)v(x) - u(x)v(x + \Delta x)}{v(x + \Delta x)v(x)}$$

$$= \frac{u(x + \Delta x)v(x) - u(x)v(x) + u(x)v(x) - u(x)v(x + \Delta x)}{v(x + \Delta x)v(x)}$$

$$= \frac{\Delta u \cdot v(x) - \Delta v \cdot u(x)}{v(x + \Delta x)v(x)}$$

$$\frac{\Delta y}{\Delta x} = \frac{\dfrac{\Delta u}{\Delta x}v(x) - u(x)\dfrac{\Delta v}{\Delta x}}{v(x + \Delta x)v(x)}$$

$$\lim_{\Delta x \to 0} \frac{\Delta y}{\Delta x} = \lim_{\Delta x \to 0} \frac{\dfrac{\Delta u}{\Delta x} \cdot v(x) - u(x)\dfrac{\Delta v}{\Delta x}}{v(x + \Delta x)v(x)} = \frac{u'v - uv'}{v^2}$$

即

$$\left(\frac{u}{v}\right)' = \frac{u'v - uv'}{v^2}$$

例3　求 $y = \dfrac{\sin x}{x^2}$ 的导数.

解　$y' = \left(\dfrac{\sin x}{x^2}\right)' = \dfrac{(\sin x)' x^2 - \sin x (x^2)'}{(x^2)^2}$

$$= \frac{x^2 \cos x - 2x \sin x}{x^4} = \frac{x \cos x - 2 \sin x}{x^3}$$

推论1　设有 n 个函数 $u_1 = u_1(x), u_2 = u_2(x), \cdots, u_n = u_n(x)$ 都可导,则

$(1) (u_1 \pm u_2 \pm \cdots \pm u_n)' = u'_1 \pm u'_2 \pm \cdots \pm u'_n$

$(2)(u_1 u_2 \cdots u_n)' = u_1' u_2 \cdots u_n + u_1 u_2' u_3 \cdots u_n + \cdots + u_1 u_2 \cdots u_{n-1} u_n'$

$(3)(ku)' = ku'(k$ 为常数$)$

为了推导导数基本公式的需要,下面给出函数导数与其反函数导数的关系.

定理 2.3　设函数 $x = f^{-1}(y)$ 在某开区间内单调可导,且 $[f^{-1}(y)]' \neq 0$,则反函数 $y = f(x)$ 在对应区间内可导,且 $f'(x) = \dfrac{1}{[f^{-1}(y)]'}$. 证明从略.

二、基本公式

1. 常数的导数

设 $y = c(c$ 为常数$)$,因为 $\Delta y = 0$,

所以 $\dfrac{\Delta y}{\Delta x} = 0$. 因而 $y' = \lim\limits_{\Delta x \to 0} \dfrac{\Delta y}{\Delta x} = 0$,所以 $c' = 0$　即常数的导数等于 0.

2. 幂函数的导数

设 $y = x^n(n$ 为正整数$)$

由二项式定理可知

$$\Delta y = (x + \Delta x)^n - x^n$$

$$= x^n + nx^{n-1}\Delta x + \frac{n(n-1)}{2}x^{n-2}(\Delta x)^2 + \cdots + (\Delta x)^n - x^n$$

$$= nx^{n-1}\Delta x + \frac{n(n-1)}{2}x^{n-2}(\Delta x)^2 + \cdots + (\Delta x)^n$$

因此　　$y' = \lim\limits_{\Delta x \to 0} \dfrac{\Delta y}{\Delta x} = \lim\limits_{\Delta x \to 0}\left[nx^{n-1} + \dfrac{n(n-1)}{2}x^{n-2}\Delta x + \cdots + (\Delta x)^{n-1}\right] = nx^{n-1}$

即　$(x^n)' = nx^{n-1}$

可以证明:对于任意常数 α,幂函数 $y = x^\alpha$ 的导数

$$y' = \alpha x^{\alpha-1}$$

例 4　$(x)' = 1$

$(x^2)' = 2x$

$(x^3)' = 3x^2$

例 5　$\left(\dfrac{1}{x}\right)' = (x^{-1})' = -x^{-2} = -\dfrac{1}{x^2}$

$\left(\dfrac{1}{x^2}\right)' = (x^{-2})' = -2x^{-3} = -\dfrac{2}{x^3}$

$\left(\dfrac{1}{x^3}\right)' = (x^{-3})' = -3x^{-4} = -\dfrac{3}{x^4}$

例 6　$(\sqrt{x})' = (x^{\frac{1}{2}})' = \dfrac{1}{2}x^{-\frac{1}{2}} = \dfrac{1}{2\sqrt{x}}$

$(\sqrt[3]{x})' = (x^{\frac{1}{3}})' = \dfrac{1}{3}x^{-\frac{1}{3}} = \dfrac{1}{3\sqrt[3]{x^2}}$

$$\left(\sqrt{x^3}\right)' = \left(x^{\frac{3}{2}}\right)' = \frac{3}{2}x^{\frac{1}{2}} = \frac{3}{2}\sqrt{x}$$

例7 $\left(\dfrac{1}{\sqrt{x}}\right)' = \left(x^{-\frac{1}{2}}\right)' = -\dfrac{1}{2}x^{-\frac{3}{2}} = -\dfrac{1}{2}\dfrac{1}{\sqrt{x^3}}$

$$\left(\frac{1}{\sqrt[3]{x}}\right)' = \left(x^{-\frac{1}{3}}\right)' = -\frac{1}{3}x^{-\frac{4}{3}} = -\frac{1}{3}\frac{1}{\sqrt[3]{x^4}}$$

$$\left(\frac{1}{\sqrt{x^3}}\right)' = \left(x^{-\frac{3}{2}}\right)' = -\frac{3}{2}x^{-\frac{5}{2}} = -\frac{3}{2}\frac{1}{\sqrt{x^5}}$$

例8 求函数 $y = x^{-3} + x^{\frac{3}{2}} - 3$ 的导数

解 $y' = \left(x^{-3} + x^{\frac{3}{2}} - 3\right)' = \left(x^{-3}\right)' + \left(x^{\frac{3}{2}}\right)' - 3' = -3x^{-4} + \dfrac{3}{2}x^{\frac{1}{2}}$

例9 求 $y = \dfrac{x}{1+x^2}$ 的导数

解 $y' = \left(\dfrac{x}{1+x^2}\right)' = \dfrac{x'(1+x^2) - x(1+x^2)'}{(1+x^2)^2} = \dfrac{1+x^2 - x \cdot 2x}{(1+x^2)^2} = \dfrac{1-x^2}{(1+x^2)^2}$

3. 指数函数 $y = a^x (a>0, a\neq 1)$ 的导数

$$\Delta y = a^{x+\Delta x} - a^x = a^x(a^{\Delta x} - 1)$$

$$y' = \lim_{\Delta x \to 0} \frac{\Delta y}{\Delta x} = a^x \lim_{\Delta x \to 0} \frac{a^{\Delta x} - 1}{\Delta x}$$

令 $t = a^{\Delta x} - 1$，有 $\Delta x = \log_a(1+t)$，当 $\Delta x \to 0$ 时，$t \to 0$.

所以 $y' = a^x \lim_{t \to 0} \dfrac{t}{\log_a(1+t)} = a^x \dfrac{1}{\lim\limits_{t \to 0} \dfrac{1}{t}\log_a(1+t)}$

$$= a^x \lim_{t \to 0} \frac{t}{\log_a(1+t)^{\frac{1}{t}}} = a^x \frac{1}{\log_a e} = a^x \ln a$$

特别地，若 $a = e$，则得到 $y = e^x$ 的导数

$$y' = e^x$$

例10 $(2^x)' = 2^x \ln 2$

例11 $(10^x)' = 10^x \ln 10$

例12 求 $y = x^3 - 3^x + e^x$ 的导数.

解 $y' = (x^3 - 3^x + e^x)'$
$= 3x^2 - 3^x \ln 3 + e^x$

例13 求 $y = x^{-2}e^x$ 的导数

解 $y' = (x^{-2}e^x)' = (x^{-2})'e^x + x^{-2}(e^x)'$
$= -2x^{-3}e^x + x^{-2}e^x = (-2x^{-1} + 1)x^{-2}e^x$

4. 对数函数 $y = \log_a x (a>0, a\neq 1)$ 的导数

因为对数函数 $y = \log_a x$ 的反函数为指数函数 $x = a^y (a>0, a\neq 1)$，由定理2.3可得

$$y' = \frac{1}{(a^y)'} = \frac{1}{a^y \ln a} = \frac{1}{x \ln a}$$

特别地,当 $a = e$ 时,则得到 $y = \ln x$ 的导数 $y' = \dfrac{1}{x}$.

例 14 $(\log_2 x)' = \dfrac{1}{x\ln 2}$

例 15 $(\lg x)' = \dfrac{1}{x\ln 10}$

例 16 求 $y = \dfrac{\ln x}{x}$ 的导数.

解 $y' = \left(\dfrac{\ln x}{x}\right)' = \dfrac{(\ln x)'x - \ln x \cdot x'}{x^2} = \dfrac{\dfrac{1}{x} \cdot x - \ln x}{x^2} = \dfrac{1 - \ln x}{x^2}$

例 17 求 $y = x^2 \log_2 x$ 的导数.

解 $y' = (x^2 \log_2 x)' = 2x\log_2 x + x^2 \dfrac{1}{x\ln 2}$

$\qquad = 2x \log_2 x + \dfrac{x}{\ln 2}$

5. 三角函数的导数

(1) $y = \sin x$

$\qquad y' = \cos x$

(2) $y = \cos x$

$\qquad y' = -\sin x$

(上述两个求导公式,我们在第一节中已经求出,在这里不再重复)

(3) $y = \tan x$

$\qquad y' = (\tan x)' = \left(\dfrac{\sin x}{\cos x}\right)'$

$\qquad = \dfrac{\cos^2 x + \sin^2 x}{\cos^2 x} = \dfrac{1}{\cos^2 x} = \sec^2 x$

(4) $y = \cot x$

$\qquad y' = (\cot x)' = \left(\dfrac{\cos x}{\sin x}\right)'$

$\qquad = \dfrac{-\sin^2 x - \cos^2 x}{\sin^2 x} = -\dfrac{1}{\sin^2 x} = -\csc^2 x$

例 18 求 $y = x\sin x + \tan x$ 的导数.

解 $y' = (x\sin x + \tan x)' = (x\sin x)' + (\tan x)'$

$\qquad = \sin x + x\cos x + \sec^2 x$

例 19 求 $y = \sec x$ 的导数

解 $y' = (\sec x) = \left(\dfrac{1}{\cos x}\right)' = \dfrac{\sin x}{\cos^2 x} = \dfrac{1}{\cos x} \cdot \dfrac{\sin x}{\cos x} = \sec x \cdot \tan x$

同理可证 $(\csc x)' = -\csc x \cdot \tan x$.

6. 反三角函数的导数

$y = \arcsin x$ （$-1 < x < 1$）的导数

因为 $y = \arcsin x$ 的反函数是 $x = \sin y$ （$-\dfrac{\pi}{2} < y < \dfrac{\pi}{2}$）

而 $(\sin y)' = \cos y > 0$

$$\cos y = \sqrt{1 - \sin^2 y} = \sqrt{1 - x^2} > 0$$

所以由定理 2.3 得到 $y' = (\arcsin x)' = \dfrac{1}{(\sin y)'} = \dfrac{1}{\sqrt{1 - x^2}}$

即 $$(\arcsin x)' = \dfrac{1}{\sqrt{1 - x^2}} \quad (-1 < x < 1)$$

同理可证 $$(\arccos x)' = -\dfrac{1}{\sqrt{1 - x^2}} \quad (-1 < x < 1)$$

$$(\arctan x)' = \dfrac{1}{1 + x^2}$$

$$(\operatorname{arccot} x)' = -\dfrac{1}{1 + x^2}$$

例 20 求 $y = (1 - x^2)\arcsin x$ 的导数.

解 $y' = \left[(1 - x^2)\arcsin x\right]' = (1 - x^2)'\arcsin x + (1 - x^2)(\arcsin x)'$

$$= -2x\arcsin x + (1 - x^2)\dfrac{1}{\sqrt{1 - x^2}}$$

$$= -2x\arcsin x + \sqrt{1 - x^2}$$

例 21 求 $y = \dfrac{\arctan x}{1 + x^2}$ 的导数.

解 $y' = \left(\dfrac{\arctan x}{1 + x^2}\right)' = \dfrac{\dfrac{1}{1 + x^2}(1 + x^2) - \arctan x \cdot 2x}{(1 + x^2)^2} = \dfrac{1 - 2x\arctan x}{(1 + x^2)^2}$

为了便于记忆和运用,我们将前面讲过的所有基本公式列在下面:

1. $(c)' = 0$ （c 为常数）

2. $(x^\alpha)' = \alpha x^{\alpha - 1}$ （α 为常数）

3. $(a^x)' = a^x \ln a$ （$a > 0, a \neq 1$）

4. $(e^x)' = e^x$

5. $(\log_a x)' = \dfrac{1}{x \ln a}$ （$a > 0, a \neq 1$）

6. $(\ln x)' = \dfrac{1}{x}$

7. $(\sin x)' = \cos x$

8. $(\cos x)' = -\sin x$

9. $(\tan x)' = \sec^2 x = \dfrac{1}{\cos^2 x}$

10. $(\cot x)' = -\csc^2 x = -\dfrac{1}{\sin^2 x}$

11. $(\sec x)' = \left(\dfrac{1}{\cos x}\right)' = \sec x \tan x$

12. $(\csc x)' = \left(\dfrac{1}{\sin x}\right)' = -\csc x \cot x$

13. $(\arcsin x)' = \dfrac{1}{\sqrt{1-x^2}}$

14. $(\arccos x)' = -\dfrac{1}{\sqrt{1-x^2}}$

15. $(\arctan x)' = \dfrac{1}{1+x^2}$

16. $(\text{arccot} x)' = -\dfrac{1}{1+x^2}$

习题 2.2

1. 求下列函数的导数:

$(1) y = \dfrac{1}{\sqrt{x}} - \dfrac{1}{x^3} + \dfrac{3}{\sqrt{2}}$

$(2) y = \dfrac{x^2}{2} + \dfrac{2}{x^2}$

$(3) y = (x^2 + 1)(2x + 1)$

$(4) y = (2\sqrt{x} - 1)x^2$

$(5) y = \dfrac{(x-1)^2}{\sqrt{x}}$

$(6) y = x^e - e^x + e^e$

$(7) y = 2^x \cdot x^2$

$(8) y = \lg \sqrt{x} + 2\sqrt{x}$

$(9) y = x^3 \ln x + 2^x$

$(10) y = \dfrac{1 + \ln x}{x^2}$

2. 求下列函数的导数:

$(1) y = x\cos x - \sin x$

$(2) y = x\tan x - \cot x$

$(3) y = \tan x + x\sec x$

$(4) y = x^3(2x - 1)\cos x$

$(5) y = \dfrac{3\cos x}{1 + \sin x}$

$(6) y = \arcsin x + \arccos x$

$(7) y = x\arcsin x + \sqrt{x}$

$(8) y = (1 + x^2)\arctan x$

$(9) y = \sin x \cdot \arcsin x$

$(10) y = \dfrac{\arccos x}{e^x}$

§2.3　导数运算

一、复合函数的导数

设函数 $y = f(u)$，$u = \varphi(x)$，即 y 是 x 的一个复合函数 $y = f[\varphi(x)]$，如果 $u = \varphi(x)$ 在点 x 处有导数 $\dfrac{du}{dx} = \varphi'(x)$，$y = f(u)$ 在对应点 u 处有导数 $\dfrac{dy}{du} = f'(u)$，则复合函数 $y = f[\varphi(x)]$ 在点 x 处的导数也存在，而且

$$\frac{dy}{dx} = f'(u) \cdot \varphi'(x) \quad \text{或记为} \quad y'_x = y'_u \cdot u'_x$$

证明　设 x 取得改变量 Δx，则 u 取得相应的改变量 Δu，从而 y 取得相应的改变量 Δy.

$$\Delta u = \varphi(x + \Delta x) - \varphi(x)$$
$$\Delta y = f(u + \Delta u) - f(u)$$

当 $\Delta u \neq 0$ 时，有 $\quad \dfrac{\Delta y}{\Delta x} = \dfrac{\Delta y}{\Delta u} \cdot \dfrac{\Delta u}{\Delta x}$

因为 $u = \varphi(x)$ 可导，则必连续，所以当 $\Delta x \to 0$ 时，$\Delta u \to 0$.

因此 $\quad \lim\limits_{\Delta x \to 0} \dfrac{\Delta y}{\Delta x} = \lim\limits_{\Delta x \to 0} \dfrac{\Delta y}{\Delta u} \cdot \lim\limits_{\Delta x \to 0} \dfrac{\Delta u}{\Delta x} = \lim\limits_{\Delta u \to 0} \dfrac{\Delta y}{\Delta u} \cdot \lim\limits_{\Delta x \to 0} \dfrac{\Delta u}{\Delta x}$

于是得到 $\quad \dfrac{dy}{dx} = f'(u) \cdot \varphi'(x)$ 或写作 $y'_x = y'_u \cdot u'_x$.

上述公式表明，复合函数的导数等于复合函数对中间变量的导数乘以中间变量对自变量的导数.

同理可设

$$y = f(u), \quad u = \varphi(v), \quad v = \Psi(x)$$

则复合函数 $y = f\{\varphi[\Psi(x)]\}$ 对 x 的导数是

$$\frac{dy}{dx} = f'(u)\varphi'(v)\Psi'(x)$$

例1　求 $y = (2x + 3)^{10}$ 的导数.

解　令 $u = 2x + 3$，则 $y = u^{10}$

所以 $\quad y' = (u^{10})' = 10u^9 u' = 10(2x + 3)^9 (2x + 3)' = 20(2x + 3)^9$

在运算熟练后，可不必将中间变量写出来.

例2　求 $y = e^{3x}$ 的导数.

解　$y' = e^{3x} \cdot (3x)' = 3e^{3x}$

例3　求 $y = \ln\sin x$ 的导数.

解　$y' = \dfrac{1}{\sin x}(\sin x)' = \dfrac{1}{\sin x}\cos x = \cot x$

例 4　求 $y = \sin(2x - 5)$ 的导数.

解　$y' = \cos(2x - 5)(2x - 5)' = 2\cos(2x - 5)$

例 5　求 $y = \sin^3 x$ 的导数.

解　$y' = 3\sin^2 x(\sin x)' = 3\sin^2 x \cos x$

例 6　求 $y = e^{\sin x^2}$ 的导数.

解　$y' = e^{\sin x^2}(\sin x^2)' = e^{\sin x^2}\cos x^2(x^2)' = 2x e^{\sin x^2}\cos x^2$

例 7　求 $y = \ln(x + \sqrt{x^2 + 1})$ 的导数.

解　$y' = \dfrac{1}{x + \sqrt{x^2 + 1}}(x + \sqrt{x^2 + 1})'$

$\qquad = \dfrac{1}{x + \sqrt{x^2 + 1}}\left[1 + \dfrac{1}{2\sqrt{x^2 + 1}}(x^2 + 1)'\right]$

$\qquad = \dfrac{1}{x + \sqrt{x^2 + 1}}\left(1 + \dfrac{x}{\sqrt{x^2 + 1}}\right) = \dfrac{1}{\sqrt{x^2 + 1}}$

例 8　求 $y = e^{-x}\sin 3x$ 的导数.

解　$y' = (e^{-x})'\sin 3x + e^{-x}(\sin 3x)'$

$\qquad = e^{-x}(-x)'\sin 3x + e^{-x}\cos 3x(3x)'$

$\qquad = -e^{-x}\sin 3x + 3e^{-x}\cos 3x$

$\qquad = e^{-x}(3\cos 3x - \sin 3x)$

例 9　求 $y = \left(\dfrac{x}{2x + 1}\right)^n$ 的导数.

解　$y' = n\left(\dfrac{x}{2x + 1}\right)^{n-1} \cdot \left(\dfrac{x}{2x + 1}\right)'$

$\qquad = n\left(\dfrac{x}{2x + 1}\right)^{n-1} \cdot \dfrac{x'(2x + 1) - x(2x + 1)'}{(2x + 1)^2}$

$\qquad = n\left(\dfrac{x}{2x + 1}\right)^{n-1} \cdot \dfrac{1}{(2x + 1)^2}$

$\qquad = \dfrac{nx^{n-1}}{(2x + 1)^{n+1}}$

二、隐函数的导数

设方程 $p(x, y) = 0$ 确定了 y 是 x 的函数,并且可导. 现在利用复合函数求导公式求隐函数 y 对 x 的导数.

例 10　求 $x^2 + y^2 = R^2$ (R 为常数)所确定的隐函数的导数 y'.

解　这里 x^2 是 x 的函数,而 y^2 可以看成是 x 的复合函数. 将等式两端同时对自变量 x 求导,得到

$$2x + 2y \cdot y' = 0$$

因此
$$y' = -\frac{x}{y} \quad (y \neq 0)$$

例 11 求 $y = x\ln y$ 的导数.

解 将方程两边对 x 求导

得
$$y' = \ln y + x \frac{1}{y} y'$$
$$y'y = y\ln y + xy'$$

即得
$$y' = \frac{y\ln y}{y - x}$$

例 12 求 $y = xe^y$ 的导数 y'.

解 将方程两边对 x 求导

得
$$y' = x'e^y + x(e^y)'$$
$$y' = e^y + xe^y y' \qquad (1 - xe^y)y' = e^y$$

整理得
$$y' = \frac{e^y}{1 - xe^y}$$

例 13 求 $x = y - \sin xy$ 的导数 y'.

解
$$x' = y' - (\sin xy)' = y' - \cos xy \cdot (xy)'$$
$$= y' - \cos xy(y + xy)'$$

整理得 $y' = \dfrac{1 + y\cos xy}{1 - x\cos xy}$

三、取对数求导法

对于指数函数或幂指函数(如 $y = x^x$)可以通过将函数等式两边同时取对数,然后化成隐函数再求导数,这种方法称为"取对数求导法".

例 14 求 $y = x^x$ 的导数.

解一 两边同时取对数得 $\ln y = x\ln x$

两边同时关于 x 求导得 $\dfrac{1}{y} \cdot y' = \ln x + 1$

整理得
$$y' = y(\ln x + 1) = x^x(\ln x + 1)$$

解二 由于 $x^x = e^{x\ln x}$

所以原式为 $y = e^{x\ln x}$

求导得 $y' = e^{x\ln x}(\ln x + 1)$

即 $y' = x^x(\ln x + 1)$

例 15 求 $y = \sqrt{\dfrac{(x+1)(x-2)}{x-3}}$ 的导数.

解 先对等式两边取对数得 $\ln y = \dfrac{1}{2}[\ln(x+1) + \ln(x-2) - \ln(x-3)]$

两边对 x 求导,得 $\dfrac{1}{y}y' = \dfrac{1}{2}\left(\dfrac{1}{x+1} + \dfrac{1}{x-2} - \dfrac{1}{x-3}\right)$

整理得　　$y' = \dfrac{1}{2} y \left(\dfrac{1}{x+1} + \dfrac{1}{x-2} - \dfrac{1}{x-3} \right)$

即　　　　$y' = \dfrac{1}{2} \sqrt{\dfrac{(x+1)(x-2)}{x-3}} \left(\dfrac{1}{x+1} + \dfrac{1}{x-2} - \dfrac{1}{x-3} \right)$

习题 2.3

1. 求下列函数的导数：

（1）$y = (1 + 2x)^{10}$　　　　　　　　（2）$y = e^{\frac{1}{x}}$

（3）$y = 3^{\sqrt{x}}$　　　　　　　　　　（4）$y = \ln\cos x$

（5）$y = \log_2(x^2 + 1)$　　　　　　　（6）$y = \sqrt{2 - 3x}$

（7）$y = \dfrac{1}{2x + 1}$　　　　　　　　（8）$y = \cos(1 - 2x)$

（9）$y = \tan 3x$　　　　　　　　　　（10）$y = \arcsin\sqrt{x}$

（11）$y = \arctan\dfrac{1}{x}$　　　　　　（12）$y = \ln\ln x + \ln^2 x - \ln a$

2. 求下列函数的导数：

（1）$x^2 + y^2 + xy = 1$　　　　　　　（2）$y = x + e^y$

（3）$y = x + \ln y$　　　　　　　　　（4）$y^2 = x^4 - 2\ln y$

（5）$y = 1 + xe^y$　　　　　　　　　（6）$y = x + x\ln y$

3. 求下列函数的导数：

（1）$y = (1 + x^2)^{\sin x}$　　　　　　　（2）$y = (\sin x)^{\frac{1}{x}}$

（3）$y = \sqrt{\dfrac{(x^2 - 1)(x + 1)}{2x^2 + 1}}$　　　　（4）$y = x\sqrt{\dfrac{x + 2}{x - 1}}$

§2.4　高阶导数

通过 §2.2 的学习，我们知道：一个函数 $y = f(x)$ 的导数 $f'(x)$ 仍然是 x 的一个函数. 因此，如果函数 $y = f(x)$ 的导数 $f'(x)$ 在点 x 处可导，则称 $f'(x)$ 在点 x 处的导数为函数 $y = f(x)$ 在点 x 处的二阶导数，记作

$$f''(x), \quad y'' \quad 或 \quad \dfrac{d^2 y}{dx^2}$$

类似地，二阶导数 $y'' = f''(x)$ 的导数称作 $y = f(x)$ 的三阶导数，记作

$$f'''(x), \quad y''' \quad 或 \quad \dfrac{d^3 y}{dx^3}$$

一般地,我们定义 $y = f(x)$ 的 n 阶导数为 $y = f(x)$ 的 $n-1$ 阶导数的导数,即

$$[y^{(n-1)}]' = y^{(n)} \quad (n = 2,3,4,\cdots)$$

记作 $\qquad\qquad\qquad\qquad f^{(n)}(x), y^{(n)} \quad 或 \quad \dfrac{d^n y}{dx^n}$

函数 $f(x)$ 的各阶导数在 $x = x_0$ 处的数值记为

$$f'(x_0), f''(x_0), \cdots, f^{(n)}(x_0) \quad 或 \quad y'\Big|_{x=x_0}, y''\Big|_{x=x_0}, \cdots, y^{(n)}\Big|_{x=x_0}$$

二阶和二阶以上的导数统称为高阶导数.

例1 求 $y = x^3 - 3x + 1$ 的二阶导数.

解 $y' = 3x^2 - 3$

$\qquad y'' = 6x$

例2 求 $y = xe^{-x}$ 的二阶导数.

解 $y' = e^{-x} - xe^{-x} = e^{-x}(1-x)$

$\qquad y'' = -e^{-x}(1-x) - e^{-x}$

$\qquad\quad = -e^{-x}(2-x)$

例3 求 $y = \sin x$ 的 n 阶导数.

解 $y' = (\sin x)' = \cos x = \sin\left(\dfrac{\pi}{2} + x\right)$

$$y'' = \left[\sin\left(\dfrac{\pi}{2} + x\right)\right]' = \cos\left(\dfrac{\pi}{2} + x\right) = \sin\left(2 \cdot \dfrac{\pi}{2} + x\right)$$

$$y''' = \left[\sin\left(2 \cdot \dfrac{\pi}{2} + x\right)\right]' = \cos\left(2 \cdot \dfrac{\pi}{2} + x\right) = \sin\left(3 \cdot \dfrac{\pi}{2} + x\right)$$

以此类推,可得

$$y^{(n)} = (\sin x)^{(n)} = \sin\left(\dfrac{n\pi}{2} + x\right)$$

同理可得

$$(\cos x)^{(n)} = \cos\left(x + n\dfrac{\pi}{2}\right)$$

习题 2.4

1. 求下列函数的二阶导数:

(1) $y = x^3 + 3x^2 - 2$ $\qquad\qquad$ (2) $y = x^2 - \ln x$

(3) $y = \ln\cos x$ $\qquad\qquad\qquad$ (4) $y = \cos^2 x$

2. 求下列函数在给定点处的二阶导数:

(1) $f(x) = e^{2x-1}$,求 $f''(0)$

(2) $y = x^{2-\alpha}$,求 $\dfrac{d^2 y}{dx^2}\Big|_{x=\alpha}$

(3)$f(x) = \ln(1+x)$，求 $f''(0)$

(4)$y = \arctan 2x + \tan \dfrac{\pi}{5}$，求 $y''(-1)$

§2.5　微分

一、微分的定义

前面讲过函数的导数是表示函数在点 x 处的变化率，它描述了函数在点 x 处变化的快慢程度. 在实际中，有时我们还需要了解函数在某一点当自变量取得一个微小的变量时，函数取得相应改变量的大小. 由此引进了微分的概念.

我们看一个具体的例子.

设有边长为 x 的正方形，其面积用 S 表示，显然，$S = x^2$. 如果边长 x 取得了一个改变量 Δx，则面积 S 相应地取得改变量

$$\Delta S = (x + \Delta x)^2 - x^2 = 2x\Delta x + (\Delta x)^2$$

上式包括两部分：

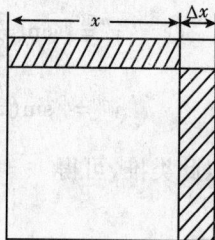

第一部分 $2x\Delta x$ 是 Δx 的线性函数，即图 $2-2$ 中画斜线的两个矩形面积之和. 第二部分 $(\Delta x)^2$，当 $\Delta x \to 0$ 时，是比 Δx 高阶的无穷小量. 因此，当 Δx 很小时，我们可以用第一部分 $2x\Delta x$ 近似地表示 ΔS，而将第二部分忽略掉. 我们把 $2x\Delta x$ 叫做正方形面积 S 的微分，记作

$$dS = 2x\Delta x$$

定义 2.3　设函数 $y = f(x)$ 在点 x 处可导，则称 $f'(x)\Delta x$ 为函数

图 $2-2$

$f(x)$ 在点 x 处的微分，记作 dy 或 $df(x)$，即

$$dy = df(x) = f'(x)\Delta x$$

此时，我们称函数 $y = f(x)$ 在点 x 处可微.

当函数 $y = x$ 时，函数的微分 $dy = dx = x'\Delta x = \Delta x$，这样函数的微分就可写成

$$dy = f'(x)dx$$

由此可得

$$\frac{dy}{dx} = f'(x)$$

由此可见，导数等于函数的微分与自变量微分之商，即 $f'(x) = \dfrac{dy}{dx}$，这就是导数也叫"微商"的由来.

二、微分的几何意义

在直角坐标系中作函数 $y = f(x)$ 的图形. 如图 2-3 所示,在曲线上取定一点 $M(x, y)$,过 M 点作曲线的切线,此切线的斜率为

$$f'(x) = \tan x$$

当自变量在点 x 处取得改变量 Δx 时,就得到曲线上另外一点 $M_1(x + \Delta x, y + \Delta y)$. 由图 2-3 易知

$$MN = \Delta x, NM_1 = \Delta y$$

且

$$NT = MN \cdot \tan \alpha = f'(x) \Delta x = dy$$

那么,函数 $y = f(x)$ 的微分 dy 就是过点 $M(x, y)$ 的切线的纵坐标的改变量. 因此,用微分近似代替改变量 Δy,就是用函数曲线在点 $M(x, y)$ 处的切线纵坐标的改变量 NT 近似代替曲线 $y = f(x)$ 的纵坐标的改变量 NM_1,这就是所谓的"以直代曲".

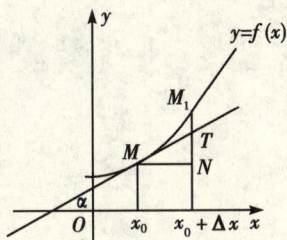

图 2-3

三、微分在近似计算中的应用

由 $\Delta y = f'(x_0) \Delta x + O(\Delta x)$ 可得 $f(x_0 + \Delta x) - f(x_0) \approx f'(x_0) \Delta x$

即

$$f(x_0 + \Delta x) \approx f(x_0) + f'(x_0) \Delta x$$

利用上面的近似公式,可以计算函数在某一点的近似值.

例 1 求 $\sqrt[3]{1.02}$ 的近似值.

解 将这个问题看成求函数 $f(x) = \sqrt[3]{x}$ 在点 $x = 1.02$ 处的函数值的近似值问题. 由于

$$f(x_0 + \Delta x) \approx f(x_0) + f'(x_0) \Delta x = \sqrt[3]{x_0} + \frac{1}{3\sqrt[3]{x_0^2}} \Delta x$$

令 $x_0 = 1, \Delta x = 0.02$ 得到

$$\sqrt[3]{1.02} \approx \sqrt[3]{1} + \frac{1}{3\sqrt[3]{1^2}} \times 0.02 \approx 1.0067$$

四、微分公式与微分运算法则

由 $dy = f'(x) dx$ 可知,求微分 dy,只要求出导数 $f'(x)$,再乘上 dx 即可. 因此我们有

下列微分公式和运算法则.

1. $dc = 0$ （c 为常数）

2. $dx^{\alpha} = \alpha x^{\alpha-1}dx$

3. $de^x = e^x dx$

4. $da^x = a^x \ln a dx$ （$a > 0, a \neq 1$）

5. $d\ln x = \dfrac{1}{x}dx$

6. $d\log_a x = \dfrac{1}{x\ln a}dx$ （$a > 0, a \neq 1$）

7. $d\sin x = \cos x dx$

8. $d\cos x = -\sin^2 x dx$

9. $d\tan x = \sec^2 x dx$

10. $d\cot x = -\csc^2 x dx$

11. $d\sec x = \sec x\tan x dx$

12. $d\csc x = -\csc x\cot x dx$

13. $d\arcsin x = \dfrac{1}{\sqrt{1-x^2}}dx$

14. $d\arccos x = -\dfrac{1}{\sqrt{1-x^2}}dx$

15. $d\arctan x = \dfrac{1}{1+x^2}dx$

16. $d\text{arccot} x = -\dfrac{1}{1+x^2}dx$

设 $u = u(x)$ 及 $u = v(x)$ 都是导函数,则有

1. $d(u \pm v) = du \pm dv$

2. $d(cu) = cdu$ （c 为常量）

3. $d(uv) = vdu + udv$

4. $d\left(\dfrac{u}{v}\right) = \dfrac{vdu - udv}{v^2}$ （$v \neq 0$）

五、微分形式的不变性

如果函数 $y = f(u)$ 关于 u 是可导的,则

1. 当 u 是自变量时,函数的微分为 $dy = f'(u)du.$

2. 当 u 不是自变量,而是 $u = u(x)$ 时,则 y 为 x 的复合函数,根据复合函数求导公式, y 对 x 的导数为

$$\frac{dy}{dx} = f'(u)u'(x)$$

即 $$dy = f'(u)u'(x)dx$$

而 $u'(x)dx$ 是函数 $u = u(x)$ 的微分, 即 $du = u'(x)dx$, 所以, 当 $u = u(x)$ 时, 仍有 $dy = f'(u)du$. 也就是说, 对于函数 $y = f(u)$, 不论 u 是自变量, 还是自变量的可导函数, 它的微分形式同样都有 $dy = f'(u)du$, 这就叫做微分形式的不变性.

例2　求 $y = \dfrac{x}{1 - x^2}$ 的微分.

解　$dy = \left(\dfrac{x}{1 - x^2}\right)' dx = \dfrac{(1 - x^2) - x(-2x)}{(1 - x^2)^2} dx$

$\qquad\quad = \dfrac{1 + x^2}{(1 - x^2)^2} dx$

例3　求 $y = xe^{-x}$ 的微分.

解　$dy = (xe^{-x})' dx = [x'e^{-x} + x(e^{-x})'] dx = (1 - x)e^{-x} dx$

例4　求函数 $x^2 = 2y - \sin y$ 的微分 dy.

解　$(x^2)' = (2y)' - (\sin y)'$

$\qquad\quad 2x = 2y' - \cos y \cdot y'$

整理得
$$y' = \dfrac{2x}{2 - \cos y}$$

所以
$$dy = \dfrac{2x}{2 - \cos y} dx$$

习题 2.5

1. 求下列函数的微分:

(1) $y = e^{\tan x}$ 　　　　　　　(2) $y = (1 + x^2)\arctan x$

(3) $y = e^{\frac{\pi}{2}}\ln x$ 　　　　　　(4) $y = x^2\ln(1 + x^2)$

(5) $y = x + xe^y$ 　　　　　　(6) $y = 1 + x\ln y$

2. 求下列各式的近似值:

(1) $\sqrt[3]{0.97}$ 　　　　(2) $e^{0.05}$ 　　　　(3) $\ln 1.001$

复习题二

(一)

1. 曲线 $y = \dfrac{1}{x}$ 在 $\left(2, \dfrac{1}{2}\right)$ 处的切线的斜率为 _____.

2. 曲线 $y = \sqrt[3]{x}$ 在 $(1, 1)$ 处的切线方程为 _____.

3. 曲线 $y = \sqrt{x}$ 在 x _____ 处的切线与直线 $y = 2x + 3$ 平行.

4. 设函数 $f(x)$ 可微,则 $\lim\limits_{h\to 0}\dfrac{f(x+2h)-f(x)}{h}=$ _____.

5. 设函数 $f(x)$ 在点 x_0 处可导,且 $f'(x_0)=\dfrac{1}{2}$,则 $\lim\limits_{\Delta x\to 0}\dfrac{f(x_0)-f(x_0+\Delta x)}{\Delta x}=$ _____.

6. 命题: $f(x)$ 在点 x_0 处不连续,则 $f(x)$ 在点 x_0 处必不可导. 对否. _____

7. 设 $f(x)=\arctan e^x$,则 $df(x)=$ _____.

8. 设 $f(x+1)=x^2+x$,则 $f'(x)=$ _____.

9. 设 $f(x)=\ln(1+x)$,则 $f''(0)=$ _____.

10. $y=x^2$ 在点 x_0 处的改变量与微分之差 $\Delta y-dy=$ _____.

(二)

1. 设 $f(x)$ 是可导函数,且 $\lim\limits_{\Delta x\to 0}\dfrac{f(x_0+\Delta x)-f(x_0)}{\Delta x}=1$,则 $f'(x_0)=$ (　　).

　A. 1　　　　　　　B. 0　　　　　　　C. 2　　　　　　　D. $\dfrac{1}{2}$

2. 函数 $y=|\sin x|$ 在点 $x=0$ 处的导数是(　　).

　A. 0　　　　　　　　　　　　　B. 1

　C. -1　　　　　　　　　　　　D. 不存在

3. 设 $y=f(u),u=\varphi(x)$,对于 $y=f[\varphi(x)]$ 有(　　)成立.

　A. $dy=f(u)\varphi(x)dx$　　　　　B. $dy=f'[\varphi(x)]dx$

　C. $dy=f'(u)\varphi'(x)dx$　　　　D. $dy=f'(u)dx$

4. 曲线 $y=x^3-3x$ 与直线 L 相切,L 平行于 x 轴,L 与曲线 $y=x^3-3x$ 的切点是(　　).

　A. $(1,-2)$　　　　　　　　　　B. $(1,2)$

　C. $(-1,-2)$　　　　　　　　　D. $(0,0)$

5. 设 $f(x)$ 在 (a,b) 内连续,且 $x_0\in(a,b)$,则在点 x_0 处(　　).

　A. $f(x)$ 的极限存在且可导

　B. $f(x)$ 的极限不存在

　C. $f(x)$ 的极限存在,但不一定可导

　D. $f(x)$ 的极限不一定存在

6. 函数连续(　　).

　A. 则一定可导　　　　　　　　B. 是可导的充分条件

　C. 是可导的必要条件　　　　　D. 一定不可导

7. 设 $y=f(-x)$,则 $y'=$ (　　).

　A. $f'(x)$　　　　　　　　　　B. $-f'(x)$

　C. $f'(-x)$　　　　　　　　　D. $-f'(-x)$

8. 设 $f(x)=\tan 3x$,则 $\dfrac{dy}{dx}=$ (　　).

A. $\sec^2 3x$ 　　　　　　　B. $\dfrac{3}{\cos^2 3x}$

C. $\dfrac{1}{1+9x^2}$ 　　　　　　D. $\dfrac{3}{1+9x^2}$

9. 设函数 $y=\ln\sqrt{x}$,则 $dy=($ 　　).

A. $\dfrac{1}{\sqrt{x}}$ 　　　　　　　B. $\dfrac{1}{2x}$

C. $\dfrac{1}{\sqrt{x}}dx$ 　　　　　　D. $\dfrac{1}{2x}dx$

10. 设函数 $y=f(-x^2)$,则 $dy=($ 　　).

A. $xf'(-x^2)dx$ 　　　　B. $-2xf'(-x^2)dx$

C. $2f'(-x^2)dx$ 　　　　D. $2xf'(-x^2)dx$

(三)

1. 在抛物线 $y=x^2+1$ 上取横坐标为 $x_1=1$ 及 $x_2=3$ 两点,作过这两点的割线,问:
(1)该抛物线上哪一点的切线平行于这条割线? (2)求出过这点的切线方程.

2. 设函数 $f(x)=\begin{cases} x^2 & x\leqslant 1 \\ ax+b & x>1 \end{cases}$,为使 $f(x)$ 在点 $x=1$ 处连续且可导, a 、 b 应取什么值?

3. 求下列函数的导数:

(1) $y=\dfrac{1}{1+\sqrt{x}}+\dfrac{1}{1-\sqrt{x}}$ 　　　　(2) $y=\dfrac{1}{x^2-3x+2}$

(3) $y=2^{\tan\frac{1}{x}}$ 　　　　　　　(4) $y=e^{2x}\cos 3x$

(5) $y=\arctan\dfrac{1+x}{1-x}$ 　　　　(6) $y=\ln\sqrt{\dfrac{x-1}{x+1}}$

(7) $e^{xy}+y\ln x=0$ 　　　　　(8) $x^2+y+\ln(xy)=0$

(9) $y^x=x^y$ 　　　　　　　(10) $y=\sqrt[5]{\dfrac{(x-1)(x-2)}{(x-3)(x-4)}}$

4. 求下列函数在给定点的导数值:

(1) $f(x)=e^{-x}+\sin x$,求 $f'(0)$

(2) $y=xe^{\sin x}+\sin\dfrac{\pi}{4}$,求 $\dfrac{dy}{dx}\Big|_{x=\frac{\pi}{2}}$

(3) $f(x)=\dfrac{\sin x}{1-\cos x}$,求 $f'\left(\dfrac{\pi}{2}\right)$

(4) $f(x)=xe^{-x}$,求 $f''(0)$

(5) $f(x)=x^2\ln x$,求 $f''(e)$

(6) $y=\ln(1+x^2)$,求 $y''(0)$

5. 求下列函数的高阶导数：

(1) $y = x\ln(1 + e^x)$，求 y''　　　　　　(2) $y = x^5 + x^3 + x - 1$，求 $y^{(6)}$

(3) $y = f(\ln x)$ 且 $f(x)$ 可微，求 y''　　(4) $y = 2^x$，求 $y^{(n)}$

6. 求下列函数的微分：

(1) $y = \ln \sqrt{1 - x^2}$　　　　　　　　(2) $y = (e^x + e^{-x})^2$

(3) $xe^y - \ln y + 5 = 0$　　　　　　　(4) $\sin(x + y) + y^2 - x^2 = 0$

7. 半径为 10cm 的金属薄片，受热后半径伸长了 0.05cm，问金属薄片的面积约增大了多少？

8. 如果半径为 15cm 的球的半径伸长了 2cm，球的体积约扩大了多少？

第三章　导数的应用

本章将介绍导数的意义,并以微分学的基本定理——微分中值定理为理论基础,进一步介绍导数在实际问题中的有关应用.

§3.1　微分中值定理

本节将介绍罗尔(Rolle)定理,拉格朗日(Lagrange)定理. 由于这两个定理都与自变量在定义区间内的某一点的导数有关,因此又统称为微分中值定理.

定理 3.1 (罗尔定理)　　如果函数 $y = f(x)$ 在 $[a,b]$ 上连续,在 (a,b) 内可导,且 $f(a) = f(b)$,则在开区间 (a,b) 内至少存在一点 ξ ,使函数 $y = f(x)$ 在该点处的导数为零,即 $f'(\xi) = 0$.

由导数的几何意义可知,若函数 $f(x)$ 在 $[a,b]$ 上满足罗尔定理条件,则在 (a,b) 内肯定存在切线与 x 轴平行的点. 如图 3 – 1.

证明　　因为函数 $y = f(x)$ 在 $[a,b]$ 上连续,所以, $f(x)$ 在 $[a,b]$ 上必有最大值 M 和最小值 $m (M \geqslant m)$,于是有两种可能的情形:

(1)若 $M = m$,即 $f(x)$ 在 $[a,b]$ 上恒为常数,即 $f(x) = M = m$. 常数的导数为零,所以恒有 $f'(x) = 0$. 于是把 (a,b) 内任意一点 x 记作 ξ ,都有 $f'(\xi) = 0$.

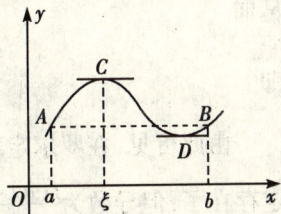

(2)若 $M > m$,由于 $f(a) = f(b)$,从而 M, m 不可能都在区间端点处取得. 不妨设最大值 M 在 (a,b) 内的点 ξ 处取到 $f(\xi) = M$. 于是任意点 $\xi + \Delta x \in [a,b]$ 都有 $f(\xi + \Delta x) \leqslant f(\xi)$,又因为 $f(x)$ 在 (a,b) 内可导,从而在 ξ 点可导,即

$$f'(\xi) = \lim_{\Delta x \to 0^+} \frac{f(\xi + \Delta x) - f(\xi)}{\Delta x} = \lim_{\Delta x \to 0^-} \frac{f(\xi + \Delta x) - f(\xi)}{\Delta x}$$

当 $\Delta x > 0$ 时　　　　　　　 $\dfrac{f(\xi + \Delta x) - f(\xi)}{\Delta x} \leqslant 0$

图 3 – 1

因此
$$\lim_{\Delta x \to 0^+} \frac{f(\xi + \Delta x) - f(\xi)}{\Delta x} \leqslant 0$$

当 $\Delta x < 0$ 时
$$\frac{f(\xi + \Delta x) - f(\xi)}{\Delta x} \geqslant 0$$

因此
$$\lim_{\Delta x \to 0^-} \frac{f(\xi + \Delta x) - f(\xi)}{\Delta x} \geqslant 0$$

所以 $f'(\xi) = \lim_{\Delta x \to 0^+} \frac{f(\xi + \Delta x) - f(\xi)}{\Delta x} = \lim_{\Delta x \to 0^-} \frac{f(\xi + \Delta x) - f(\xi)}{\Delta x} = 0$

证毕.

罗尔定理只是论证了导数为零的 ξ 点的存在性,至于 ξ 有几个值,等于多少,要看方程式 $f'(\xi) = 0$ 在 (a,b) 内的解是什么.

例 1 函数 $f(x) = x^3 - 3x$ 在 $[-\sqrt{3}, \sqrt{3}]$ 上满足罗尔定理条件,求符合罗尔定理结论的 ξ.

解 $f'(x) = 3x^2 - 3$. 令 $f'(\xi) = 3\xi^2 - 3 = 0$,得到 $\xi = -1$ 或 1.

又因为 -1 和 1 都在 $(-\sqrt{3}, \sqrt{3})$ 内,所以符合罗尔定理结论的 $\xi = -1$ 或 1.

在罗尔定理中去掉 $f(a) = f(b)$ 这个条件,会有什么结果呢?

容易看出函数 $F(x) = f(x) - \left[\frac{f(b) - f(a)}{b - a}(x - a) + f(a) \right]$ 在 $[a,b]$ 上连续,在 (a,b) 内可导,且 $F(a) = F(b)$,根据罗尔定理可知在开区间 (a,b) 内至少存在一点 ξ,使 $F'(\xi) = 0$

又因为
$$F'(\xi) = f'(\xi) - \left[\frac{f(b) - f(a)}{b - a}(\xi - a) + f(a) \right]'$$
$$= f'(\xi) - \frac{f(b) - f(a)}{b - a}$$

从而
$$f'(\xi) - \frac{f(b) - f(a)}{b - a} = 0$$

即
$$f'(\xi) = \frac{f(b) - f(a)}{b - a}$$

由此可见,在罗尔定理中去掉 $f(b) = f(a)$ 这个条件,在 (a,b) 内导数为零的点就不一定存在了,但导数为 $\frac{f(b) - f(a)}{b - a}$ 的点肯定存在. 于是有:

定理 3.2 (拉格朗日定理) 如果函数 $f(x)$ 在 $[a,b]$ 上连续,在 (a,b) 内可导,则在开区间 (a,b) 内至少存在一点 ξ,使
$$f'(\xi) = \frac{f(b) - f(a)}{b - a}$$

根据以上分析请大家自己写出证明.

由于 $\frac{f(b) - f(a)}{b - a}$ 是函数 $f(x)$ 上 $(a, f(a))$,$(b, f(b))$ 两点连线的斜率,而 $f'(\xi)$ 是函数 $f(x)$ 在点 $(\xi, f(\xi))$ 处的切线斜率. 因此,如果函数 $f(x)$ 在 $[a,b]$ 上满足拉格朗日定理的条件,则在开区间 (a,b) 内肯定存在点 ξ,使得函数 $f(x)$ 在点 ξ 处的切线与 $(a, f(a))$,

$(b,f(b))$两点连线平行. 如图 3 - 2.

与罗尔定理类似,拉格朗日定理也只是论证了导数为

$\dfrac{f(b)-f(a)}{b-a}$的 ξ 点的存在性,至于 ξ 有几个值,等于多少,要看

方程式 $f'(\xi)=\dfrac{f(b)-f(a)}{b-a}$ 在 (a,b) 内的解是什么.

例 2　函数 $f(x)=x^3$ 在 $[0,3]$ 上满足拉格朗日定理条件,
求符合拉格朗日定理结论的点 ξ.

解　$f'(x)=3x^2$

从而　　　　　　　　　　　　　　$f'(\xi)=3\xi^2$

令　　　　　　　　　　　　　　$3\xi^2=\dfrac{f(3)-f(0)}{3-0}$

得到　　　　　　　　　　　　　$\xi=-\sqrt{3}$　或　$\sqrt{3}$

其中只有 $\xi=\sqrt{3}$ 在 $(0,3)$ 内,所以符合拉格朗日定理结论的 $\xi=\sqrt{3}$.

推论 1　如果在区间 I(可以是开区间,也可以是闭区间或半开半闭区间)上恒有
$f'(x)=0$,则在区间 I 上有 $f(x)=c$.

推论 2　如果在区间 I 上恒有 $f'(x)=g'(x)$,则在开区间 I 上有 $f(x)=g(x)+c$
(c 为常数).

容易看出:罗尔定理是拉格朗日定理在 $f(a)=f(b)$ 时的特殊情况.

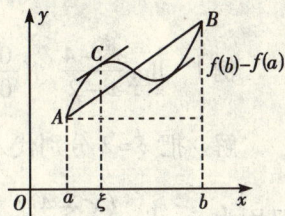

习题 3.1

1. 判断 $f(x)=\dfrac{1}{1+x^4}$ 在 $[-2,2]$ 上是否满足罗尔定理的条件,求出符合罗尔定理结论
中的 ξ.

2. 函数 $f(x)=x^3$ 在 $[-1,2]$ 上符合拉格朗日定理的条件,求出符合拉格朗日定理结
论中的 ξ.

§3.2　洛必达法则

我们在第一章中介绍了未定式求极限的方法,但只对其中一部分形式有效. 下面我们
给出求未定式极限的一般方法——洛必达法则.

洛必达法则　如果极限 $\lim\dfrac{u(x)}{v(x)}$ 为 $\dfrac{0}{0}$ 型或 $\dfrac{\infty}{\infty}$ 型未定式极限,且极限 $\lim\dfrac{u'(x)}{v'(x)}=A$(或
∞),则

$$\lim \frac{u(x)}{v(x)} = \lim \frac{u'(x)}{v'(x)} = A(\text{或} \infty)$$

例1 $\lim\limits_{x \to 2} \dfrac{x^2 - 4}{x - 2}$ $\left(\dfrac{0}{0}\text{型}\right)$

解 把 $x = 2$ 分别代入分式的分子、分母,不难看出该极限为 $\dfrac{0}{0}$ 型

又因为 $\lim\limits_{x \to 2} \dfrac{(x^2 - 4)'}{(x - 2)'} = \lim\limits_{x \to 2} 2x = 4$

根据洛必达法则可知 $\lim\limits_{x \to 2} \dfrac{x^2 - 4}{x - 2} = \lim\limits_{x \to 2} \dfrac{(x^2 - 4)'}{(x - 2)'} = \lim\limits_{x \to 2} 2x = 4$

例2 $\lim\limits_{x \to +\infty} \dfrac{x}{\ln x}$ $\left(\dfrac{\infty}{\infty}\text{型}\right)$

解 观察分式的分子、分母的极限可知,此极限为 $\dfrac{\infty}{\infty}$ 型.

又因为 $\lim\limits_{x \to +\infty} \dfrac{x'}{(\ln x)'} = \lim\limits_{x \to +\infty} \dfrac{1}{\dfrac{1}{x}} = \lim\limits_{x \to +\infty} x = +\infty$

由洛必达法则知 $\lim\limits_{x \to +\infty} \dfrac{x}{\ln x} = \lim\limits_{x \to +\infty} \dfrac{x'}{(\ln x)'} = +\infty$

我们常把判断过程省略.

例3 $\lim\limits_{x \to 0} \dfrac{1 - \cos x}{x^2}$ $\left(\dfrac{0}{0}\text{型}\right)$

解 原式 $= \lim\limits_{x \to 0} \dfrac{\sin x}{2x} = \dfrac{1}{2}$

例4 $\lim\limits_{x \to +\infty} \dfrac{x^{\alpha}}{\ln x}$ $(\alpha > 0)\left(\dfrac{\infty}{\infty}\text{型}\right)$

解 原式 $= \lim\limits_{x \to +\infty} \dfrac{\alpha x^{\alpha - 1}}{\dfrac{1}{x}} = \alpha \lim\limits_{x \to +\infty} x^{\alpha} = +\infty$

例5 $\lim\limits_{x \to 3} \dfrac{\sqrt{x - 2} - 1}{\sqrt{x + 1} - 2}$ $\left(\dfrac{0}{0}\text{型}\right)$

解 原式 $= \lim\limits_{x \to 3} \dfrac{\dfrac{1}{2\sqrt{x - 2}}}{\dfrac{1}{2\sqrt{x + 1}}} = \lim\limits_{x \to 3} \dfrac{\sqrt{x + 1}}{\sqrt{x - 2}} = \dfrac{\sqrt{3 + 1}}{\sqrt{3 - 2}} = 2$

例6 $\lim\limits_{x \to +\infty} \dfrac{\ln x}{e^x}$ $\left(\dfrac{\infty}{\infty}\text{型}\right)$

解 原式 $= \lim\limits_{x \to +\infty} \dfrac{\dfrac{1}{x}}{e^x} = \lim\limits_{x \to +\infty} \dfrac{1}{xe^x} = 0$

应用洛必达法则后,应加以化简整理并考查极限类型. 若得到的仍是 $\dfrac{0}{0}$ 型或 $\dfrac{\infty}{\infty}$ 型未

定式极限,且满足洛必达法则的条件,则可继续应用洛必达法则.

例7 $\lim\limits_{x \to +\infty} \dfrac{e^x}{x^2}$ （$\dfrac{\infty}{\infty}$型）

解 原式 $= \lim\limits_{x \to +\infty} \dfrac{e^x}{2x}$ （$\dfrac{\infty}{\infty}$型）

$\qquad = \lim\limits_{x \to +\infty} \dfrac{e^x}{2} = +\infty$

例8 $\lim\limits_{x \to 0} \dfrac{x - \sin x}{x^3}$ （$\dfrac{0}{0}$型）

解 原式 $= \lim\limits_{x \to 0} \dfrac{1 - \cos x}{3x^2}$ （$\dfrac{0}{0}$型）

$\qquad = \lim\limits_{x \to 0} \dfrac{\sin x}{6x} = \dfrac{1}{6}$

例9 $\lim\limits_{x \to 0} \dfrac{e^x - e^{-x} - 2x}{x - \sin x}$ （$\dfrac{0}{0}$型）

解 原式 $= \lim\limits_{x \to 0} \dfrac{e^x + e^{-x} - 2}{1 - \cos x}$ （$\dfrac{0}{0}$型）

$\qquad = \lim\limits_{x \to 0} \dfrac{e^x - e^{-x}}{\sin x} = \lim\limits_{x \to 0} \dfrac{e^x + e^{-x}}{\cos x} = 2$

对于其他类型的不定式极限,可先将待求极限的表达式进行代数恒等变形,变成$\dfrac{0}{0}$型

或$\dfrac{\infty}{\infty}$型后再行处理.

如 $0 \cdot \infty$ 型可变型为 $\dfrac{0}{\frac{1}{\infty}}$（$\dfrac{0}{0}$型）或变为 $\dfrac{\infty}{\frac{1}{0}}$（$\dfrac{\infty}{\infty}$型）；$\infty - \infty$ 型的两个分式相减可通分

变型为$\dfrac{0}{0}$型或变为$\dfrac{\infty}{\infty}$型；0^0 型,如 $\lim\limits_{x \to 0} x^x$ 可变型为 $\lim\limits_{x \to 0} e^{\ln x^x} = \lim\limits_{x \to 0} e^{x \ln x} = e^{\lim\limits_{x \to 0} x \ln x}$ （$0 \cdot \infty$ 型）；∞^0

和1^∞型可类似处理.

例10 $\lim\limits_{x \to 0^+} x^2 \ln x$ （$0 \cdot \infty$型）

解 原式 $= \lim\limits_{x \to 0^+} \dfrac{\ln x}{\dfrac{1}{x^2}}$ （$\dfrac{\infty}{\infty}$型）

$\qquad = \lim\limits_{x \to 0^+} \dfrac{\dfrac{1}{x}}{-\dfrac{2}{x^3}} = \lim\limits_{x \to 0^+} \left(-\dfrac{x^2}{2} \right) = 0$

例11 $\lim\limits_{x \to \frac{\pi}{2}} (\sec x - \tan x)$ （$\infty - \infty$型）

解 原式 $= \lim\limits_{x \to \frac{\pi}{2}} \dfrac{1 - \sin x}{\cos x}$ （$\dfrac{0}{0}$型）

$$= \lim_{x \to \frac{\pi}{2}} \frac{-\cos x}{-\sin x} = 0$$

例 12　$\lim_{x \to 0^+} x^x$　（0^0 型）

解　原式 $= \lim_{x \to 0^+} e^{\ln x^x} = \lim_{x \to 0^+} e^{x \ln x} = e^{\lim_{x \to 0^+} x \ln x}$

因为　$\lim_{x \to 0^+} x \ln x = \lim_{x \to 0^+} \frac{\ln x}{\frac{1}{x}} = \lim_{x \to 0^+} \frac{\frac{1}{x}}{-\frac{1}{x^2}} = \lim_{x \to 0^+} (-x) = 0$

所以　$\lim_{x \to 0^+} x^x = e^{\lim_{x \to 0^+} x \ln x} = e^0 = 1$

用洛必达法则求函数的极限一定要注意：

1. 是 $\frac{0}{0}$ 型或 $\frac{\infty}{\infty}$ 型不定式极限；

2. 对分子、分母分别求一阶导数后所得极限必须存在或为 ∞ .

例 13　$\lim_{x \to \infty} \frac{x + \sin x}{x - \cos x}$

解　该极限为 $\frac{\infty}{\infty}$ 型，但 $\lim_{x \to \infty} \frac{(x + \sin x)'}{(x - \cos x)'} = \lim_{x \to \infty} \frac{1 + \cos x}{1 + \sin x}$ 不存在也不为 ∞，因此它不能应用洛必达法则.

其实　$\lim_{x \to \infty} \frac{x + \sin x}{x - \cos x} = \lim_{x \to \infty} \frac{\frac{x + \sin x}{x}}{\frac{x - \cos x}{x}} = \lim_{x \to \infty} \frac{1 + \frac{\sin x}{x}}{1 - \frac{\cos x}{x}} = 1$

习题 3.2

求下列极限：

1. $\lim_{x \to 1} \frac{x^2 - 1}{x^2 - 2x + 1}$

2. $\lim_{x \to 0} \frac{(1 + x)^7 - 1}{x}$

3. $\lim_{x \to 5} \frac{\sqrt{x + 4} - 3}{\sqrt{x - 1} - 2}$

4. $\lim_{x \to 1} \frac{\sqrt{x} - 1}{\sqrt[3]{x} - 1}$

5. $\lim_{x \to 0} \frac{\sin 5x}{\sin 3x}$

6. $\lim_{x \to 0} \frac{\cos x - 1}{\sin x}$

7. $\lim_{x \to +\infty} \frac{\ln x}{x^2}$

8. $\lim_{x \to +\infty} \frac{x^2}{e^x}$

9. $\lim_{x \to +\infty} \frac{\ln(3x - 5)}{\ln(x + 9)}$

10. $\lim_{x \to 0^+} \frac{\ln \sin x}{\ln x}$

11. $\lim_{x \to 1} \frac{e^x - ex}{(x - 1)^2}$

12. $\lim_{x \to (\frac{\pi}{2})^+} \frac{\ln(x - \frac{\pi}{2})}{\tan x}$

§3.3 函数的单调性

函数在某一区间内的单调性,以前根据函数单调性的定义来判断,一般比较困难. 本节将介绍用函数的导数讨论函数的增减性的方法,如图 3-3 所示

从几何直观上看,在区间 (a,b) 内函数 $y=f(x)$ 单调递增,这时每一点切线的斜率 $\tan\alpha(0°<\alpha<90°)$ 都大于零,即 $f'(x)=\tan\alpha>0$;在区间 (b,c) 内函数 $y=f(x)$ 单调递减,这时每一点切线的斜率 $\tan\alpha(90°<\alpha<180°)$ 都小于零,即 $f'(x)=\tan\alpha<0$. 由此可得到下面定理:

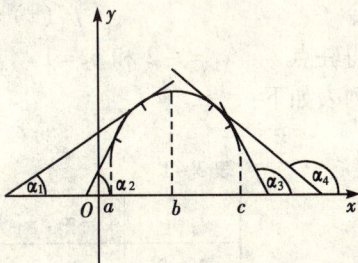

图 3-3

定理 3.3 已知函数 $f(x)$ 在区间 I 内可导,

(1)若在 I 内恒有 $f'(x)>0$,则函数 $f(x)$ 在 I 内单调递增,区间 I 称为 $f(x)$ 的一个单调递增区间;

(2)若在 I 内恒有 $f'(x)<0$,则函数 $f(x)$ 在 I 内单调递减,区间 I 称为 $f(x)$ 的一个单调递减区间.

证明 在区间 I 内任取 x_1,x_2,并设 $x_1<x_2$,由于函数 $f(x)$ 在区间 I 内可导,而 $[x_1,x_2]$ 又在区间 I 内,所以 $f(x)$ 在 $[x_1,x_2]$ 上连续、可导. 根据拉格朗日定理肯定有 $\xi\in(x_1,x_2)$,使

$$f'(\xi)=\frac{f(x_2)-f(x_1)}{x_2-x_1}$$

所以 $$f(x_2)-f(x_1)=f'(\xi)(x_2-x_1)$$

(1)如果在区间 I 内恒有 $f'(x)>0$,这时当然有 $f'(\xi)>0$,于是 $f(x_2)-f(x_1)>0$,这说明函数 $f(x)$ 在 I 内单调递增;

(2)如果在区间 I 内恒有 $f'(x)<0$,这时当然有 $f'(\xi)<0$,于是 $f(x_2)-f(x_1)<0$,这说明函数 $f(x)$ 在 I 内单调递减.

说明 当函数在某区间内仅在一些孤立的点处的导数为零,而在该区间内的其他点处的导数均大于(小于)零,此时该函数在这个区间内仍是单调递增(递减)的.

例 1 求函数 $f(x)=x-\sin x$ 单调区间.

解 函数的定义域为 $(-\infty,+\infty)$.

因为 $f'(x)=1-\cos x\geq0$,

所以函数 $f(x)=x-\sin x$ 的单调递增区间为其整个定义域 $(-\infty,+\infty)$.

定义 3.1 若函数 $f(x)$ 在 x_0 处的导数 $f'(x_0)=0$,则称点 x_0 为函数 $f(x)$ 的一个驻点.

在函数定义域内,若 $f'(x)$ 有正有负,这时求可导函数 $f(x)$ 的单调区间的步骤可分为:

(1)确定函数 $f(x)$ 的定义域;

（2）求出函数的一阶导数 $f'(x)$；

（3）令 $f'(x) = 0$，求出驻点；

（4）驻点及导数不存在的点把定义区域分成几个区间，列表分别考查在这几个区间内 $f'(x)$ 的符号并确定 $f(x)$ 的单调区间.

例2　求 $f(x) = 2x^3 + 3x^2 - 12x$ 的单调区间.

解　函数定义域为 $(-\infty, +\infty)$.

$$f'(x) = 6x^2 + 6x - 12 = 6(x+2)(x-1)$$

令　　　　　　　　$f'(x) = 0$

得驻点　　　$x_1 = -2$ 和 $x_2 = 1$

列表如下：

表 3-1

x	$(-\infty, -2)$	-2	$(-2, 1)$	1	$(1, +\infty)$
$f'(x)$	$+$	0	$-$	0	$+$
$f(x)$	↗		↘		↗

所以，函数 $f(x)$ 的单调递增区间为 $(-\infty, -2)$ 和 $(1, +\infty)$，单调递减区间为 $(-2, 1)$. 如图 3-4.

例3　求函数 $f(x) = \dfrac{x^2}{1+x}$ 的单调区间.

解　函数的定义域 $D = (-\infty, -1) \cup (-1, +\infty)$

$$f'(x) = \frac{2x(1+x) - x^2}{(1+x)^2} = \frac{x(2+x)}{(1+x)^2}$$

令　$f'(x) = 0$，即 $\dfrac{x(2+x)}{(1+x)^2} = 0$.

解之得 $x = -2$ 或 $x = 0$.

此函数在其定义域内没有不可导的点. 驻点将定义域分割成四个子区间，列表如下：

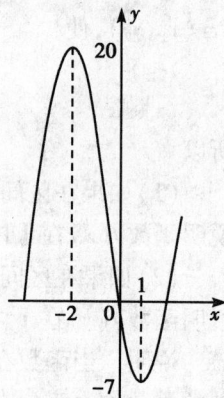

图 3-4

表 3-2

x	$(-\infty, -2)$	-2	$(-2, -1)$	$(-1, 0)$	0	$(0, +\infty)$
$f'(x)$	$+$	0	$-$	$-$	0	$+$
$f(x)$	↗		↘	↘		↗

所以函数 $f(x)$ 的单调递增区间为 $(-\infty, -2)$，$(0, +\infty)$，单调递减区间为 $(-2, -1)$，$(-1, 0)$.

习题 3.3

1. 求下列函数的单调区间：

(1)$f(x) = x^3$

(2)$f(x) = e^{-x}$

(3)$f(x) = \ln x$

(4)$f(x) = x + \cos x$

(5)$f(x) = \arctan x$

2. 求函数 $f(x) = 2x^3 - 6x^2 - 18x + 9$ 的单调区间.

§3.4　函数的极值

从上节图 3-4 可看出函数 $f(x) = 2x^3 + 3x^2 - 12x$ 在 $x = -2$ 点左侧 $f(x)$ 单调递增,在 $x = -2$ 点右侧 $f(x)$ 单调递减. 点 $x = -2$ 是 $f(x)$ 单调区间的分界点,且在 $x = -2$ 点附近都有 $f(-2) \geqslant f(x)$. 我们称 $f(-2)$ 为 $f(x)$ 的极大值. 类似地,点 $x = 1$ 也是 $f(x)$ 单调区间的分界点,且在 $x = 1$ 点附近都有 $f(1) \leqslant f(x)$. 我们称 $f(1)$ 为 $f(x)$ 的极小值.

定义 3.2　设函数 $f(x)$ 在点 x_0 处及其附近有定义,对点 x_0 附近的任意点 x,如果都有 $f(x_0) \geqslant f(x)$,则称 $f(x_0)$ 为函数 $f(x)$ 的一个极大值,点 $x = x_0$ 称为函数 $f(x)$ 的一个极大值点;如果都有 $f(x_0) \leqslant f(x)$,则称 $f(x_0)$ 为函数 $f(x)$ 的一个极小值,点 $x = x_0$ 称为函数 $f(x)$ 的一个极小值点.

极大值和极小值统称为极值,极大值点和极小值点统称为极值点.

如何求出函数极值呢? 由于极值是极值点对应的函数值,因而关键在于求极值点.

我们首先给出如下定理：

定理 3.4(必要条件)　如果函数 $f(x)$ 在点 x_0 处有极值 $f(x_0)$,且 $f'(x_0)$ 存在,则 $f'(x_0) = 0$.(证明略)

我们需要注意的是,定理 3.4 表明, $f'(x_0) = 0$ 是点 x_0 为极值点的必要条件,但不是充分条件. 例如, $y = x^3$, $f'(0) = 0$,但在 $x = 0$ 处并没有极值. 驻点可能是函数的极值点,也可能不是函数的极值点.

定理 3.4 是对函数在点 x_0 处可导而言的. 在导数不存在的点,函数也可能有极值. 例如, $y = x^{\frac{2}{3}}$, $y' = \frac{2}{3} x^{-\frac{1}{3}}$, $f'(0)$ 不存在,但在 $x = 0$ 处函数却有极小值 $f(0) = 0$. 在导数不存在的点,也可能没有极值. 如, $y = x^{\frac{1}{3}}$, $y' = \frac{1}{3} x^{-\frac{2}{3}}$, $f'(0)$ 不存在,且在 $x = 0$ 处函数没有极值.

由以上可知,函数的极值点必是函数的驻点或导数不存在的点. 但是,驻点或导数不存在的点不一定就是函数的极值点. 下面给出函数取得极值的充分条件, 也就是判定极值的方法.

定理 3.5（判别方法一）　设函数 $f(x)$ 在点 x_0 的某个邻域内有定义, 且 $f'(x_0) = 0$ （或 $f'(x_0)$ 不存在）, 那么

（1）如果在 x_0 左侧某个邻近区域内有 $f'(x) \geqslant 0$, 在 x_0 右侧某个邻近区域内有 $f'(x) \leqslant 0$, 则点 x_0 为 $f(x)$ 的一个极大值点;

（2）如果在 x_0 左侧某个邻近区域内有 $f'(x) \leqslant 0$, 在 x_0 右侧某个邻近区域内有 $f'(x) \geqslant 0$, 则点 x_0 为 $f(x)$ 的一个极小值点;

（3）如果在 x_0 左右两侧邻近区域上 $f'(x)$ 的符号相同, 则点 x_0 不是 $f(x)$ 的一个极值点.

由以上论述可见, 求函数极值的步骤如下:

（1）求函数 $f(x)$ 的导数 $f'(x)$;

（2）解 $f'(x) = 0$, 求出函数 $f(x)$ 的所有驻点;

（3）找出 $f(x)$ 在其定义域内的所有导数不存在的点;

（4）考查 $f'(x)$ 在这些点的左右两侧的符号, 根据定理 3.5 判断这些点是否是极值点, 若是, 是极大值点还是极小值点;

（5）求出极值点处的函数值, 即极值.

为方便起见, 步骤 4 可列表说明.

例 1　求函数 $f(x) = x^3 - 3x^2 + 4$ 的极值.

解　定义域 $D = (-\infty, +\infty)$.　$f'(x) = 3x^2 - 6x$.

令 $f'(x) = 0$, 即 $3x^2 - 6x = 0$. 解得 $x_1 = 0, x_2 = 2$.

因此　只有 $x = 0$ 和 $x = 2$ 才可能是该函数的极值点, 下面列表判断这两个点是否为极值点.

表 3 - 3

x	$(-\infty, 0)$	0	$(0, 2)$	2	$(2, +\infty)$
$f'(x)$	+	0	-	0	+
$f(x)$	↗	4	↘	0	↗

所以函数当 $x = 0$ 时有极大值, 极大值为 4; 当 $x = 2$ 时有极小值, 极小值为 0.

例 2　求函数 $f(x) = x - \dfrac{3}{2} x^{\frac{2}{3}}$ 的极值.

解　定义域 $D = (-\infty, +\infty)$.

令　　　$f'(x) = 1 - x^{-\frac{1}{3}} = 0$, 即 $1 - x^{-\frac{1}{3}} = 0$.

解得　　　$x = 1$

$f'(x)$ 在 $x = 0$ 处无定义, 故 $x = 0$ 为不可导点. 因此, 只有 $x = 0$ 和 $x = 1$ 才可能是该函数的极值点.

下面列表判断这两个点是否为极值点.

表 3－4

x	$(-\infty,0)$	0	$(0,1)$	1	$(1,+\infty)$
$f'(x)$	+	不存在	－	0	+
$f(x)$	↗	0	↘	$-\dfrac{1}{2}$	↗

所以 $x=0$ 时有极大值 0；$x=1$ 时有极小值 $-\dfrac{1}{2}$.

定理 3.6（判别方法二）　若点 x_0 是函数 $f(x)$ 的驻点，且函数 $f(x)$ 在点 x_0 有二阶导数 $f''(x_0)$，那么

(1) 如果 $f''(x_0)<0$，则点 x_0 为 $f(x)$ 的一个极大值点；

(2) 如果 $f''(x_0)>0$，则点 x_0 为 $f(x)$ 的一个极小值点.

例 3　求函数 $f(x)=x^3-3x+5$ 的极值.

解　$f'(x)=3x^2-3$　　$f''(x)=6x$

令 $f'(x)=0$，得驻点　　$x_1=-1,x_2=1$

因为 $f''(-1)=-6<0$，所以 $f(-1)=7$ 为极大值，$f''(1)=6>0$ 所以 $f(1)=3$ 为极小值.

定理 3.6 中只说明了点 x_0 的二阶导数 $f''(x_0)$ 不等于零时的判定方法. 当点 x_0 的二阶导数 $f''(x_0)$ 等于零时，点 x_0 是否是 $f(x)$ 的一个极值点呢？回答是：不一定. 这时要改用定理 3.5 来判定.

习题 3.4

求下列函数的极值：

1. $f(x)=x^3-6x^2+9x-3$　　　　　2. $f(x)=(x-1)(x+1)^3$

§3.5　函数的最大值和最小值

定义 3.3　设函数 $y=f(x)$ 在 D 上有定义，$x_0\in D$. 若对任意 $x\in D$ 恒有 $f(x_0)>f(x)$，则称 $f(x_0)$ 为 $y=f(x)$ 在 D 上的最大值；若对任意 $x\in D$ 恒有 $f(x_0)<f(x)$，则称 $f(x_0)$ 为 $y=f(x)$ 在 D 上的最小值.

最大值或最小值是全局性的概念，是函数在所考察的区间上全部函数值中的最大者

或最小者. 而上节给出的极值的定义是局部性的概念, 只是函数在极值点的某邻域内的最大值或最小值.

若 $f(x_0)$ 为函数 $f(x)$ 的一个极大值, 那仅仅表明 $f(x_0)$ 在点 x_0 的某个邻域上比其他点的函数值大. 同样若 $f(x_0)$ 为函数 $f(x)$ 的一个极小值, 那仅仅表明 $f(x_0)$ 在点 x_0 的某个邻域上比其他点的函数值小. 因此, 常有函数 $f(x)$ 的某一个极大值却小于它的某一个极小值的情况. 如图 3-5 所示, $f(x_1)$, $f(x_3)$ 是函数的两个极大值; $f(x_2)$, $f(x_4)$ 是函数的两个极小值. 其中极小值 $f(x_4)$ 却大于极大值 $f(x_1)$.

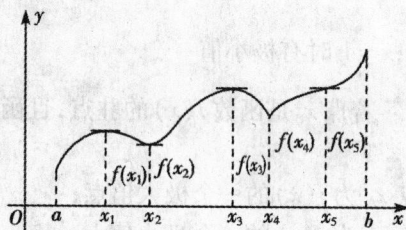

图 3-5

下面给出求闭区间 $[a,b]$ 上连续函数 $y=f(x)$ 的最值的步骤:

1. 求出区间 (a,b) 内所有 $f'(x)=0$ 及 $f'(x)$ 不存在点处的函数值 $f(x_1)$, $f(x_2)$, $\cdots$, $f(x_n)$;

2. 求出区间端点处的函数值 $f(a)$, $f(b)$;

3. 比较 $f(a)$, $f(b)$, $f(x_1)$, $f(x_2)$, $\cdots$, $f(x_n)$ 的大小, 其中最大者为函数在闭区间 $[a,b]$ 上最大值, 记为 $\max f(x)$; 最小者为函数在闭区间 $[a,b]$ 上最小值, 记为 $\min f(x)$.

例1　求函数 $f(x)=2x^3-3x^2$ 在 $[-1,2]$ 上的最大值和最小值.

解　$f'(x)=6x^2-6x=6x(x-1)$　令 $f'(x)=0$, 得　$x_1=0, x_2=1$

而　　$f(-1)=-5, f(2)=4, f(0)=0, f(1)=-1$

所以　　$\max f(x)=f(2)=4$　　$\min f(x)=f(-1)=-5$

注意下面两种特殊情况:

(1)若连续函数 $y=f(x)$ 在区间 $[a,b]$ 上单调递增 (减), 则 $f(a)$ 是 $y=f(x)$ 在区间 $[a,b]$ 上的最小 (大) 值, $f(b)$ 是 $y=f(x)$ 在区间 $[a,b]$ 上的最大 (小) 值. 如图 3-6、图 3-7.

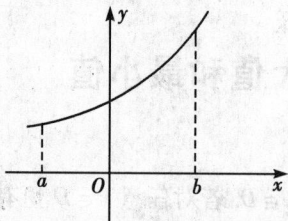

图 3-6

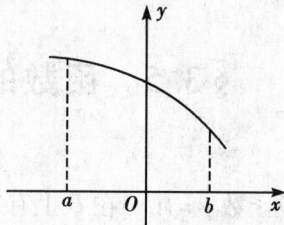

图 3-7

(2)若连续函数 $y=f(x)$ 在区间 (a,b) 内有且仅有一个极大 (小) 值, 则此极大 (小) 值就是函数在$[a,b]$上的最大（小）值. 如图 3－8、图 3－9.

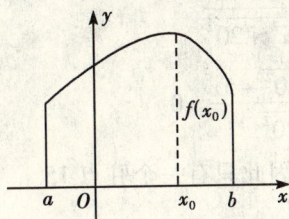

図 3－8　　　　　　　图 3－9

对于现实生活中的许多问题都属于此类.

例 2　设有一长 8cm 和宽 5cm 的矩形铁片,在每个角上剪去同样大小的正方形,问剪去正方形的边长多大,才能使剩下的铁片折起来做成开口盒子的容积最大?

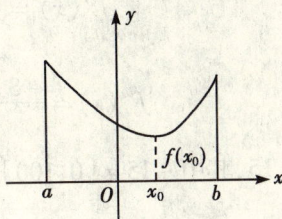

图 3－10

解　设剪去正方形的边长为 x,于是,做成开口盒子的容积 $V(x)$ 是 x 的函数,即

$$V(x) = x(5-2x)(8-2x)$$

其中 $0 \leqslant x \leqslant \dfrac{5}{2}$,问题归结为求可导函数 $V(x)$ 在 $\left[0, \dfrac{5}{2}\right]$ 上的最大值.

$$V'(x) = (5-2x)(8-2x) - 2x(5-2x) - 2x(8-2x) = 4(x-1)(3x-10)$$

令　$V'(x) = 0$,解得驻点 1 与 $\dfrac{10}{3}$.

其中　$\dfrac{10}{3} \notin \left[0, \dfrac{5}{2}\right]$,舍去,因此只有一个驻点 1.

又　　　　　　　　　$V''(x) = 4(3x-10) + 12(x-1) = 24x - 52$

$$V''(1) = -28 < 0$$

从而,$V(x)$ 在驻点 1 取极大值,极大值 $V(1) = 18$.

比较　$V(0) = 0, V(1) = 18, V\left(\dfrac{5}{2}\right) = 0, V(1) = 18$ 最大.

于是剪去正方形的边长为 1cm,做成开口盒子的容积最大,最大容积为 18cm³.

例 3　如图 3－11,铁路线上 AB 段长 100 公里,工厂 C 到铁路的距离 CA 是 20 公里. 在 AB 上某一点 D 处向 C 修一条公路. 已知铁路与公路的运费之比为 3∶5,问点 D 选在何处,才能使原料从供应站 B 运到工厂 C 的运费最省?

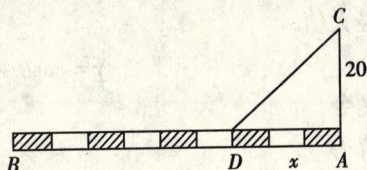

图 3－11

解　不妨设铁路每吨公里的运费为 3,那么公路每吨公里的运费为 5,设 $DA = x$,已知 $CA = 20, BD = 100 - x, CD = \sqrt{x^2 + 20^2}$,于是,将原料从点 B 运到 C,每吨的总费用为

$$f(x) = 3(100 - x) + 5\sqrt{x^2 + 20^2} \qquad 0 \leqslant x \leqslant 100$$

问题归结为求函数 $f(x)$ 在 $[0,100]$ 上的最小值.

$$f'(x) = -3 + \frac{5x}{\sqrt{x^2 + 20^2}}$$

令

$$f'(x) = \frac{-3\sqrt{x^2 + 20^2} + 5x}{\sqrt{x^2 + 20^2}} = 0$$

解得驻点 -15 与 15,其中 $-15 \notin [0,100]$,舍去,因此只有一个驻点 15.

而

$$f''(x) = \frac{5 \times 20^2}{(x^2 + 20^2)^{\frac{3}{2}}} > 0$$

从而,函数 $f(x)$ 在 $x = 15$ 处取得极小值,极小值是 $f(15) = 380$.

再与函数 $f(x)$ 在闭区间 $[0,100]$ 端点的函数值比较,

$$f(0) = 400, f(15) = 380, f(100) \approx 510$$

于是,函数 $f(x)$ 在 $x = 15$ 处的极小值 $f(15) = 380$ 就是函数 $f(x)$ 在 $[0,100]$ 上的最小值,即 $DA = 15$ 公里,运费最省.

例 4　放在水平地面上质量为 50kg 的物体原处移动,已知其静摩擦系数为 0.25,问作用力对地面取什么角度时,拉动物体时最省力?

解　从物理学知道摩擦力与平面的正压力成正比,其比例系数就是摩擦系数 0.25,其方向与运动方向相反. 设力 F 与水平面成 θ 角,可得正压力为

$$W - F\sin\theta$$

于是　　摩擦力 $= 0.25(W - F\sin\theta)$

图 3-12

当 F 的水平分力与摩擦力相等时,物体就将要移动,从而得

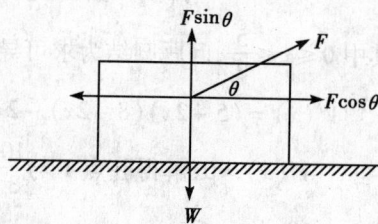

$$F\cos\theta = 0.25(W - F\sin\theta)$$

$$F = \frac{0.25W}{\cos\theta + 0.25\sin\theta} = \frac{12.5}{\cos\theta + 0.25\sin\theta}$$

其中 $\theta \in \left[0, \dfrac{\pi}{2}\right]$

现在的问题是当 θ 为多大时,F 取最小值. 求 F 的最小值也就是求 $\cos\theta + 0.25\sin\theta$ 的最大值.

令　　　　　　$y = \cos\theta + 0.25\sin\theta, y' = -\sin\theta + 0.25\cos\theta$

又令　　　　　　$y' = 0$　得　　$\tan\theta = 0.25$

解得　　　　　　$\theta = \arctan 0.25 \approx 14°2'$

又　　$y'' = -\cos\theta - 0.25\sin\theta < 0, \theta = 14°2'$ 是唯一驻点

所以当 $\theta = 14°2'$ 时,力 F 最小.

例 5　一稳压电源回路,电动势为 E,内阻为 r,负载电阻为 R,问如何选择 R 使输出功率最大?

解　由电学知识知输出功率　　$P(R) = E^2 \dfrac{R}{(R + r)^2}$

$$P'(R) = E^2 \frac{r-R}{(R+r)^3}$$

令 $P'(R) = 0$ 得唯一驻点 $R = r$.

又

$$P''(R) < 0$$

所以,当 $R = r$ 时,输出功率最大.

例6 已知某产品当产量为 x 时的总成本函数为 $C(x) = 100 + \dfrac{x^2}{4}$(元)

求:(1)当产量 $x = 10$ 时,总成本、平均成本、边际成本;

　　(2)产量为多少单位时,平均成本最小.

解 (1)当产量 $x = 10$ 时,总成本 $C(10) = 100 + \dfrac{10^2}{4} = 125$(元)

平均成本

$$\overline{C}(10) = \frac{C(10)}{10} = 12.5 (\text{元})$$

由 $C'(x) = \dfrac{x}{2}$ 知

边际成本

$$C'(10) = \frac{10}{2} = 5(\text{元})$$

(2)平均成本函数 $\overline{C}(x) = \dfrac{C(x)}{x} = \dfrac{100}{x} + \dfrac{x}{4}$

$$\overline{C}'(x) = -\frac{100}{x^2} + \frac{1}{4}$$

令 $\overline{C}'(x) = 0$ 得 $x = \pm 20$(负数舍去)

因为 $\overline{C}''(x) = \dfrac{200}{x^3}$,所以 $\overline{C}''(20) > 0$.

因此,当 $x = 20$ 单位时,$\overline{C}(x)$ 取得极小值,也是最小值.

答:(1)当 $x = 10$ 时,总成本、平均成本、边际成本分别为125元、12.5元、5元;(2)产量为20单位时,平均成本最小.

例7 已知某产品的需求函数为 $P = 10 - \dfrac{Q}{5}$,成本函数为 $C = 50 + 2Q$,求产量为多少时总利润 L 最大.

解 已知 $P(Q) = 10 - \dfrac{Q}{5}$, $C(Q) = 50 + 2Q$

则有

$$R(Q) = P(Q) \cdot Q = 10Q - \frac{Q^2}{5}$$

$$L(Q) = R(Q) - C(Q) = 8Q - \frac{Q^2}{5} - 50$$

$$L'(Q) = 8 - \frac{2Q}{5}$$

令

$$L'(Q) = 0$$

得

$$Q = 20, L''(Q) = -\frac{2}{5}, L''(20) < 0$$

所以,当 $Q = 20$ 时,总利润 L 最大.

习题 3.5

1. 求下列函数在给定区间上的最大值和最小值.

(1)$f(x) = 2^x$ 　　$x \in [1,5]$

(2)$f(x) = 2x^3 - 6x^2 - 18x + 7$ 　　$x \in [1,4]$

2. 从面积为 A 的一切矩形中求其周长最小者.

3. 某产品生产 x 单位的总收益 R 为 x 的函数 $R(x) = 200x - 0.01x^2$
求生产 50 单位时的总收益及平均单位的收益和边际收益.

§3.6　函数曲线的凹向与拐点及渐近线

一、曲线的凹向及拐点

对于函数 $y = x^2$ 和 $y = \sqrt{x}$ 在区间 $[0,1]$ 上都是单调递增的,但曲线弯曲的方向却不同,如图 3 – 13.

下面讨论曲线的弯曲方向即凹向问题.

定义 3.4　对于区间内的每一点,若曲线弧都位于其切线的上方,则称此曲线在该区间为上凹的,如图 3 – 14;若曲线弧都位于其切线的下方,则称此曲线在该区间是下凹的,如图3 – 15.

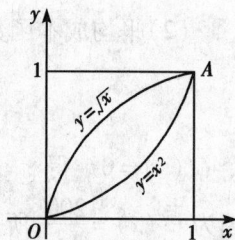

图 3 – 13

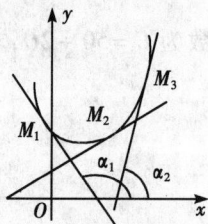

图 3 – 14

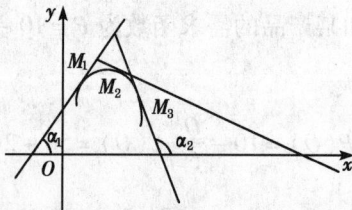

图 3 – 15

定理 3.7　设函数 $y = f(x)$ 在区间 (a,b) 内具有二阶导数,那么

(1)若对任意 $x \in (a,b)$ 都有 $f''(x) > 0$,则曲线 $y = f(x)$ 在区间 (a,b) 内是上凹的;

(2)若对任意 $x \in (a,b)$ 都有 $f''(x) < 0$,则曲线 $y = f(x)$ 在区间 (a,b) 内是下凹的.

定义 3.5　曲线上凹与下凹的分界点,称为曲线的拐点.

说明两点:

（1）在拐点两侧 $f''(x)$ 必变号,在拐点处 $f''(x)=0$ 或 $f''(x)$ 不存在;

（2）曲线 $y=f(x)$ 在拐点处的切线（若存在的话）必穿过曲线.

例1 求曲线 $f(x)=x^4-4x^3+2x-5$ 的凹向与拐点.

解 $f'(x)=4x^3-12x^2+2$

$\qquad f''(x)=12x^2-24x=12x(x-2)$

令 $\qquad\qquad\qquad\qquad y''=0 \quad$ 得 $\quad x_1=0,x_2=2$

x_1,x_2 将定义域 $(-\infty,+\infty)$ 分为 $(-\infty,0)(0,2)(2,+\infty)$ 三部分,列表讨论其凹向与拐点.

表 3-5

x	$(-\infty,0)$	0	$(0,2)$	2	$(2,+\infty)$
$f''(x)$	+	0	−	0	+
$f(x)$	∪	拐点$(0,-5)$	∩	拐点$(2,-17)$	∪

所以,曲线在 $(-\infty,0)\cup(2,+\infty)$ 内上凹,在 $(0,2)$ 内下凹,拐点为 $(0,-5)$ 和 $(2,-17)$.

例2 求曲线 $f(x)=(x-2)^{\frac{5}{3}}$ 的凹向与拐点.

解 $\qquad f'(x)=\dfrac{5}{3}(x-2)^{\frac{2}{3}} \qquad f''(x)=\dfrac{10}{9}(x-2)^{\frac{1}{3}}$

当 $x=2$ 时,$f(2)=0,f'(2)=0$,而 $f''(2)$ 不存在.

列表讨论其凹向拐点.

表 3-6

x	$(-\infty,2)$	2	$(2,+\infty)$
$f''(x)$	−	不存在	+
$f(x)$	∩	拐点$(2,0)$	∪

所以,曲线在 $(-\infty,2)$ 内下凹,在 $(2,+\infty)$ 内上凹,拐点为 $(2,0)$.

二、曲线的渐近线

有些函数的定义域与值域是有限区间,此时的曲线局限于一定的范围内,而有些函数的图像向无穷远伸展,若向无穷远伸展的曲线呈现出越来越接近于某一直线的形态,这条直线就是该曲线的渐近线.

下面我们介绍两种简单的渐近线.

1. 水平渐近线

定义 3.6 若曲线 $y=f(x)$ 有

$$\lim_{x \to +\infty} f(x) = b \quad \text{或} \quad \lim_{x \to -\infty} f(x) = b$$

则称直线 $y = b$ 为曲线 $y = f(x)$ 的水平渐近线.

例3　求曲线 $y = e^{-x}$ 及 $y = \dfrac{2}{x-2} + 2$ 的水平渐近线.

解　因为 $\lim\limits_{x \to +\infty} e^{-x} = 0$,

所以　　　$y = 0$ 为 $y = e^{-x}$ 的水平渐近线.

又因为

$$\lim_{x \to \infty} \left(\frac{2}{x-2} + 2 \right) = 2$$

所以　　　$y = 2$ 为 $y = \dfrac{2}{x-2} + 2$ 的水平渐近线.

2. 铅直渐近线

定义 3.7　若曲线 $y = f(x)$ 有

$$\lim_{x \to a^+} y = \infty \quad \text{或} \quad \lim_{x \to a^-} y = \infty$$

则称直线 $x = a$ 为 $y = f(x)$ 的铅直渐近线.

例4　求曲线 $y = \ln x$ 及 $y = \dfrac{2}{x-2}$ 的铅直渐近线.

解　因为　　$\lim\limits_{x \to 0^+} \ln x = -\infty$

所以　　　$x = 0$ 为 $y = \ln x$ 的铅直渐近线.

又因为　　　$\lim\limits_{x \to 2} \dfrac{2}{x-2} = \infty$

所以　　　$x = 2$ 为 $y = \dfrac{2}{x-2}$ 铅直渐近线.

习题 3.6

1. 求下列函数的凹向与拐点:

(1) $f(x) = 2x^4 - 6x^2$ 　　　　　　　　(2) $f(x) = \dfrac{2x}{1+x^2}$

2. 求下列曲线的渐近线:

(1) $y = \dfrac{e^x}{1+x}$ 　　　　　　　　(2) $y = \dfrac{4}{x^2 + 2x - 3}$

复习题三

（一）

1. 函数 $f(x) = x\sqrt{6-x}$ 在 $[0,6]$ 上满足罗尔定理条件，则 $\xi = $ _____.

2. 函数 $f(x) = x^3$ 在 $[0,1]$ 上符合拉格朗日定理条件，则 $\xi = $ _____.

3. 函数 $f(x)$ 在 $x = 0$ 处有 $f'(0) = 0$，且 $f''(0) > 0$，则 $x = 0$ 是函数 $f(x)$ 的 _____ 点.

4. 若 $x = 3$ 时，函数 $y = x^2 + px + q$ 取得极小值，则 $p = $ _____.

5. 设函数 $f(x)$ 在 $[a,b]$ 内恒有 $f'(x) < 0$，则函数 $f(x)$ 在 $[a,b]$ 上的最大值是 _____.

6. 曲线 $y = x^3$ 在区间 _____ 内上凹.

7. 曲线 $y = \ln(1+x)$ 的铅直渐近线是 _____.

8. 曲线 $y = x^3 - 3x$ 的拐点是 _____.

9. 商品的需求量 Q 是价格 P 的函数 $Q = 1600\left(\dfrac{1}{4}\right)^P$，则需求量 Q 对价格 P 的弹性是 _____.

10. 设总成本为 $C(x) = 9 + \dfrac{x^2}{12}$ 元，则生产 6 个单位产品时的边际成本为 _____.

（二）

1. 若 $x \in (a,b)$ 时恒有 $f'(x) < 0$，则 $f(x)$ 在 (a,b) 内（ ）.

   A. 单调增加   B. 单调减少   C. 不增不减   D. 有增有减

2. 函数 $y = 2x^3 - 9x^2 + 12x - 9$ 在 $(1,2)$ 内（ ）.

   A. 单调增加   B. 单调减少

   C. 不增不减   D. 有增有减

3. 下列极限中（ ）能用洛必达法则求解.

   A. $\lim\limits_{x \to 0} \dfrac{x^2 \sin\frac{1}{x}}{\sin x}$ B. $\lim\limits_{x \to +\infty} \dfrac{e^x - e^{-x}}{e^x + e^{-x}}$

   C. $\lim\limits_{x \to \infty} \dfrac{x - \sin x}{x + \cos x}$ D. $\lim\limits_{x \to 0} \dfrac{1 - \cos x}{\sin^2 x}$

4. 设函数 $f(x)$ 可导，且 $f'(x_0) = 0$，则（ ）.

   A. x_0 是极值点   B. x_0 是极大值点

   C. x_0 是驻点   D. x_0 是最值点

5. 下列点中（ ）不可能是函数的极值点.

   A. $f(x)$ 的驻点   B. $f'(x)$ 无定义的点

   C. $f''(x)$ 存在且不等于零的点   D. $f'(x) > 0$ 的点

6.$f'(x)=0$ 是可导函数 $y=f(x)$ 在点 x_0 处取得极值的( )条件.

    A. 必要   B. 充分

    C. 充要   D. 无关

7. 可导函数 $y=f(x)$ 在点 x_0 处取得极大值,则必有( ).

    A.$f'(x_0)=0$ B.$f''(x_0)<0$

    C.$f'(x_0)=0$ 且 $f''(x_0)<0$ D.$f'(x_0)=0$ 且 $f''(x_0)\neq0$

8. 函数 $y=|x|$( ).

    A. 有驻点   B. 有拐点

    C. 有极值点   D. 没有极值点

9. 曲线 $y=(x-1)^3-1$ 的拐点是( ).

    A.$(2,0)$ B.$(-1,1)$

    C.$(0,2)$ D. 不存在

10. 某商品的销售量 Q 是单价 P 的函数 $Q=15-\dfrac{P}{4}$,则当 $P=($)时总收入最高.

    A. 15   B. 30

    C. 45   D. 60

（三）

1. 求下列极限:

  (1) $\lim\limits_{x\to+\infty}\dfrac{e^{5x}-1}{x}$ (2) $\lim\limits_{x\to+\infty}\dfrac{\dfrac{\pi}{2}-\arctan x}{\text{arccot}x}$

  (3) $\lim\limits_{x\to0}\dfrac{e^x-e^{-x}}{\ln(1-x)}$ (4) $\lim\limits_{x\to+\infty}x\left(\dfrac{\pi}{2}-\arctan x\right)$

  (5) $\lim\limits_{x\to0}\left(\dfrac{1}{x}-\dfrac{1}{e^x-1}\right)$ (6) $\lim\limits_{x\to1}x^{\frac{1}{1-x}}$

2. 求下列函数的单调区间和极值:

  (1)$f(x)=2e^x+e^{-x}$ (2)$f(x)=(x-1)\sqrt[3]{x^2}$

3. 已知函数 $f(x)=x^3+ax^2+bx$ 在 $x=1$ 处取得极值 -2,试确定系数 a、b,并确定 -2 是极大值还是极小值.

4. 欲做一个底面为正方形,容积为 108m^3 的长方体开口容器,怎样做所用材料最省?

5. 设某厂每天生产产品 x 个单位时的总成本函数为 $C(x)=0.5x^2+36x+9800$(元),求:(1)当产量 $x=20$ 时的边际成本;(2)产量为多少单位时平均成本最低?

6. 某厂生产一批产品的固定成本是 1600 元,变动成本是 $0.01x^2+40x$(元),求:(1)当产量 $x=50$ 时的边际成本;(2)产量为多少单位时平均成本最小?

7. 某工厂生产一批产品,固定成本 1000 元,每生产一件产品成本增加 40 元,已知该产品的总收入 R 为产量 Q 的函数,$R(Q) = 100Q - \dfrac{Q^2}{10}$,求获得最大利润时的产量.

8. 某厂生产一批产品,总成本 C 为产量 Q 的函数,$C(Q) = 1000 + 40Q$,已知该产品的需求函数 $Q = 1000 - 10P$(P 为单价),求获得最大利润时的产量.

9. 某厂生产某种产品 x 件的固定成本是 1800 元,变动成本是 $\dfrac{1}{2}x^2 + 5x$(元),已知该产品的需求函数 $x = 1400 - P$(P 为单价),求获得最大利润时的产量.

第四章 不定积分

在第二章中,我们学习了如何求一个函数的导数或微分的问题. 在本章我们将讨论它的相反问题,已知函数 $F(x)$ 的导数 $f(x)$,求 $F(x)$,使得 $F'(x) = f(x)$. 这是积分学的基本问题之一,在科学技术和经济管理的许多理论和应用问题中也经常需要解决这类问题.

§4.1 不定积分的概念和性质

一、原函数

先看两个例题:

例1 如果作直线运动的物体运动方程由函数 $s = f(t)$ 给出,其中 t 表示时间,s 表示物体经过的路程,则函数 $f(t)$ 的导数就表示物体在时刻 t 的速度 $v = f'(t)$,这是我们在第二章中所熟悉的问题. 但是,在实际问题中,常常遇到相反的问题,即已知作直线运动的物体在任一时刻的速度 $v = v(t)$,求物体的运动方程 $s = f(t)$. 这就是一个与微分学中求导数相反的问题.

例2 如果某产品的产量由函数 $Q = Q(t)$ 给出,其中 Q 表示产量,t 表示时间,则函数 $Q(t)$ 的导数 $Q' = Q'(t)$ 就表示该产品产量的变化率. 但是,在实际问题中同样也常遇到其相反的问题,即已知其产品产量的变化率 $Q'(t)$,求该产品的产量函数 $Q(t)$. 这也是一个与微分学中求导数相反的问题.

在上面两个具体的问题中,尽管实际内容不同,但从抽象的数学关系来看却是一样的,都归结为:已知函数的导数,求函数的表达式.

一般地我们给出下面的定义:

定义 4.1 设 $f(x)$ 是定义在某区间上的已知函数,如果存在一个函数 $F(x)$,对于该区间上每一个点 x 都满足

$$F'(x) = f(x) \quad \text{或} \quad dF(x) = f(x)dx$$

则称函数 $F(x)$ 是已知函数 $f(x)$ 在该区间上的一个原函数.

例3 在区间 $(-\infty, +\infty)$ 内,由于 $(x^2)' = 2x$,所以,x^2 是 $2x$ 的一个原函数. 同理 $x^2 + 1, x^2 - \sqrt{3}, x^2 + C$ 等都是 $2x$ 的原函数.

二、不定积分

从上面例子可以看到,一个已知函数如果有原函数,就有无穷多个原函数. 一般来说,如果 $F(x)$ 是 $f(x)$ 的一个原函数,则函数 $F(x) + C$(其中 C 是任意常数)也满足 $[F'(x) + C]' = F'(x) = f(x)$,所以 $F(x) + C$ 都是 $f(x)$ 的原函数. 又因为 C 是任意常数,即 C 可以取无穷多个值,所以 $f(x)$ 有无穷多个原函数.

另一方面,这无穷多个原函数之间有没有关系? 或者说这无穷多个原函数是否可以用一个确定的形式来表示呢?

设 $G(x)$ 是 $f(x)$ 的另外任一原函数,则 $G'(x) = f(x)$,而已知 $F'(x) = f(x)$,由拉格朗日(中值)定理推论 2 可知: $G(x)$ 与 $F(x)$ 相差一个常数,即 $G(x) = F(x) + C$.

由以上讨论,我们可以得到:如果 $F(x)$ 是 $f(x)$ 的一个原函数,则 $f(x)$ 的所有原函数可以表示为

$$F(x) + C \quad (其中 C 是任意常数)$$

定义 4.2 函数 $f(x)$ 的所有原函数,称为 $f(x)$ 的不定积分,记作

$$\int f(x)dx$$

如果 $F(x)$ 是 $f(x)$ 的一个原函数,则由定义有

$$\int f(x)dx = F(x) + C$$

其中 $\int$ 称为积分号, x 称为积分变量, $f(x)$ 称为被积函数, $f(x)dx$ 称为被积表达式, C 称为积分常数.

由定义可知,求已知函数的不定积分,就归结为求出它的一个原函数,再加上任意常数 C.

例 4 求函数 $f(x) = \cos x$ 的不定积分.

解 因为
$$(\sin x)' = \cos x$$

所以
$$\int \cos x dx = \sin x + C$$

例 5 求函数 $f(x) = \dfrac{1}{x}$ 的不定积分.

解 因为当 $x > 0$ 时, $(\ln x)' = \dfrac{1}{x}$

所以 $\quad \int \dfrac{1}{x}dx = \ln x + C \quad (x > 0)$

当 $x < 0$ 时, $-x > 0$, $\quad [\ln(-x)]' = \dfrac{1}{-x} \cdot (-1) = \dfrac{1}{x}$

所以 $\quad \int \dfrac{1}{x}dx = \ln(-x) + C \quad (x < 0)$

合并以上两式,得到

$$\int \frac{1}{x} dx = \ln |x| + C \quad (x \neq 0)$$

　　求已知函数的不定积分称为积分法. 如果把积分法看成是一种运算,那么积分法是微分法的逆运算.

　　关于原函数,是否所有函数都存在原函数? 我们给出一个结论:初等函数在其定义域上必有原函数.

三、不定积分的几何意义

　　利用导数的几何意义很容易得出不定积分的几何意义.

　　在直角坐标系 xOy 中,$f(x)$ 的任意一个原函数 $F(x)$ 的图形称为 $f(x)$ 的一条积分曲线,其方程是 $y = F(x)$.

　　如果 $f(x)$ 有一条积分曲线 $y = F(x)$,则 $y = F(x) + C(C$ 为任意常数)均是它的积分曲线,这些积分曲线的全体称为函数 $f(x)$ 的积分曲线族. 积分曲线族中的任何一条曲线都可以由曲线 $y = F(x)$ 沿着 y 轴平行移动 C 个单位而得到(见图 4－1),因此,所有积分曲线是彼此平行的. 这就是说,在横坐标 x 相同的点处,所有积分曲线的切线彼此平行,这些切线有相同斜率 $f(x)$.

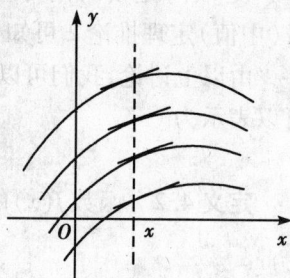

图 4－1

　　由此可见,不定积分 $\int f(x) dx$ 在几何上表示 $f(x)$ 的全部积分曲线所组成的平行曲线族,若想找出其中的某一条曲线,还必须再有附加条件,相应地也就确定了积分常数 C 的一个值. 比如,已知某一曲线在 x 点处切线的斜率为 $f(x)$,即它是曲线族 $y = F(x) + C$ 中的一条曲线,又知这一曲线经过某一定点 $M_0(x_0, y_0)$,这时常数 C 便可通过 $C = y_0 - F(x_0)$ 确定.

　　确定积分常数 C 的条件称为初始条件.

　　例6　设已知曲线上任意一点切线斜率为 $2x$,又知曲线过点 $(1,3)$,求曲线方程.

　　解　因为　$\int 2x dx = x^2 + C$

得积分曲线族　$y = x^2 + C$　将 $x = 1, y = 3$ 代入　得　$C = 2$

所以　$y = x^2 + 2$ 就是所求的曲线方程.

四、不定积分的性质

　　根据不定积分的定义,可以得到如下性质:

　　性质1　两个函数代数和的不定积分,等于函数不定积分的代数和,即

$$\int [f(x) \pm g(x)] dx = \int f(x) dx \pm \int g(x) dx$$

　　要证明此性质,只需对等式右端求导,得到等式左端的被积函数即可,读者不难证明. 性质1对于有限个函数都是成立的.

类似地可以证明不定积分的第二个性质.

性质 2　求不定积分时, 被积函数中不为零的常数因子可以提到积分号外面, 即

$$\int kf(x)dx = k\int f(x)dx \quad (k \neq 0, k \text{ 是常数})$$

性质 3　不定积分的导数 (或微分) 等于被积函数 (或被积表达式); 一个函数的导数或微分的不定积分与这个函数相差一个任意常数, 即

$$\left[\int f(x)\right]' = f(x) \quad \text{或} \quad d\int f(x)dx = f(x)dx$$

$$\int F'(x)dx = F(x) + C \quad \text{或} \quad \int dF(x) = F(x) + C$$

习题 4.1

1. $\sin x$ 和 $\cos x$ 分别是谁的原函数?

2. $\sin 2x$ 和 $\cos 2x$ 的一个原函数分别是什么?

3. 已知在曲线上任意一点切线的斜率为 $2x$, 且曲线过点 $(1, -2)$, 求此曲线方程.

4. 已知动点在时刻 t 的速度为 $v = 3t - 2$, 且 $t = 0$ 时 $s = 5$, 求此动点的运动方程.

§4.2　基本积分公式

由于积分运算是微分运算的逆运算, 我们就可以根据导数的基本公式得到不定积分的基本公式.

(一) 由于 $(C)' = 0$ (C 是常数), 所以

$$\int 0dx = C$$

(二) 由于 $(x^{\alpha+1})' = (\alpha+1)x^{\alpha}$, 在 $\alpha \neq -1$ 条件下, 得到 $\left(\dfrac{1}{\alpha+1}x^{\alpha+1}\right)' = x^{\alpha}$, 所以

$$\int x^{\alpha}dx = \frac{1}{\alpha+1}x^{\alpha+1} + C \quad (\alpha \neq -1)$$

例 1　$\displaystyle\int dx = x + C$

$$\int kdx = kx + C$$

$$\int xdx = \frac{1}{1+1}x^{1+1} + C = \frac{1}{2}x^2 + C$$

$$\int x^2 dx = \frac{1}{2+1}x^{2+1} + C = \frac{1}{3}x^3 + C$$

$$\int x^5 dx = \frac{1}{6} x^6 + C$$

例2 $\int \frac{1}{x^2} dx = \int x^{-2} dx = -x^{-1} + C = -\frac{1}{x} + C$

$$\int \frac{1}{x^3} = \int x^{-3} dx = -\frac{1}{2} x^{-2} + C = -\frac{1}{2x^2} + C$$

$$\int \frac{1}{x^5} dx = \int x^{-5} dx = -\frac{1}{4x^4} + C$$

例3 $\int \sqrt{x} dx = \int x^{\frac{1}{2}} dx = \frac{1}{\frac{1}{2}+1} x^{\frac{1}{2}+1} + C = \frac{2}{3} x^{\frac{3}{2}} + C = \frac{2}{3} \sqrt{x^3} + C$

$$\int \sqrt{x^3} dx = \int x^{\frac{3}{2}} dx = \frac{2}{5} x^{\frac{5}{2}} + C = \frac{2}{5} \sqrt{x^5} + C$$

$$\int \sqrt[3]{x} dx = \int x^{\frac{1}{3}} dx = \frac{3}{4} x^{\frac{4}{3}} + C = \frac{3}{4} \sqrt[3]{x^4} + C$$

例4 $\int \frac{1}{\sqrt{x}} dx = \int x^{-\frac{1}{2}} dx = 2 x^{\frac{1}{2}} + C = 2\sqrt{x} + C$

$$\int \frac{1}{\sqrt{x^3}} dx = \int x^{-\frac{3}{2}} dx = -2 x^{-\frac{1}{2}} + C = -\frac{2}{\sqrt{x}} + C$$

$$\int \frac{1}{\sqrt[3]{x}} dx = \int x^{-\frac{1}{3}} dx = \frac{3}{2} x^{\frac{2}{3}} + C = \frac{3}{2} \sqrt[3]{x^2} + C$$

例5 $\int (5x^4 + x^3 - 7) dx = 5 \int x^4 dx + \int x^3 dx - 7 \int dx = x^5 + \frac{1}{4} x^4 - 7x + C$

例6 $\int (x^2 - 1)^2 dx = \int (x^4 - 2x^2 + 1) dx = \frac{1}{5} x^5 - \frac{2}{3} x^3 + x + C$

例7 $\int (3 - \sqrt{x}) x^2 dx = \int (3x^2 - x^{\frac{5}{2}}) dx = x^3 - \frac{2}{7} \sqrt{x^7} + C$

例8 $\int \frac{4 - 3x}{x^5} dx = \int (\frac{4}{x^5} - \frac{3}{x^4}) dx = \int (4x^{-5} - 3x^{-4}) dx = -\frac{1}{x^4} + \frac{1}{x^3} + C$

由前一节的例题有

（三） $\int \frac{1}{x} dx = \ln|x| + C$

例9 $\int (\frac{x}{2} + \frac{2}{x}) dx = \frac{1}{4} x^2 + 2\ln|x| + C$

例10 $\int \frac{(x-3)^2}{x} dx = \int \frac{x^2 - 6x + 9}{x} dx = \int (x - 6 + \frac{9}{x}) dx = \frac{1}{2} x^2 - 6x + 9\ln|x| + C$

（四）由于 $(a^x)' = a^x \ln a (a > 0, a \neq 1)$ 　得到 　$(\frac{a^x}{\ln a})' = a^x$

所以 $$\int a^x dx = \frac{a^x}{\ln a} + C \quad (a > 0, a \neq 1)$$

由于 $$(e^x)' = e^x$$

所以 $$\int e^x dx = e^x + C$$

例 11　$$\int 2^x dx = \frac{2^x}{\ln 2} + C$$

$$\int 3^x dx = \frac{3^x}{\ln 3} + C$$

例 12　$$\int 2^x e^x dx = \int (2e)^x dx = \frac{(2e)^x}{\ln(2e)} + C$$

例 13　$$\int (x^e - e^x + e^e) dx = \frac{1}{e+1} x^{e+1} - e^x + e^e x + C$$

（五）由三角函数的求导公式可得到：

$$\int \sin x dx = -\cos x + C$$

$$\int \cos x dx = \sin x + C$$

$$\int \sec^2 x dx = \int \frac{1}{\cos^2 x} dx = \tan x + C$$

$$\int \csc^2 x dx = \int \frac{1}{\sin^2 x} dx = -\cot x + C$$

例 14　$$\int \cos^2 \frac{x}{2} dx = \int \frac{1+\cos x}{2} dx = \frac{1}{2} \int (1+\cos x) dx = \frac{1}{2}(x + \sin x) + C$$

例 15　$$\int \tan^2 x dx = \int (\sec^2 x - 1) dx = \tan x - x + C$$

（六）由反三角函数的求导公式可得到：

$$\int \frac{1}{\sqrt{1-x^2}} dx = \arcsin x + C$$

$$\int \frac{1}{1+x^2} dx = \arctan x + C$$

例 16　$$\int \frac{x^4}{1+x^2} dx = \int \frac{x^4 - 1 + 1}{1+x^2} dx$$

$$= \int \frac{(x^2+1)(x^2-1)+1}{1+x^2} dx = \int (x^2 - 1 + \frac{1}{1+x^2}) dx$$

$$= \frac{1}{3} x^3 - x + \arctan x + C$$

综合以上的讨论，可得到不定积分的基本公式：

1. $$\int k dx = kx + C \qquad (k \text{ 为常数})$$

2. $$\int x^\alpha dx = \frac{1}{\alpha+1} x^{\alpha+1} + C \qquad (\alpha \neq -1)$$

3. $$\int \frac{1}{x} dx = \ln|x| + C$$

4. $\displaystyle\int a^x dx = \frac{a^x}{\ln a} + C$ 　　　$(a > 0, a \neq 1)$

5. $\displaystyle\int e^x dx = e^x + C$

6. $\displaystyle\int \sin x dx = -\cos x + C$

7. $\displaystyle\int \cos x dx = \sin x + C$

8. $\displaystyle\int \sec^2 x dx = \int \frac{1}{\cos^2 x} dx = \tan x + C$

9. $\displaystyle\int \csc^2 x dx = \int \frac{1}{\sin^2 x} dx = -\cot x + C$

10. $\displaystyle\int \frac{1}{\sqrt{1-x^2}} dx = \arcsin x + C$

11. $\displaystyle\int \frac{1}{1+x^2} dx = \arctan x + C$

以上积分公式,是求不定积分的基础,必须记熟记准. 下面我们举出一些直接用积分公式及性质计算不定积分的例子.

例 17　求不定积分 $\displaystyle\int \frac{(x-1)^3}{x^2} dx$.

解　$\displaystyle\int \frac{(x-1)^3}{x^2} dx = \int \frac{x^3 - 3x^2 + 3x - 1}{x^2} dx = \int \left(x - 3 + \frac{3}{x} - \frac{1}{x^2} \right) dx$

$\displaystyle\qquad = \int x dx - 3 \int dx + 3 \int \frac{1}{x} dx - \int \frac{1}{x^2} dx = \frac{x^2}{2} - 3x + 3\ln|x| + \frac{1}{x} + C$

注意　检验积分结果是否正确,只要把结果求导,看它的导数是否等于被积函数.

例 18　求不定积分 $\displaystyle\int (2^x e^x - 3\cos x) dx$.

解　$\displaystyle\int (2^x e^x - 3\cos x) dx = \int (2e)^x dx - \int 3\cos x dx = \frac{(2e)^x}{1 + \ln 2} - 3\sin x + C$

例 19　求不定积分 $\displaystyle\int \frac{1 + x + x^2}{x(1+x^2)} dx$.

解　$\displaystyle\int \frac{1 + x + x^2}{x(1+x^2)} dx = \int \left[\frac{x}{x(1+x^2)} + \frac{1+x^2}{x(1+x^2)} \right] dx$

$\displaystyle\qquad = \int \frac{1}{1+x^2} dx + \int \frac{1}{x} dx = \arctan x + \ln|x| + C$

例 20　求不定积分 $\displaystyle\int \frac{1}{\sin^2 \frac{x}{2} \cdot \cos^2 \frac{x}{2}} dx$.

解　$\displaystyle\int \frac{1}{\sin^2 \frac{x}{2} \cdot \cos^2 \frac{x}{2}} dx = \int \frac{1}{\left(\frac{\sin x}{2} \right)^2} dx = 4 \int \frac{1}{\sin^2 x} dx = -4\cot x + C$

习题 4.2

求下列不定积分:

1. $\int (1 - 3x^2)\,dx$

2. $\int (\sqrt{2} - \sqrt{x})\,dx$

3. $\int (\frac{1}{x} + \frac{1}{x^2} + \frac{2}{x^3})\,dx$

4. $\int (\sqrt{x} - \frac{1}{\sqrt{x}})\,dx$

5. $\int \sqrt{x}(x - 3)\,dx$

6. $\int \frac{(x+1)(x+2)}{x}\,dx$

7. $\int (x^2 - 2^x)\,dx$

8. $\int (e^x - 3\sin x)\,dx$

9. $\int \frac{x^2}{1 + x^2}\,dx$

10. $\int \frac{e^{2t} - 1}{e^t + 1}\,dt$

11. $\int \sin^2 \frac{x}{2}\,dx$

12. $\int \cot^2 x\,dx$

§4.3　第一换元积分法

利用基本积分公式与积分的性质,我们所能计算的不定积分是很有限的. 而利用中间变量的代换,可以得到复合函数的积分法,本节我们将讨论不定积分的第一换元法. 首先我们给出以下法则.

定理　如果 $\int f(x)\,dx = F(x) + C$, 且 $u = u(x)$, $u'(x)$ 连续, 则对于中间变量 u 同样有

$$\int f(u)\,du = F(u) + C$$

证明　因为

$$\int f(x)\,dx = F(x) + C$$

所以

$$F'(x) = f(x)$$

从而有

$$dF(x) = f(x)\,dx$$

根据第二章微分形式不变性,对于中间变量 u 同样有

$$dF(u) = f(u)\,du$$

两边取不定积分　得到

$$\int dF(u) = \int f(u)\,du$$

所以

$$\int f(u)\,du = F(u) + C$$

这个法则说明:在积分变量为自变量 x 的积分表达中,若 x 将改为中间变量 u 也是成立的.

结合不定积分基本公式,可把不定积分第一换元积分法则具体为下面的公式(公式中的 u 为中间变量):

1. $\displaystyle\int k du = ku + C$　　　(k 为常数)

2. $\displaystyle\int u^{\alpha} du = \frac{1}{\alpha+1} u^{\alpha+1} + C$　　　($\alpha \neq -1$)

3. $\displaystyle\int \frac{1}{u} du = \ln|u| + C$

4. $\displaystyle\int a^u du = \frac{a^u}{\ln a} + C$　　　($a > 0, a \neq 1$)

5. $\displaystyle\int e^u du = e^u + C$

6. $\displaystyle\int \sin u du = -\cos u + C$

7. $\displaystyle\int \cos u du = \sin u + C$

8. $\displaystyle\int \sec^2 u du = \int \frac{1}{\cos^2 u} = \tan u + C$

9. $\displaystyle\int \csc^2 u du = \int \frac{1}{\sin^2 u} = -\cot u + C$

10. $\displaystyle\int \frac{1}{\sqrt{1-u^2}} du = \arcsin u + C$

11. $\displaystyle\int \frac{1}{1+u^2} du = \arctan u + C$

我们在用第一换元积分法求复合函数积分的过程中有凑微分的步骤,所以第一换元法又称为凑微分法.

以下是常用的凑微分公式.熟悉这些公式有助于提高解题能力.

$(1) dx = \dfrac{1}{a}(ax+b)$　　　　　　　　　$(2) x dx = \dfrac{1}{2} dx^2$

$(3) \dfrac{1}{x^2} dx = -d\dfrac{1}{x}$　　　　　　　　　$(4) \dfrac{1}{\sqrt{x}} dx = 2 d\sqrt{x}$

$(5) \dfrac{1}{x} dx = d\ln x \ (x > 0)$　　　　　　　$(6) e^x dx = de^x$

$(7) \sin x dx = -d\cos x$　　　　　　　　$(8) \cos x dx = d\sin x$

例 1　$\displaystyle\int \cos 2x dx$

解　$\displaystyle\int \cos 2x dx = \frac{1}{2} \int \cos 2x d2x$

$\xlongequal{令 2x = u} \dfrac{1}{2} \displaystyle\int \cos u du = \dfrac{1}{2} \sin u + C \xlongequal{回代 \ u=2x} \dfrac{1}{2} \sin 2x + C$

熟练后,中间变量 u 可以不必写出来,而直接计算.

例2 $\displaystyle\int (x+2)^5 dx = \int (x+2)^5 d(x+2) = \frac{1}{6}(x+2)^6 + C$

例3 $\displaystyle\int e^{-3x} dx = -\frac{1}{3}\int e^{-3x} d(-3x) = -\frac{1}{3}e^{-3x} + C$

例4 $\displaystyle\int \sin\frac{3}{2}x dx = \frac{2}{3}\int \sin\frac{3}{2}x d\frac{3}{2}x = -\frac{2}{3}\cos\frac{3}{2}x + C$

例5 $\displaystyle\int \frac{1}{2x+3}dx = \frac{1}{2}\int \frac{1}{2x+3}d(2x+3) = \frac{1}{2}\ln\left| 2x+3 \right| + C$

例6 $\displaystyle\int \frac{1}{\sqrt{1-x}}dx = -\int \frac{1}{\sqrt{1-x}}d(1-x) = -2\sqrt{1-x} + C$

例7 $\displaystyle\int \frac{1}{1+x}dx = \int \frac{1}{1+x}d(x+1) = \ln\left| x+1 \right| + C$

例8 $\displaystyle\int \frac{x}{x+1}dx = \int \frac{x+1-1}{x+1}dx = \int \left(1 - \frac{1}{x+1}\right)dx = x - \ln\left| x+1 \right| + C$

例9 $\displaystyle\int \frac{x^2}{x+1}dx = \int \frac{x^2-1+1}{x+1}dx = \int \left(x-1+\frac{1}{x+1}\right)dx = \frac{1}{2}x^2 - x + \ln\left| x+1 \right| + C$

例10 $\displaystyle\int \frac{1}{9+x^2}dx = \frac{1}{9}\int \frac{1}{1+\frac{x^2}{9}}dx = \frac{1}{9}\cdot 3\int \frac{1}{1+\left(\frac{x}{3}\right)^2}d\left(\frac{x}{3}\right) = \frac{1}{3}\arctan\frac{x}{3} + C$

例11 $\displaystyle\int \frac{x}{9+x^2}dx = \frac{1}{2}\int \frac{1}{9+x^2}d(9+x^2) = \frac{1}{2}\ln(9+x^2) + C$

例12 $\displaystyle\int \frac{1}{\sqrt{4-x^2}}dx = \frac{1}{2}\int \frac{1}{\sqrt{1-\frac{x^2}{4}}}dx = \frac{1}{2}\cdot 2\int \frac{1}{\sqrt{1-\left(\frac{x}{2}\right)^2}}d\frac{x}{2} = \arcsin\frac{x}{2} + C$

例13 $\displaystyle\int \frac{x}{\sqrt{4-x^2}}dx = -\frac{1}{2}\int \frac{1}{\sqrt{4-x^2}}d(4-x^2) = -\sqrt{4-x^2} + C$

例14 $\displaystyle\int e^x \cos e^x dx = \int \cos e^x de^x = \sin e^x + C$

例15 $\displaystyle\int \frac{1}{x\ln x}dx = \int \frac{1}{\ln x}d\ln x = \ln\left| \ln x \right| + C$

例16 $\displaystyle\int \frac{e^{\frac{1}{x}}}{x^2}dx = -\int e^{\frac{1}{x}}d\frac{1}{x} = -e^{\frac{1}{x}} + C$

例17 $\displaystyle\int \frac{\sin\sqrt{x}}{\sqrt{x}}dx = 2\int \sin\sqrt{x}d\sqrt{x} = -2\cos\sqrt{x} + C$

例18 $\displaystyle\int \frac{1}{1-x^2}dx = \int \frac{1}{(1+x)(1-x)}dx$

$\displaystyle = \frac{1}{2}\int \left(\frac{1}{1+x}+\frac{1}{1-x}\right)dx$

$\displaystyle = \frac{1}{2}\left[\int \frac{1}{1+x}d(1+x) - \int \frac{1}{1-x}d(1-x)\right]$

$$= \frac{1}{2}\left(\ln\left|1+x\right| - \ln\left|1-x\right|\right) + C$$

$$= \frac{1}{2}\ln\left|\frac{1+x}{1-x}\right| + C$$

例 19　$\displaystyle\int \tan x dx = \int \frac{\sin x}{\cos x}dx = -\int \frac{1}{\cos x}d\cos x = -\ln\left|\cos x\right| + C$

例 20　$\displaystyle\int \sin x \cos x dx$

解一　$\displaystyle\int \sin x \cos x dx = \int \sin x d\sin x = \frac{1}{2}\sin^2 x + C$

解二　$\displaystyle\int \sin x \cos x dx = -\int \cos x d\cos x = -\frac{1}{2}\cos^2 x + C$

解三　$\displaystyle\int \sin x \cos x dx = \frac{1}{2}\int \sin 2x dx = \frac{1}{4}\int \sin 2x d2x = -\frac{1}{4}\cos 2x + C$

三种方法求解得到的原函数并不相同,但它们之间仅仅相差一个常数. 这说明用不同方法求解,得到的原函数不一定相同.

例 21　$\displaystyle\int \cos^3 x dx$

$$= \int \cos^2 x \cos x dx = \int \left(1 - \sin^2 x\right)d\sin x$$

$$= \int d\sin x - \int \sin^2 x d\sin x = \sin x - \frac{1}{3}\sin^3 x + C$$

例 22　$\displaystyle\int \sin^2 x dx = \int \frac{1 - \cos 2x}{2}dx$

$$= \frac{1}{2}\left(x - \frac{1}{2}\int \cos 2x d2x\right) = \frac{1}{2}x - \frac{1}{4}\sin 2x + C$$

例 23　$\displaystyle\int \csc x dx$

$$= \int \frac{1}{\sin x}dx = \int \frac{\sin x}{\sin^2 x}dx = -\int \frac{d\cos x}{1 - \cos^2 x} = \frac{1}{2}\ln\left|\frac{1 - \cos x}{1 + \cos x}\right| + C$$

$$= \ln\left|\frac{1 - \cos x}{\sin x}\right| + C = \ln\left|\csc x - \cot x\right| + C$$

同样有　$\displaystyle\int \sec x dx = \ln\left|\sec x + \tan x\right| + C$

习题 4.3

求下列不定积分:

1. $\displaystyle\int (x-1)^9 dx$

2. $\displaystyle\int \frac{1}{(x+2)^2}dx$

3. $\displaystyle\int \frac{1}{\sqrt{2-3x}}dx$

4. $\displaystyle\int \frac{1}{1+2x}dx$

5. $\displaystyle\int e^{2x}dx$

6. $\displaystyle\int 10^{-x}dx$

7. $\displaystyle\int \sin\frac{2}{3}xdx$

8. $\displaystyle\int \cos(5x-3)dx$

9. $\displaystyle\int \frac{1}{\sqrt{9-x^2}}dx$

10. $\displaystyle\int \frac{1}{4+x^2}dx$

11. $\displaystyle\int \frac{2x}{1+x^2}dx$

12. $\displaystyle\int x\sqrt{x^2-5}dx$

13. $\displaystyle\int \frac{2x+1}{x^2+x}dx$

14. $\displaystyle\int \frac{e^x}{1+e^x}dx$

15. $\displaystyle\int \frac{e^x}{\sqrt{1-e^x}}dx$

16. $\displaystyle\int \frac{\ln^2 x}{x}dx$

17. $\displaystyle\int \frac{1}{x\ln^2 x}dx$

18. $\displaystyle\int \frac{3^{\frac{1}{x}}}{x^2}dx$

19. $\displaystyle\int \frac{1}{1+2x}dx$

20. $\displaystyle\int \frac{e^{\sqrt{x}}}{\sqrt{x}}dx$

21. $\displaystyle\int \frac{\sec^2\sqrt{x}}{\sqrt{x}}dx$

22. $\displaystyle\int \frac{1}{4+9x^2}dx$

23. $\displaystyle\int \frac{1}{\sqrt{4-9x^2}}dx$

24. $\displaystyle\int \frac{1}{4-9x^2}dx$

25. $\displaystyle\int \cot xdx$

26. $\displaystyle\int e^{\sin x}\cos xdx$

§4.4 第二换元积分法

在不定积分的第一换元法中,是用新变量 u 代换被积函数中的可微函数 $\varphi(x)$,从而使不定积分容易计算. 而在第二换元法中,则是引入新的变量 t ,将 x 表示为 t 的一个连续函数 $x=\varphi(t)$,从而简化积分计算.

例 1 $\displaystyle\int \frac{x}{\sqrt{x-3}}dx$

解 令 $t=\sqrt{x-3}$,

即 $x=t^2+3$ $(t>0)$. 此时 $dx=2tdt$,

于是 $\displaystyle\int \frac{x}{\sqrt{x-3}}dx=\int \frac{t^2+3}{t}2tdt=2\int (t^2+3)dt=2(\frac{t^3}{3}+3t)+C$

再将 $t=\sqrt{x-3}$ 代回后整理   得

$$\int \frac{x}{\sqrt{x-3}}dx = \frac{2}{3}(x-3)^{\frac{3}{2}} + 6(x-3)^{\frac{1}{2}} + C$$

例2 $\int \frac{1}{\sqrt[3]{x} + x}dx$

解 令 $t = \sqrt[3]{x}$，即 $x = t^3$. 此时 $dx = 3t^2 dt$.

于是 $\int \frac{1}{\sqrt[3]{x} + x}dx = \int \frac{1}{t + t^3}3t^2 dt = 3\int \frac{t}{1 + t^2}dt = \frac{3}{2}\int \frac{1}{1 + t^2}d(1 + t^2) = \frac{3}{2}\ln(1 + t^2) + C$

代回 $t = \sqrt[3]{x}$ 得

$$\int \frac{1}{\sqrt[3]{x} + x}dx = \frac{3}{2}\ln(1 + \sqrt[3]{x^2}) + C$$

例3 $\int \sqrt{a^2 - x^2}dx \quad (a > 0)$

解 设 $x = a\sin t$，则 $dx = a\cos t dt$.

$$\sqrt{a^2 - x^2} = \sqrt{a^2 - a^2 \sin^2 t} = a\cos t$$

于是 $\int \sqrt{a^2 - x^2}dx = \int a\cos t \cdot a\cos t dt = a^2 \int \cos^2 t dt = a^2 \int \frac{1 + \cos 2t}{2}dt$

$$= \frac{a^2}{2}(t + \frac{1}{2}\sin 2t) + C = \frac{a^2}{2}(t + \sin t \cdot \cos t) + C$$

由于 $x = a\sin t$

所以 $t = \arcsin \frac{x}{a}, \sin t = \frac{x}{a}$

又由图 $4-2$ 得 $\cos t = \frac{\sqrt{a^2 - x^2}}{a}$

于是 $\int \sqrt{a^2 - x^2}dx = \frac{a^2}{2}\arcsin \frac{x}{a} + \frac{1}{2}x\sqrt{a^2 - x^2} + C$

例4 $\int \frac{1}{\sqrt{x^2 + a^2}}dx \quad (a > 0)$

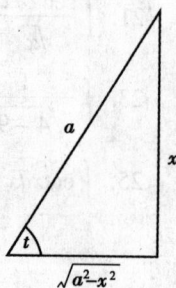

图 $4-2$

解 设 $x = a\tan t$，则 $dx = a\sec^2 t dt$,

$$\sqrt{x^2 + a^2} = \sqrt{a^2 \tan^2 t + a^2} = a\sec t$$

于是 $\int \frac{1}{\sqrt{x^2 + a^2}}dx = \int \frac{a\sec^2 t}{a\sec t}dt = \int \sec t dt = \ln|\sec t + \tan t| + C_1$

由图 $4-3$ 得 $\sec t = \frac{\sqrt{x^2 + a^2}}{a}$

于是 $\int \frac{1}{\sqrt{x^2 + a^2}}dx = \ln\left|\frac{\sqrt{x^2 + a^2}}{a} + \frac{x}{a}\right| + C_1 = \ln|x + \sqrt{x^2 + a^2}| + C$

其中 $C = C_1 - \ln a$

例5 $\int \frac{1}{\sqrt{x^2 - a^2}}dx \quad (a > 0)$

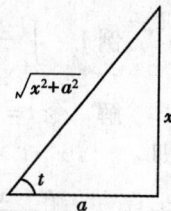

图 $4-3$

解　令 $x = a\sec t$，则 $dx = a\sec t \cdot \tan t dt$

$$\sqrt{x^2 - a^2} = \sqrt{a^2\sec^2 t - a^2} = a\tan t$$

于是　　　$\displaystyle\int \frac{1}{\sqrt{x^2 - a^2}} dx = \int \frac{1}{a\tan t} a\sec t \cdot \tan t dt = \int \sec t dt = \ln \left| \sec t + \tan t \right| + C_1$

由图 4 - 4 得　　　$\tan t = \dfrac{\sqrt{x^2 - a^2}}{a}$

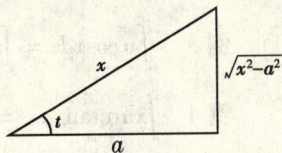

于是　　　$\displaystyle\int \frac{1}{\sqrt{x^2 - a^2}} dx = \ln \left| \frac{x}{a} + \frac{\sqrt{x^2 - a^2}}{a} \right| + C_1$

$$= \ln \left| x + \sqrt{x^2 - a^2} \right| + C$$

图 4 - 4

其中　　　$C = C_1 - \ln a$

习题 4.4

求下列不定积分：

1. $\displaystyle\int \frac{1}{\sqrt{x} + x} dx$
2. $\displaystyle\int \frac{1}{1 + \sqrt{2x + 1}} dx$
3. $\displaystyle\int \frac{1}{\sqrt{x} + \sqrt[3]{x^2}} dx$
4. $\displaystyle\int \frac{x^2}{\sqrt{1 - x^2}} dx$
5. $\displaystyle\int \frac{1}{x\sqrt{x^2 - 1}} dx$
6. $\displaystyle\int \frac{1}{(1 + x^2)^2} dx$

§4.5　分部积分法

利用换元积分法可以求许多函数的不定积分，然而，还有很多不定积分不能利用基本积分公式和换元积分法计算. 本节将讨论另一个求不定积分的基本方法——分部积分法.

设函数 $u = u(x)$，$v = v(x)$ 具有连续导数，则由微分乘积公式，有

$$d(uv) = vdu + udv$$

于是　　　$udv = d(uv) - vdu$

所以有　　　$\displaystyle\int udv = uv - \int vdu$

这个公式叫做分部积分公式，当积分 $\displaystyle\int udv$ 不容易计算，而积分 $\displaystyle\int vdu$ 比较容易计算时，就可以用这个公式.

例1　$\displaystyle\int \ln x dx$

解　设 $u = \ln x$，$v = x$，

于是应用分部积分公式得

$$\int \ln x dx = x \ln x - \int x d\ln x = x \ln x - \int x \cdot \frac{1}{x} dx = x \ln x - x + C$$

例2　$\int x e^x dx = \int x de^x = x e^x - \int e^x dx = x e^x - e^x + C$

例3　$\int x \cos x dx = \int x d\sin x = x \sin x - \int \sin x dx = x \sin x + \cos x + C$

例4　$\int x \arctan x dx = \frac{1}{2} \int \arctan x dx^2 = \frac{1}{2} \left(x^2 \arctan x - \int x^2 d\arctan x \right)$

$$= \frac{1}{2} \left(x^2 \arctan x - \int \frac{1 + x^2 - 1}{1 + x^2} dx \right) = \frac{1}{2} \left(x^2 \arctan x - \int \left(1 - \frac{1}{1 + x^2} \right) dx \right)$$

$$= \frac{1}{2} (x^2 \arctan x - x + \arctan x) + C$$

例5　$\int x^2 e^x dx = \int x^2 de^x = x^2 e^x - \int e^x dx^2 = x^2 e^x - 2 \int x e^x dx = x^2 e^x - 2 \int x de^x$

$$= x^2 e^x - 2x e^x + 2 e^x + C = (x^2 - 2x + 2) e^x + C$$

例6　$\int e^x \sin x dx$

解　因为　　$\int e^x \sin x dx = \int e^x d(-\cos x)$

$$= -e^x \cos x + \int \cos x de^x = -e^x \cos x + \int e^x \cos x dx$$

$$= -e^x \cos x + \int e^x d\sin x = -e^x \cos x + e^x \sin x - \int \sin x de^x$$

$$= -e^x \cos x + e^x \sin x - \int e^x \sin x dx$$

所以　　$\int e^x \sin x dx = \frac{1}{2} (\sin x - \cos x) e^x + C$

例7　$\int \cos \sqrt{x} dx$

解　设 $t = \sqrt{x}$，即 $x = t^2$. 此时　$dx = 2t dt$，

于是　　$\int \cos \sqrt{x} dx = \int \cos t \cdot 2t dt = 2 \int t d\sin t = 2 \left(t \sin t - \int \sin t dt \right) = 2(t \sin t + \cos t) + C$

回代　$t = \sqrt{x}$

于是　　　　$\int \cos \sqrt{x} dx = 2(\sqrt{x} \sin \sqrt{x} + \cos \sqrt{x}) + C$

习题 4.5

求下列不定积分：

1. $\int x e^{-x} dx$ 　　　　　　　　　　　2. $\int x \ln x dx$

3. $\int x\sin x\,dx$

4. $\int \ln(x+1)\,dx$

5. $\int (x+1)e^x\,dx$

6. $\int \dfrac{\ln x}{x^2}\,dx$

7. $\int \dfrac{\ln x}{\sqrt{x}}\,dx$

8. $\int \arctan x\,dx$

复习题四

（一）

1. 若 $F(x)$ 是 $f(x)$ 的一个原函数,则 $f(x)$ 的全体原函数为 _____.

2. 函数 $\sin 2x$ 为函数 _____ 的一个原函数.

3. 函数 $\cos \dfrac{\pi}{2}x$ 的一个原函数为 _____.

4. 若 $f'(x)=\cos x$,则 $f(x)$ 的一个原函数为 _____.

5. $\dfrac{d}{dx}f(x)\,dx=$ _____.

6. $\int (\sin x)'\,dx=$ _____.

7. $d\int \sin x\,dx=$ _____.

8. $\int d\sin x=$ _____.

9. 若 $\int f(t)\,dt=F(t)+C$,则 $\int \dfrac{f(\tan x)}{\cos^2 x}\,dx=$ _____.

10. 若 $\int f(x)\,dx=x^2+C$,则 $\int xf(1-x^2)\,dx=$ _____.

（二）

1. 下列等式成立的是(　　　).

A. $\dfrac{1}{\sqrt{x}}dx=d\sqrt{x}$

B. $\dfrac{1}{x}dx=-d\dfrac{1}{x^2}$

C. $\sin x\,dx=d\cos x$

D. $a^x\,dx=\dfrac{1}{\ln a}da^x$　($a>0$ 且 $a\neq 1$)

2. 设函数 $f(x)$ 的一个原函数是 2^x,则 $f'(x)=$(　　　).

A. $\dfrac{2^x}{\ln 2}$

B. 2^x

C. $2^x\ln 2$

D. $2^x(\ln 2)^2$

3. 下列函数中,原函数为 $\ln|kx|\,(k\neq 0)$ 的是(　　　).

　　A. $\dfrac{1}{x}$ 　　　　　　B. $\dfrac{1}{kx}$ 　　　　　　C. $\dfrac{k}{x}$ 　　　　　　D. $\dfrac{1}{k^2}$

4. 若函数 $f(x)$ 是 $g(x)$ 的一个原函数,则(　　　).

　　A. $\displaystyle\int f(x)\,dx=g(x)+C$ 　　　　　　B. $\displaystyle\int g'(x)\,dx=f(x)+C$

　　C. $\displaystyle\int f'(x)\,dx=g(x)+C$ 　　　　　　D. $\displaystyle\int g(x)\,dx=f(x)+C$

5. 若 $f'(x)=g'(x)$,则(　　　).

　　A. $\displaystyle\int f(x)\,dx=\int g(x)\,dx$ 　　　　　　B. $f(x)=g(x)+C$

　　C. $\left[\displaystyle\int f(x)\,dx\right]'=\left[\displaystyle\int g(x)\,dx\right]'$ 　　　　　　D. $f(x)=g(x)$

6. 下列等式正确的是(　　　).

　　A. $d\displaystyle\int f(x)\,dx=f(x)\,dx$ 　　　　　　B. $d\displaystyle\int f(x)\,dx=f(x)$

　　C. $\displaystyle\int df(x)=f(x)\,dx$ 　　　　　　D. $\displaystyle\int df(x)=f(x)$

7. $\left(\displaystyle\int f'(x)\,dx\right)'=$ (　　　).

　　A. $f'(x)$ 　　　　　　B. $f'(x)+C$

　　C. $f''(x)$ 　　　　　　D. $f''(x)+C$

8. 若 $f(x)=x+\sqrt{x}$,则 $\displaystyle\int f'(x)\,dx=$ (　　　).

　　A. $x+\sqrt{x}$ 　　　　　　B. $x+\sqrt{x}+C$

　　C. $1+\dfrac{1}{2\sqrt{x}}$ 　　　　　　D. $1+\dfrac{1}{2\sqrt{x}}+C$

9. 若 $f(x)=x+1$,则 $\displaystyle\int f(\sqrt{x})\,dx=$ (　　　).

　　A. $\dfrac{1}{2\sqrt{x}}+C$ 　　　　　　B. $\dfrac{1}{2\sqrt{x}+1}+C$

　　C. $\dfrac{2}{3}\sqrt{x^3}+x+C$ 　　　　　　D. $\dfrac{2}{3}\sqrt{(x+1)^3}+C$

10. 设 e^{-x} 是 $f(x)$ 的一个原函数,则 $\displaystyle\int xf(x)\,dx=$ (　　　).

　　A. $e^x(1+x)+C$ 　　　　　　B. $e^{-x}(x-1)+C$

　　C. $e^{-x}(1+x)+C$ 　　　　　　D. $-e^{-x}(1+x)+C$

(三)

1. 已知质点在时刻 t 的加速度为 t^2+1,当 $t=0$ 时,速度 $v=1$,距离 $s=0$,求此质点的运动方程.

2. 已知某产品产量的变化率是时间 t 的函数 $f(t) = at + b$（a, b 是常数），设此产品 t 时的产量函数为 $p(t)$，已知 $p(0) = 0$，求 $p(t)$.

3. 求下列不定积分：

(1) $\displaystyle\int \frac{\cos 2x}{\cos x + \sin x} dx$

(2) $\displaystyle\int \frac{dx}{x^2(1+x)^2}$

(3) $\displaystyle\int \frac{1}{1 + \sin x} dx$

(4) $\displaystyle\int \frac{1}{1 + e^x} dx$

(5) $\displaystyle\int \frac{1}{\sqrt{x - x^2}} dx$

(6) $\displaystyle\int \frac{1}{4x^2 + 4x + 5} dx$

(7) $\displaystyle\int \frac{1}{x^2 - x - 6} dx$

(8) $\displaystyle\int \frac{1}{\sqrt{5 - 2x - x^2}} dx$

(9) $\displaystyle\int \sin^2 2x \, dx$

(10) $\displaystyle\int \cos^5 x \, dx$

(11) $\displaystyle\int \tan^3 x \, dx$

(12) $\displaystyle\int \frac{\cot x}{\ln \sin x} dx$

(13) $\displaystyle\int \frac{1}{\sqrt{1 + e^x}} dx$

(14) $\displaystyle\int e^{\sqrt{x}} dx$

(15) $\displaystyle\int f'(ax + b) \, dx$

(16) $\displaystyle\int x f''(x) \, dx$

第五章 定积分

定积分是从各种计算"和式的极限"问题抽象出来的数学概念,在本章同学们应了解定积分的概念和基本性质;掌握变上限定积分的导数计算方法;熟练运用牛顿—莱布尼兹公式和不定积分的各种计算方法计算定积分;了解广义积分的概念,能计算较简单的广义积分;能利用计算定积分的方法计算平面图形的面积,并解决简单的实际应用问题.

§5.1 定积分的概念

本章我们将讨论积分学的另一个基本问题——定积分问题.

一、引例

1. 曲边梯形的面积

在初等数学中,我们已学会计算多边形及圆形的面积,而对于任意曲线围成的平面图形的面积,就不会计算了.

任意曲线所围成的平面图形的面积的计算,依赖于曲边梯形的面积的计算. 所谓曲边梯形是指在平面直角坐标系中,由连续曲线 $y = f(x)$,直线 $x = a, x = b$ 及 x 轴所围成的图形. 如图 5 – 1.

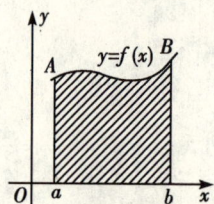

图 5 – 1

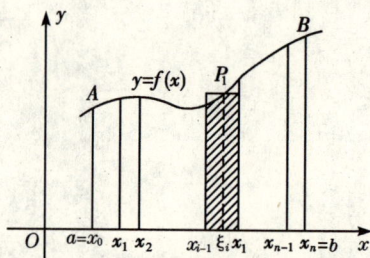

图 5 – 2

　　下面我们来讨论曲边梯形面积的计算方法.

　　设曲边梯形是由连续曲线 $y = f(x)$，$(f(x) \geqslant 0)$，x 轴与两条直线 $x = a$，$x = b$ 所围成的（图 5 - 2）.

　　我们知道

$$矩形面积 = 高 \times 底$$

　　矩形的高是不变的，而曲边梯形在底边上各点处的高 $f(x)$ 在区间 $[a,b]$ 上是变动的，因此它的面积不能直接由上述面积公式来定义和计算，但在很小一段区间上它的变化是很小的，近似于不变. 如果我们把区间 $[a,b]$ 划分为许多小区间，在每个小区间上用其中某一点处的高来近似代替同一个小区间上的窄曲边梯形的变高，那么，每个窄曲边梯形就可以近似地看成窄矩形. 我们就把所有这些窄矩形面积之和作为曲边梯形面积的近似值，并把区间 $[a,b]$ 无限细分，使得每个小区间都缩向一点，即其长度趋于零，这时所有窄矩形面积之和的极限就可以定义为曲边梯形的面积.

　　现将曲边梯形（图 5 - 2）的面积的计算详述如下.

　　(1)分割　在区间 $[a,b]$ 中任意插入 $n - 1$ 个分点

$$a = x_0 < x_1 < x_2 < \cdots < x_{n-1} < x_n = b$$

把 $[a,b]$ 分成 n 个小区间

$$[x_0,x_1],[x_1,x_2],\cdots,[x_{n-1},x_n]$$

这些小区间的长度分别记为

$$\Delta x_1 = x_1 - x_0, \Delta x_2 = x_2 - x_1, \cdots, \Delta x_n = x_n - x_{n-1}$$

　　过每个分点 $x_i(i = 1,2,\cdots,n-1)$ 作 x 轴垂线，把曲边梯形 $AabB$ 分成 n 个窄曲边梯形，如图 5 - 2. 用 S 表示曲边梯形 $AabB$ 的面积，ΔS_i 表示第 i 个窄曲边梯形的面积，则有

$$S_n = \Delta S_1 + \Delta S_2 + \cdots + \Delta S_n = \sum_{i=1}^{n} \Delta S_i$$

　　(2)近似代替　在每个小区间 $[x_{i-1},x_i](i = 1,2,\cdots,n)$ 内任取一点 ξ_i，过点 ξ_i 作 x 轴的垂线与曲边交于点 $P_i(\xi_i,f(\xi_i))$，以 Δx_i 为底，$f(\xi_i)$ 为高作矩形，取这个矩形的面积 $f(\xi_i)\Delta x_i$ 作为 ΔS_i 近似值，即

$$\Delta S_i \approx f(\xi_i)\Delta x_i \qquad (i = 1,2,\cdots,n)$$

　　(3)求和　$S_n = f(\xi_1)\Delta x_1 + f(\xi_2)\Delta x_2 + \cdots + f(\xi_n)\Delta x_n = \sum_{i=1}^{n} f(\xi_i)\Delta x_i$

　　(4)取极限　用 $\Delta x = \max\{\Delta x_1, \Delta x_2, \cdots, \Delta x_n\}$ 表示所有小区间中最大区间的长度，当分点数 n 无限增大而 Δx 趋于 0 时，总和 S_n 的极限值就定义为曲边梯形 $AabB$ 的面积 S，即

$$S = \lim_{\Delta x \to 0} \sum_{i=1}^{n} f(\xi_i)\Delta x_i$$

2. 变速直线运动的路程

　　设一物体作直线运动，已知速度 $v(t)$ 是时间间隔 $[a,b]$ 上的一个连续函数，求从 a 到 b 这段时间内物体通过的路程 s. 由于物体作变速直线运动，不能用匀速运动路程公式

$s = vt$ 去求路程,我们用上例类似的四个步骤去求.

(1)分割　任意分割 $[a,b]$ 为 n 个小区间,设分点为
$$a = t_0 < t_1 < t_2 < \cdots < t_{n-1} < t_n = b$$
每个小区间的长为　$\Delta t_i = t_i - t_{i-1}(i = 1,2,\cdots,n)$,物体在第 i 个时间间隔 $[t_{i-1},t_i]$ 内所走的路程为 $\Delta s_i(i = 1,2,\cdots,n)$.

(2)近似代替　在第 i 个时间间隔 $[t_{i-1},t_i]$ 上任取一时刻 ξ_i,以速度 $v(\xi_i)$ 代替时间 $[t_{i-1},t_i]$ 上各个时刻的速度,则有
$$\Delta s_i \approx v(\xi_i)\Delta t_i \quad (i = 1,2,\cdots,n)$$

(3)求和　将所有这些近似值作和,得到总路程 s 的近似值,即
$$s_n = \sum_{i=1}^{n} v(\xi_i)\Delta t_i$$

(4)取极限　对时间间隔 $[a,b]$ 分得越细,误差就越小,于是记 $\Delta t = \max\{\Delta t_i\}(i = 1,2,\cdots,n)$,当 $\Delta t \to 0$ 时,和式 $\sum_{i=1}^{n} v(\xi_i)\Delta t_i$ 的极限值就是所求路程 s,即
$$s = \lim_{\Delta t \to 0} \sum_{i=1}^{n} v(\xi_i)\Delta t_i$$

二、定积分的定义

以上两个实例虽然实际意义不同,但都可以归结为求同一结构的总和的极限.抛开问题的具体意义,抓住它们在数量关系上的本质与特征加以概括,抽象出定积分的定义.

定义 5.1　如果函数 $f(x)$ 在区间 $[a,b]$ 上有定义,用点
$$a = x_0 < x_1 < x_2 < \cdots < x_{n-1} < x_n = b$$
把 $[a,b]$ 分成 n 个小区间
$$[x_0,x_1],[x_1,x_2],\cdots,[x_{n-1},x_n]$$
这些小区间的长度分别记为
$$\Delta x_1 = x_1 - x_0, \Delta x_2 = x_2 - x_1, \cdots, \Delta x_n = x_n - x_{n-1}$$

在每个小区间 $[x_{i-1},x_i]$ 上任取一点 ξ_i,作函数值 $f(\xi_i)$ 与小区间长度 Δx_i 的乘积 $f(\xi_i)\Delta x_i(i = 1,2,\cdots,n)$,并作和
$$S_n = \sum_{i=1}^{n} f(\xi_i)\Delta x_i$$

记　$\Delta x = \max\{\Delta x_1, \Delta x_2, \cdots, \Delta x_n\}$,如果不论对 $[a,b]$ 怎样分法,也不论在小区间 $[x_{i-1},x_i]$ 上点 ξ_i 怎样取法,只要当 $\Delta x \to 0$ 时,和式 S_n 的极限存在,这时我们称这个极限值为函数 $f(x)$ 在区间 $[a,b]$ 上的定积分,记作 $\displaystyle\int_a^b f(x)\,dx$,即
$$\int_a^b f(x)\,dx = \lim_{\Delta x \to 0} \sum_{i=1}^{n} f(\xi_i)\Delta x_i$$
其中,$f(x)$ 称为被积函数,$f(x)dx$ 称为被积表达式,x 称为积分变量,a 称为积分下限,b 称

为积分上限,$[a,b]$称为积分区间.

按定积分定义,图 5－2 表示的曲边梯形的面积 S 可用定积分表示为:

$$S = \int_a^b f(x)\,dx \quad (f(x) \geqslant 0)$$

注意　(1)如果积分和式的极限存在,则此极限是个常量,它只与被积函数 $f(x)$ 的表达式以及积分区间 $[a,b]$ 有关,而与积分变量用什么字母表示无关,即有

$$\int_a^b f(x)\,dx = \int_a^b f(t)\,dt$$

(2)在定积分定义中,我们假定 $a < b$,如果 $b < a$,我们规定

$$\int_a^b f(x)\,dx = -\int_b^a f(x)\,dx$$

特别地,当 $a = b$ 时,有

$$\int_a^a f(x)\,dx = 0$$

(3)函数 $f(x)$ 在 $[a,b]$ 上满足怎样的条件,$f(x)$ 在 $[a,b]$ 上可积? 这个问题我们只给出以下两个充分条件,它们的证明已超出本书范围,所以略去.

结论 1　设 $f(x)$ 在区间 $[a,b]$ 上连续,则 $f(x)$ 在 $[a,b]$ 上可积.

结论 2　设 $f(x)$ 在区间 $[a,b]$ 上有界,且只有有限个间断点,则 $f(x)$ 在 $[a,b]$ 上可积.

习题 5.1

利用定积分的几何意义求下列定积分:

1. $\displaystyle\int_a^b dx$;　　　　　2. $\displaystyle\int_{-\pi}^{\pi} \sin x\,dx$;　　　　　3. $\displaystyle\int_{-2}^{2} \sqrt{4-x^2}\,dx$

§5.2　定积分的性质

下面我们讨论定积分的性质,下列各性质中积分上下限的大小,如不特别指明,均不加限制;并假设各性质中所列出的定积分都是存在的.

性质 1　函数的和(差)的定积分等于它们的定积分的和(差),即

$$\int_a^b [f(x) \pm g(x)]\,dx = \int_a^b f(x)\,dx \pm \int_a^b g(x)\,dx$$

因为　　　$\displaystyle\int_a^b [f(x) \pm g(x)]\,dx = \lim_{\Delta x \to 0} \sum_{i=1}^n [f(\xi_i) \pm g(\xi)]\Delta x_i$

$$= \lim_{\Delta x \to 0} \sum_{i=1}^{n} f(\xi_i) \Delta x_i \pm \lim_{\Delta x \to 0} \sum_{i=1}^{n} g(\xi_i) \Delta x_i$$

$$= \int_a^b f(x)\,dx \pm \int_a^b g(x)\,dx$$

这个性质可以推广到有限个函数的和(差)的情况.

性质2　被积函数的常数因子可以提到积分号外面,即

$$\int_a^b kf(x)\,dx = k \int_a^b f(x)\,dx \qquad (k \text{ 是常数})$$

这是由于

$$\int_a^b kf(x)\,dx = \lim_{\Delta x \to 0} \sum_{i=1}^{n} kf(\xi_i) \Delta x_i$$

$$= k \lim_{\Delta x \to 0} \sum_{i=1}^{n} f(\xi_i) \Delta x_i$$

$$= k \int_a^b f(x)\,dx$$

性质3　若将积分区间分成两部分,则在整个区间上的定积分等于这两部分区间上定积分之和,即设 $a < c < b$,则

$$\int_a^b f(x)\,dx = \int_a^c f(x)\,dx + \int_c^b f(x)\,dx$$

因为函数 $f(x)$ 在区间 $[a,b]$ 上可积,所以不论把 $[a,b]$ 怎样分,积分和的极限总是不变的. 因此,我们在分区间时,可以使 c 永远是分点,那么,$[a,b]$ 上的积分和等于 $[a,c]$ 上的积分与 $[c,b]$ 上的积分之和,记为

$$\sum_{[a,b]} f(\xi_i) \Delta x_i = \sum_{[a,c]} f(\xi_i) \Delta x_i + \sum_{[c,b]} f(\xi_i) \Delta x_i$$

令 $\Delta x \to 0$,上式两端同时取极限,即得

$$\int_a^b f(x)\,dx = \int_a^c f(x)\,dx + \int_c^b f(x)\,dx$$

此性质亦称为定积分的可加性.

由定积分的补充说明,我们有:不论 a,b,c 相对位置如何,总有等式

$$\int_a^b f(x)\,dx = \int_a^c f(x)\,dx + \int_c^b f(x)\,dx$$

成立.

若 $a < b < c$,由于

$$\int_a^c f(x)\,dx = \int_a^b f(x)\,dx + \int_b^c f(x)\,dx = \int_a^b f(x)\,dx - \int_c^b f(x)\,dx$$

于是得

$$\int_a^b f(x)\,dx = \int_a^c f(x)\,dx + \int_c^b f(x)\,dx$$

性质4 若在区间 $[a,b]$ 上，$f(x) \equiv 1$，则

$$\int_a^b 1\,dx = \int_a^b dx = b - a$$

此性质读者可以自行证明.

性质5 若函数 $f(x)$ 与 $g(x)$ 在区间 $[a,b]$ 上总满足条件 $f(x) \leqslant g(x)$，则

$$\int_a^b f(x)\,dx \leqslant \int_a^b g(x)\,dx$$

因为 $\quad \int_a^b g(x)\,dx - \int_a^b f(x)\,dx = \int_a^b [g(x) - f(x)]\,dx = \lim_{\Delta x \to 0} \sum_{i=1}^n [g(\xi_i) - f(\xi_i)]\Delta x_i$

由于 $\quad g(\xi_i) - f(\xi_i) \geqslant 0, \Delta x_i \geqslant 0 \quad (i = 1,2,\cdots,n)$

所以 $\quad \lim_{\Delta x \to 0} \sum_{i=1}^n [g(\xi_i) - f(\xi_i)]\Delta x_i \geqslant 0$

因此 $\quad\quad\quad\quad\quad\quad\quad \int_a^b g(x)\,dx \geqslant \int_a^b f(x)\,dx$

即 $\quad\quad\quad\quad\quad\quad\quad\quad \int_a^b f(x)\,dx \leqslant \int_a^b g(x)\,dx$

性质6 设 M 及 m 分别是函数 $f(x)$ 在区间 $[a,b]$ 上的最大值及最小值，则

$$m(b-a) \leqslant \int_a^b f(x)\,dx \leqslant M(b-a) \quad (a < b)$$

因为 $m \leqslant f(x) \leqslant M$，所以由性质5 得 $\quad \int_a^b m\,dx \leqslant \int_a^b f(x)\,dx \leqslant \int_a^b M\,dx$

再由性质2、性质4 得 $\quad m(b-a) \leqslant \int_a^b f(x)\,dx \leqslant M(b-a)$

此性质说明，由被积函数在积分区间上的最大值及最小值，可以估计定积分值的范围.

例如，定积分 $\int_{\frac{1}{2}}^1 x^4\,dx$，它的被积函数 $f(x) = x^4$ 在积分区间 $[\frac{1}{2},1]$ 上是单调增加的，于是 $f(x) = x^4$ 在 $[\frac{1}{2},1]$ 上的最小值为 $m = (\frac{1}{2})^4 = \frac{1}{16}$，最大值 $M = (1)^4 = 1$，由性质6 得

$$\frac{1}{16}(1 - \frac{1}{2}) \leqslant \int_{\frac{1}{2}}^1 x^4\,dx \leqslant 1 \cdot (1 - \frac{1}{2})$$

即 $\quad\quad\quad\quad\quad\quad\quad\quad \frac{1}{32} \leqslant \int_{\frac{1}{2}}^1 x^4\,dx \leqslant \frac{1}{2}$

性质 6 的几何解释是:由曲线 $y=f(x)$,$x=a$,$x=b$ 和 x 轴所围成的曲边梯形面积,介于以 $[a,b]$ 为底,以最小纵坐标 m 为高的矩形面积及最大纵坐标 M 为高的矩形面积之间. 如图5 –3.

性质 7(定积分中值定理)　若函数 $f(x)$ 在闭区间 $[a,b]$ 上连续,则在积分区间 $[a,b]$ 上至少存在一点 ξ,使得下面等式成立:

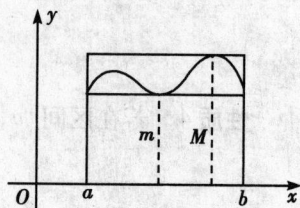

图 5 – 3

$$\int_a^b f(x)dx = f(\xi)(b-a) \quad (a \le \xi \le b)$$

此公式称为积分中值公式.

证明　由性质 6 中的不等式各除以 $b-a$,得

$$m \le \frac{1}{b-a}\int_a^b f(x)dx \le M$$

此式表明 $\dfrac{1}{b-a}\displaystyle\int_a^b f(x)dx$ 介于 $f(x)$ 的最小值 m 及最大值 M 之间. 根据闭区间上连续函数的介值定理,在 $[a,b]$ 上至少存在一点 ξ,使得函数 $f(x)$ 在点 ξ 处的值与 $\dfrac{1}{b-a}\displaystyle\int_a^b f(x)dx$ 数值相等,即应有

$$\frac{1}{b-a}\int_a^b f(x)dx = f(\xi) \quad (a \le \xi \le b)$$

故

$$\int_a^b f(x)dx = f(\xi)(b-a)$$

中值定理有如下的几何解释:在区间 $[a,b]$ 上至少存在一点 ξ,使得以区间 $[a,b]$ 为底边,以曲线 $y=f(x)$ 为曲边的曲边梯形的面积等于同一底边上高为 $f(\xi)$ 的一个矩形的面积(图5 –4).

显然,不论 $a<b$ 或 $a>b$,积分中值公式

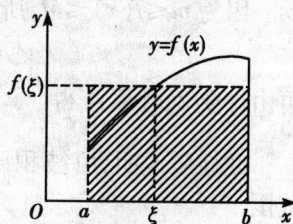

图 5 – 4

$$\int_a^b f(x)dx = f(x)(b-a) \quad (a \le \xi \le b)$$

都成立.

这里 $\dfrac{1}{b-a}\displaystyle\int_a^b f(x)dx$ 称为函数 $f(x)$ 在区间 $[a,b]$ 上的平均值.

习题 5.2

1. 不计算积分，比较下列积分值的大小：

(1) $\int_0^1 x^3 dx$ 与 $\int_0^1 x^2 dx$　　(2) $\int_1^2 x^3 dx$ 与 $\int_0^1 x^2 dx$

(3) $\int_0^1 e^x dx$ 与 $\int_0^1 e^{x^2} dx$　　(4) $\int_0^2 x dx$ 与 $\int_0^2 \sin x dx$

2. 利用定积分的性质 6 估计 $\int_0^1 e^x dx$ 的积分值.

§5.3　微积分学基本公式

由定积分的定义可以看出计算定积分用定义的方法比较麻烦. 如果被积函数是比较复杂的函数，其困难就更大. 因此，我们必须寻求计算定积分的有效方法.

我们知道，原函数概念与作为积分和的极限的定积分概念是从两个完全不同的角度引进来的，那么它们之间有没有关系呢？本节我们就研究这两个概念之间的关系，并通过这个关系，得出利用原函数计算定积分的公式.

一、积分上限的函数及其导数

设函数 $f(x)$ 在区间 $[a,b]$ 上连续，x 为区间 $[a,b]$ 上的任意一点. 现在我们来考查 $f(x)$ 在部分区间 $[a,x]$ 上的定积分 $\int_a^x f(x)dx$.

首先，由于 $f(x)$ 在 $[a,x]$ 上连续，因此这个定积分存在. 这时 x 既表示定积分的上限，又表示积分变量. 因为定积分与积分变量的记法无关，所以，为了明确起见，可以把积分变量改用其他字母，如用 t 表示，则上面定积分可以写成

$$\int_a^x f(t)dt$$

如果上限 x 在区间 $[a,b]$ 上任意变动，则对于每一个取定的 x 值，定积分有一个对应值，所以它在区间 $[a,b]$ 上定义了一个函数，记作 $\Phi(x)$，即

$$\Phi(x) = \int_a^x f(t)dt \qquad x \in [a,b]$$

函数 $\Phi(x)$ 具有以下重要性质.

定理 5.1　若函数 $f(x)$ 在区间 $[a,b]$ 上连续,则积分上限的函数

$$\Phi(x) = \int_a^x f(t)\,dt$$

在 $[a,b]$ 上具有导数,并且它的导数是

$$\Phi'(x) = \frac{d}{dx}\int_a^x f(t)\,dt = f(x) \quad x \in [a,b]$$

证明　当上限 x 取得改变量 Δx(图 $5-5$,$\Delta x > 0$)时,$\Phi(x)$ 在 $x+\Delta x$ 处的函数值为

$$\Phi(x+\Delta x) = \int_a^{x+\Delta x} f(t)\,dt$$

于是得到函数的改变量

$$
\begin{aligned}
\Delta\Phi &= \Phi(x+\Delta x) - \Phi(x) \\
&= \int_a^{x+\Delta x} f(t)\,dt - \int_a^x f(t)\,dt \\
&= \int_a^x f(t)\,dt + \int_x^{x+\Delta x} f(t)\,dt - \int_a^x f(t)\,dt \\
&= \int_x^{x+\Delta x} f(t)\,dt
\end{aligned}
$$

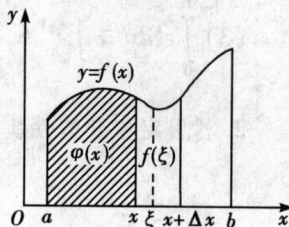

由积分中值定理,即有等式　　$\Delta\Phi = f(\xi)\Delta x \quad \xi \in [x, x+\Delta x]$

于是　　　　　　　　　　　　$\dfrac{\Delta\Phi}{\Delta x} = f(\xi)$

由于假设 $f(x)$ 在 $[a,b]$ 上连续,而 $\Delta x \to 0$ 时,$\xi \to x$,因此 $\lim\limits_{\Delta x\to 0} f(\xi) = f(x)$. 于是,令 $\Delta x \to 0$ 对上式两端取极限时,左端的极限也存在且等于 $f(x)$,即 $\Phi(x)$ 的导数存在,并且 $\Phi'(x) = f(x)$.

由定理 5.1 可知,$\Phi(x)$ 是连续函数 $f(x)$ 的一个原函数. 因此,引出如下的原函数存在定理.

定理 5.2　若函数 $f(x)$ 在区间 $[a,b]$ 上连续,则函数

$$\Phi(x) = \int_a^x f(t)\,dt$$

就是 $f(x)$ 在 $[a,b]$ 上的一个原函数.

例 1　求导数 $\dfrac{d}{dx}\displaystyle\int_0^1 \sin e^x\,dx$

解　由于定积分 $\displaystyle\int_0^1 \sin e^x\,dx$ 是常数.

所以　　　$\dfrac{d}{dx}\displaystyle\int_0^1 \sin e^x\,dx = 0$

图 $5-5$

例2　求导数 $\dfrac{d}{dx}\displaystyle\int_0^x \sin e^t dt$

解　由于 $\displaystyle\int_0^x \sin e^t dt$ 是变上限定积分,为积分上限 x 的函数,由定理5.2

有 $\dfrac{d}{dx}\displaystyle\int_0^x \sin e^t dt = \sin e^x.$

例3　求导数 $\dfrac{d}{dx}\displaystyle\int_x^0 \sin e^t dt$

解　由于 $\displaystyle\int_x^0 \sin e^t dt$ 是变下限定积分,因此不能直接应用定理5.2求它的导数. 可以首先把它化为变上限定积分,然后应用定理5.2求它的导数,所以

$$\frac{d}{dx}\int_x^0 \sin e^t dt = -\frac{d}{dx}\int_0^x \sin e^t dt = -\sin e^x$$

例4　求导数 $\dfrac{d}{dx}\displaystyle\int_0^{\sqrt{x}} \sin e^t dt$

解　由于变上限定积分 $\displaystyle\int_0^{\sqrt{x}} \sin e^t dt$ 是积分上限 $\sqrt{x}$ 的函数,而积分上限 $\sqrt{x}$ 又为自变量 x 的函数,于是变上限定积分 $\displaystyle\int_0^{\sqrt{x}} \sin e^t dt$ 为自变量 x 的复合函数. 根据复合函数导数运算法则,有

$$\frac{d}{dx}\int_0^{\sqrt{x}} \sin e^t dt = \sin e^{\sqrt{x}}\frac{1}{2\sqrt{x}} = \frac{\sin e^{\sqrt{x}}}{2\sqrt{x}}$$

例5　求 $\dfrac{d}{dx}\displaystyle\int_x^{x^2} \sin t dt$

解

$$\begin{aligned}
\frac{d}{dx}\int_x^{x^2} \sin t dt &= \frac{d}{dx}\Big[\int_x^0 \sin t dt + \int_0^{x^2} \sin t dt\Big]\\
&= -\frac{d}{dx}\int_0^x \sin t dt + \frac{d}{dx}\int_0^{x^2} \sin t dt\\
&= -\sin x + \sin x^2 \cdot 2x\\
&= 2x\sin x^2 - \sin x
\end{aligned}$$

例6　已知变上限定积分 $\displaystyle\int_a^x f(t) dt = 5x^3 + 40$,求 $f(x)$ 与 a.

解　对关系式 $\displaystyle\int_a^x f(t) dt = 5x^3 + 40$ 两端同对自变量求导

得到　　$f(x) = 15x^2$

关系式 $\int_a^x f(t)dt = 5x^3 + 40$ 在 $x = a$ 处当然是成立的, 有 $\int_a^a f(t)dt = 5a^3 + 40$.

根据定积分的定义有　$0 = 5a^3 + 40$,

得到　　$a = -2$.

例7　求极限 $\lim\limits_{x \to 0} \dfrac{\displaystyle\int_0^x \cos^2 t\,dt}{x}$

解　当 $x \to 0$ 时, 变上限定积分 $\displaystyle\int_0^x \cos^2 t\,dt$ 的极限为零, 因而所求极限为 $\dfrac{0}{0}$ 型未定式极限, 可以应用洛必达法则求解.

$$\lim\limits_{x \to 0} \frac{\displaystyle\int_0^x \cos^2 t\,dt}{x} = \lim\limits_{x \to 0} \frac{\cos^2 x}{1} = 1$$

例8　求 $\lim\limits_{x \to 0} \dfrac{\displaystyle\int_0^x e^t\,dt}{x}$

解　此极限是 $\dfrac{0}{0}$ 型的未定式的极限, 应用洛必达法则, 分子、分母同时对 x 求导数, 有

$$\lim\limits_{x \to 0} \frac{\displaystyle\int_0^x e^t\,dt}{x} = \lim\limits_{x \to 0} \frac{e^x}{1} = 1$$

二、牛顿—莱布尼兹公式

下面根据定理 5.2 证明一个重要定理, 它给出了用原函数计算定积分的公式.

定理 5.3　设函数 $f(x)$ 在区间 $[a,b]$ 上连续, 且 $F(x)$ 是 $f(x)$ 的一个原函数, 则

$$\int_a^b f(x)dx = F(b) - F(a)$$

证明　$F(x)$ 是 $f(x)$ 的一个原函数, 由定理 5.2 知 $\Phi(x) = \displaystyle\int_a^x f(t)dt$ 也是 $f(x)$ 的一个原函数

因此　　$\Phi(x) = F(x) + C$　（C 是常数）

由于　　$\Phi(a) = \displaystyle\int_a^a f(t)dt = 0$

所以　　$F(a) + C = 0$

即　　　$C = -F(a)$

于是　　　$\Phi(x) = \int_a^x f(t)\,dt = F(b) - F(a)$

令 $x = b$　则有　　　$\Phi(b) = \int_a^b f(t)\,dt = F(b) - F(a)$

即　　　　　　　$\int_a^b f(x)\,dx = F(b) - F(a)$

于是定理得证.

通常记为　　　$\int_a^b f(x)\,dx = F(x)\,\bigg|_a^b = F(b) - F(a)$

此公式也叫牛顿(Newton)—莱布尼兹(Leibniz)公式或微积分基本公式. 这个公式进一步揭示了定积分与不定积分之间的关系. 即:一个连续函数在区间$[a,b]$上的定积分等于它的任一个原函数在区间$[a,b]$上的增量. 这样就简化了定积分的计算.

牛顿—莱布尼兹公式揭示了定积分与不定积分的内在联系,把求定积分归结为求原函数,使得定积分的计算简单了,从而为定积分的广泛应用提供了必要的条件.

在计算定积分时,应当明确:积分变量从积分下限变化到积分上限,在积分区间上取值.

若能直接应用不定积分基本公式或第一换元积分法则求原函数,则直接应用牛顿—莱布尼兹公式求定积分.

例9　计算 $\int_0^1 x^2\,dx$

解　由于 $\dfrac{x^3}{3}$ 是 x^2 的一个原函数,由牛顿—莱布尼兹公式有

$$\int_0^1 x^2\,dx = \frac{x^3}{3}\,\bigg|_0^1 = \frac{1^3}{3} - \frac{0^3}{3} = \frac{1}{3}$$

例10　$\displaystyle\int_0^2 \sqrt{x}\,dx = \frac{2}{3}\sqrt{x^3}\,\bigg|_0^2 = \frac{2}{3}(2\sqrt{2} - 0) = \frac{4\sqrt{2}}{3}$

例11　$\displaystyle\int_1^e \frac{1}{x}\,dx = \ln x\,\bigg|_1^e = \ln e - \ln 1 = 1$

例12　$\displaystyle\int_0^1 e^x\,dx = e^x\,\bigg|_0^1 = e - 1$

例13　$\displaystyle\int_0^\pi \cos^2\frac{x}{2}\,dx = \int_0^\pi \frac{1 + \cos x}{2}\,dx = \frac{1}{2}(x + \sin x)\,\bigg|_0^\pi = \frac{\pi}{2}$

例14　$\displaystyle\int_0^{\frac{\pi}{4}} \tan^2 x\,dx = \int_0^{\frac{\pi}{4}} (\sec^2 x - 1)\,dx = (\tan x - x)\,\bigg|_0^{\frac{\pi}{4}} = 1 - \frac{\pi}{4}$

例 15　$\displaystyle\int_0^1 \frac{1}{1+x^2}dx = (\arctan x)\,\Big|_0^1 = \arctan 1 - \arctan 0 = \frac{\pi}{4}$

例 16　$\displaystyle\int_{-1}^1 (x-1)^3 dx = \int_{-1}^1 (x-1)^3 d(x-1) = \frac{1}{4}(x-1)^4\,\Big|_{-1}^1 = \frac{1}{4}(0-16) = -4$

例 17　$\displaystyle\int_{-3}^0 \frac{1}{\sqrt{1-x}}dx = -\int_{-3}^0 \frac{1}{\sqrt{1-x}}d(1-x) = -2\sqrt{1-x}\,\Big|_{-3}^0 = -2(1-2) = 2$

例 18　$\displaystyle\int_0^\pi \sin 2x\,dx = \frac{1}{2}\int_0^\pi \sin 2x\,d2x = -\frac{1}{2}\cos 2x\,\Big|_0^\pi = 0$

例 19　$\displaystyle\int_1^e \frac{\ln x}{x}dx = \int_1^e \ln x\,d\ln x = \frac{1}{2}\ln^2 x\,\Big|_1^e = \frac{1}{2}(1-0) = \frac{1}{2}$

例 20　$\displaystyle\int_0^{\sqrt{a}} xe^{x^2}dx = \frac{1}{2}\int_0^{\sqrt{a}} e^{x^2}dx^2 = \frac{1}{2}e^{x^2}\,\Big|_0^{\sqrt{a}} = \frac{1}{2}(e^a - e^0) = \frac{1}{2}(e^a - 1)$

例 21　计算　$\displaystyle\int_1^3 |2-x|\,dx$

解　因为 $|2-x| = \begin{cases} 2-x & x \leqslant 2 \\ x-2 & x > 2 \end{cases}$

由定积分的可加性,有

$$\int_1^3 |2-x|\,dx = \int_1^2 (2-x)\,dx + \int_2^3 (x-2)\,dx$$

$$= \left(2x - \frac{1}{2}x^2\right)\Big|_1^2 + \left(\frac{1}{2}x^2 - 2x\right)\Big|_2^3 = \frac{1}{2} + \frac{1}{2} = 1$$

在应用不定积分第一换元积分法则求原函数的过程中,是自变量 x 从积分下限变化到积分上限,而不是中间变量 u 从积分下限变化到积分上限.

在应用牛顿—莱布尼兹公式求定积分时,必须注意被积函数在积分区间上连续这个条件,否则会出现错误.

习题 5.3

1. 计算:

(1) $\displaystyle\frac{d}{dx}\int_0^1 \sin x^2 dx$

(2) $\displaystyle\frac{d}{dx}\int_0^x \sin t^2 dt$

(3) $\displaystyle\frac{d}{dx}\int_x^0 \sin t^2 dt$

(4) $\displaystyle\frac{d}{dx}\int_0^{\sqrt{x}} \sin t^2 dt$

(5) $\displaystyle\frac{d}{dx}\int_0^{x^2} \sin t^2 dt$

2. 已知 $\int_0^x f(t)\,dt = \ln(1+x^2)$，求 $f(x)$.

3. 求下列极限：

(1) $\lim\limits_{x\to 0} \dfrac{\int_0^x e^t\,dt}{\sin x}$

(2) $\lim\limits_{x\to 0} \dfrac{\int_0^x e^{\sin t}\,dt}{x}$

(3) $\lim\limits_{x\to 0} \dfrac{\int_0^x \cos^2 t\,dt}{\sin x}$

(4) $\lim\limits_{x\to 0} \dfrac{\int_0^x \ln(1+t)\,dt}{x}$

4. 求下列定积分：

(1) $\displaystyle\int_1^2 \dfrac{1}{x^3}\,dx$

(2) $\displaystyle\int_0^{\frac{\pi}{3}} \dfrac{\sin 2x}{\cos x}\,dx$

(3) $\displaystyle\int_{-3}^{-2} (x+3)^{10}\,dx$

(4) $\displaystyle\int_{-1}^{0} \dfrac{1}{\sqrt{1-x}}\,dx$

(5) $\displaystyle\int_0^4 \dfrac{1}{3x+2}\,dx$

(6) $\displaystyle\int_1^2 e^{-x}\,dx$

(7) $\displaystyle\int_0^{\pi} \cos 2x\,dx$

(8) $\displaystyle\int_0^1 \dfrac{1}{\sqrt{4-x^2}}\,dx$

(9) $\displaystyle\int_0^1 x^2(x^3-1)^4\,dx$

(10) $\displaystyle\int_1^e \dfrac{\ln^3 x}{x}\,dx$

(11) $\displaystyle\int_0^1 \dfrac{x}{(1+x^2)^3}\,dx$

(12) $\displaystyle\int_{-1}^0 \sqrt{1-e^x}\,e^x\,dx$

(13) $\displaystyle\int_1^2 \dfrac{e^{\frac{1}{x}}}{x^2}\,dx$

(14) $\displaystyle\int_0^{\pi} e^{\sin x}\cos x\,dx$

(15) $\displaystyle\int_0^{\frac{\pi^2}{9}} \dfrac{\sin\sqrt{x}}{\sqrt{x}}\,dx$

(16) $\displaystyle\int_0^1 e^x\cos e^x\,dx$

§5.4　定积分的换元积分法

在第四章中，我们已知道用换元积分法可以求出一些函数的原函数. 因此，对应于不定积分第二换元积分法则，有定积分换元积分法则.

定理 5.4　假设

(1) 函数 $f(x)$ 在区间 $[a,b]$ 上连续；

(2)函数 $x = \varphi(t)$ 在区间 $[\alpha, \beta]$ 上是单值的,且有连续导数;

(3)当 t 在区间 $[\alpha, \beta]$ 上变化时, $x = \varphi(t)$ 的值在 $[a, b]$ 上变化,且 $\varphi(\alpha) = a, \varphi(\beta) = b$.

则有
$$\int_a^b f(x)dx = \int_\alpha^\beta f[\varphi(t)]\varphi'(t)dt$$

此公式称为定积分的换元公式.

证明 若 $f(x)dx = F(x) + C$,由不定积分的换元公式有

$$\int f[\varphi(t)]\varphi'(t)dt = F[\varphi(t)] + C$$

于是有
$$\int_a^b f(x)dx = F(x)\Big|_a^b$$
$$= F(b) - F(a)$$
$$= F[\varphi(\beta)] - F[\varphi(\alpha)]$$
$$= \int_\alpha^\beta f[\varphi(t)]\varphi'(t)dt$$

从左往右方向使用换元积分公式,相当于不定积分的第二类换元积分法;从右往左方向使用换元积分公式,相当于不定积分的第一类换元积分法.

显然,换元积分公式对于 $\alpha > \beta$ 也是适用的.

注意 (1)用 $x = \varphi(t)$ 把原来变量 x 代换成新变量 t 时,积分限也要换成相应于新变量 t 的积分限;

(2)求出 $f[\varphi(t)]\varphi'(t)$ 的一个原函数 $\Phi(t)$ 后,不必像计算不定积分那样再把 $\Phi(t)$ 变成原来变量 x 的函数,而只要把新变量 t 的上、下限分别代入 $\Phi(t)$ 中然后相减就行了.

例 1 求积分 $\int_0^8 \dfrac{dx}{1 + \sqrt[3]{x}}dx$

解 令 $t = \sqrt[3]{x}, x = t^3$

则 $dx = 3t^2 dt$

当 t 从 0 变到 2 时, x 从 0 变到 8,

所以 $\int_0^8 \dfrac{dx}{1 + \sqrt[3]{x}}dx = \int_0^2 \dfrac{3t^2}{1+t}dt = 3\int_0^2 \dfrac{(t^2-1)+1}{1+t}dt = 3\left[\dfrac{1}{2}t^2 - t + \ln(1+t)\right]\Big|_0^2 = 3\ln 3$

例 2 $\displaystyle\int_{\frac{1}{2}}^1 \dfrac{\sqrt{2x-1}}{x}dx$

解 令 $t = \sqrt{2x-1}$,即 $x = \dfrac{1}{2}(t^2+1)$ 则 $dx = tdt$,

当 $x = \dfrac{1}{2}$ 时, $t = 0$;当 $x = 1$ 时, $t = 1$,

所以 原式 $= \displaystyle\int_0^1 \dfrac{t}{\frac{1}{2}(t^2+1)}tdt = 2\int_0^1 \dfrac{t^2}{t^2+1}dt$

$$= 2 \int_0^1 \left(1 - \frac{1}{1+t^2} \right) dt = 2 \left(t - \arctan t \right) \Big|_0^1$$

$$= 2 \left[\left(1 - \arctan 1 \right) - \left(0 - \arctan 0 \right) \right] = 2 - \frac{\pi}{2}$$

例3 计算 $\int_0^a \sqrt{a^2 - x^2} dx$ （$a > 0$）

解 设 $x = a\sin t$,

则 $dx = a \cos t dt$ 且当 $x = 0$ 时, $t = 0$; 当 $x = a$ 时, $t = \frac{\pi}{2}$,

于是 $\int_0^a \sqrt{a^2 - x^2} dx = a^2 \int_0^{\frac{\pi}{2}} \cos^2 t dt$

$$= \frac{a^2}{2} \int_0^{\frac{\pi}{2}} \left(1 + \cos 2t \right) dt$$

$$= \frac{a^2}{2} \left(t + \frac{1}{2} \sin 2t \right) \Big|_0^{\frac{\pi}{2}}$$

$$= \frac{1}{4} \pi a^2$$

例4 $\int_0^{\frac{1}{2}} \frac{x^2}{\sqrt{(1-x^2)^3}} dx$

解 令 $x = \sin t$, 则 $dx = \cos t dt$.

当 $x = 0$ 时, $t = 0$; $x = \frac{1}{2}$ 时, $t = \frac{\pi}{6}$,

$$原式 = \int_0^{\frac{\pi}{6}} \frac{\sin^2 t}{\sqrt{(1-\sin^2 t)^3}} \cos t dt = \int_0^{\frac{\pi}{6}} \tan^2 t dt = \int_0^{\frac{\pi}{6}} \left(\sec^2 t - 1 \right) dt$$

$$= \left(\tan t - t \right) \Big|_0^{\frac{\pi}{6}} = \left(\frac{\sqrt{3}}{3} - \frac{\pi}{6} \right) - \left(0 - 0 \right) = \frac{\sqrt{3}}{3} - \frac{\pi}{6}$$

例5 证明: (1) 若 $f(x)$ 在 $[-a, a]$ 上连续, 且为偶函数, 则

$$\int_{-a}^a f(x) dx = 2 \int_0^a f(x) dx$$

(2) 若 $f(x)$ 在 $[-a, a]$ 上连续, 且为奇函数, 则

$$\int_{-a}^a f(x) dx = 0$$

证明 因为 $\int_{-a}^a f(x) dx = \int_{-a}^0 f(x) dx + \int_0^a f(x) dx$

对积分 $\int_{-a}^{0} f(x)\,dx$ 作代换 $x = -t$,

得　　$\int_{-a}^{0} f(x)\,dx = -\int_{a}^{0} f(-t)\,dt = \int_{0}^{a} f(-t)\,dt = \int_{0}^{a} f(-x)\,dx$

于是　$\int_{-a}^{a} f(x)\,dx = \int_{-a}^{0} f(x)\,dx + \int_{0}^{a} f(x)\,dx$

$$= \int_{0}^{a} f(-x)\,dx + \int_{0}^{a} f(x)\,dx$$

$$= \int_{0}^{a} \left[f(-x) + f(x) \right]\,dx$$

（1）若 $f(x)$ 为偶函数,即 $f(-x) = f(x)$,则

$$f(-x) + f(x) = 2f(x)$$

从而　　　　　　　　　$\int_{-a}^{a} f(x)\,dx = 2\int_{0}^{a} f(x)\,dx$

（2）若 $f(x)$ 为奇函数,即 $f(-x) = -f(x)$,则

$$f(-x) + f(x) = f(x) - f(x) = 0$$

从而　　　　　　　　　$\int_{-a}^{a} f(x)\,dx = 0$

此结论常可简化计算偶函数、奇函数在对称于原点的区间上的定积分.

例6　求定积分 $\int_{-2}^{2} \dfrac{\sin x}{1 + x^2}\,dx$

解　对于被积函数 $f(x) = \dfrac{\sin x}{1 + x^2}$

因为　　$f(-x) = \dfrac{\sin(-x)}{1 + (-x)^2} = -\dfrac{\sin x}{1 + x^2} = -f(x)$

所以　　$f(x) = \dfrac{\sin x}{1 + x^2}$ 为奇函数,

因而　　　　　　　　　$\int_{-2}^{2} \dfrac{\sin x}{1 + x^2}\,dx = 0$

例7　求定积分 $\int_{-1}^{1} (x^5 + 5x^4 - 3x - 7)\,dx$

解　尽管被积函数 $f(x) = x^5 + 5x^4 - 3x - 7$ 为非奇非偶函数,但其中 $x^5 - 3x$ 为奇函数,$5x^4 - 7$ 为偶函数,所以

$$\int_{-1}^{1} (x^5 + 5x^4 - 3x - 7)\,dx = 2\int_{0}^{1} (5x^4 - 7)\,dx = 2(x^5 - 7x)\,\Big|_{0}^{1} = -12$$

习题 5.4

求下列定积分:

1. $\displaystyle\int_0^1 x\sqrt{x-3}\,dx$;

2. $\displaystyle\int_0^{27} \frac{1}{\sqrt[3]{x}+1}\,dx$;

3. $\displaystyle\int_1^4 \frac{1}{\sqrt{x}+x}\,dx$;

4. $\displaystyle\int_1^4 \frac{\sqrt{x-1}}{x}\,dx$.

§5.5 定积分的分部积分法

计算不定积分有分部积分法,相应地计算定积分也有分部积分法. 设函数 $u(x)$、$v(x)$ 在区间 $[a,b]$ 上具有连续导数 $u'(x)$、$v'(x)$,则有 $(uv)' = u'v + uv'$

等式两端在 $[a,b]$ 上取定积分,并注意 $\displaystyle\int_a^b (uv)'\,dx = uv\Big|_a^b$

得
$$uv\Big|_a^b = \int_a^b (u'v)\,dx + \int_a^b (uv')\,dx$$

移项 有
$$\int_a^b uv'\,dx = uv\Big|_a^b - \int_a^b u'v\,dx \quad \text{或写成} \quad \int_a^b u\,dv = uv\Big|_a^b - \int_a^b v\,du$$

这就是定积分的分部积分公式.

例1 求定积分 $\displaystyle\int_1^5 \ln x\,dx$

解 令 $u = \ln x, dv = dx$,

则 $du = \dfrac{1}{x}\,dx, v = x$

于是
$$\int_1^5 \ln x\,dx = x\ln x\Big|_1^5 - \int_1^5 x\,\frac{1}{x}\,dx = 5\ln 5 - x\Big|_1^5 = 5\ln 5 - 4$$

例2 求定积分 $\displaystyle\int_0^1 xe^x\,dx$

解
$$\int_0^1 xe^x\,dx = \int_0^1 x\,de^x = xe^x\Big|_0^1 - \int_0^1 e^x\,dx$$
$$= e - e^x\Big|_0^1 = e - (e-1) = 1$$

例 3　求定积分 $\displaystyle\int_0^{\frac{\pi}{6}}(x+3)\sin3xdx$.

解　$\displaystyle\int_0^{\frac{\pi}{6}}(x+3)\sin3xdx = -\frac{1}{3}\int_0^{\frac{\pi}{6}}(x+3)d\cos3x$

$$= -\frac{1}{3}(x+3)\cos3x\Big|_0^{\frac{\pi}{6}} + \frac{1}{3}\int_0^{\frac{\pi}{6}}\cos3xdx$$

$$= 1 + \frac{1}{9}\int_0^{\frac{\pi}{6}}\cos3xd(3x) = 1 + \frac{1}{9}\sin3x\Big|_0^{\frac{\pi}{6}}$$

$$= 1 + \frac{1}{9} = \frac{10}{9}$$

例 4　求定积分 $\displaystyle\int_0^{\frac{1}{2}}\arcsin xdx$

解　$\displaystyle\int_0^{\frac{1}{2}}\arcsin xdx = (x\arcsin x)\Big|_0^{\frac{1}{2}} - \int_0^{\frac{1}{2}}\frac{x}{\sqrt{1-x^2}}dx$

$$= \frac{1}{2}\cdot\frac{\pi}{6} + \frac{1}{2}\int_0^{\frac{1}{2}}\frac{d(1-x^2)}{\sqrt{1-x^2}}$$

$$= \frac{\pi}{12} + \sqrt{1-x^2}\Big|_0^{\frac{1}{2}}$$

$$= \frac{\pi}{12} + \frac{\sqrt{3}}{2} - 1$$

在许多定积分的计算中,既要用分部积分法也要用换元积分法,因此,在计算时要灵活使用定积分的方法.

例 5　计算 $\displaystyle\int_0^1 e^{\sqrt{x}}dx$

解　令 $\sqrt{x}=t, x=t^2, dx=2tdt$.
当 $x=0$ 时,$t=0$;当 $x=1$ 时,$t=1$,

于是　$\displaystyle\int_0^1 e^{\sqrt{x}}dx = 2\int_0^1 te^tdt = 2te^t\Big|_0^1 - 2\int_0^1 e^tdt = 2e - 2e^t\Big|_0^1 = 2[e-(e-1)] = 2$

习题 5.5

求下列定积分:

1. $\displaystyle\int_1^e \ln xdx$

2. $\displaystyle\int_0^1 xe^{-x}dx$

3. $\int_0^{\frac{\pi}{2}} x\sin x dx$　　　　　　　　4. $\int_1^e x^2\ln x dx$

§5.6　广义积分

　　前面我们所研究的定积分有两个特点：一是积分区间为有限区间；二是被积函数是有界函数，但我们也不得不考虑无限区间上的积分和无界函数的积分，它们已不属于前面所研究的定积分了. 因此，我们对定积分作如下推广，从而形成"广义积分"的概念.

一、无限区间上的广义积分

　　定义 5.2　设函数 $f(x)$ 在区间 $[a,+\infty)$ 连续，取 $b>a$，若极限 $\lim\limits_{b\to+\infty}\int_a^b f(x)dx$ 存在，

则称此极限为函数 $f(x)$ 在无限区间 $[a,+\infty)$ 的广义积分，记作 $\int_a^{+\infty} f(x)dx$，即

$$\int_a^{+\infty} f(x)dx = \lim_{b\to+\infty}\int_a^b f(x)dx$$

这时也称广义积分 $\int_a^{+\infty} f(x)dx$ 收敛；若上述极限不存在，就称广义积分 $\int_a^{+\infty} f(x)dx$ 发散，这时虽然用同样的记号但已不表示数值.

　　类似地，设 $f(x)$ 在 $(-\infty,b]$ 上连续，取 $a<b$，若极限 $\lim\limits_{a\to-\infty}\int_a^b f(x)dx$ 存在，则称此极限

为函数 $f(x)$ 在无限区间 $(-\infty,b]$ 上的广义积分，记作 $\int_{-\infty}^b f(x)dx$，即

$$\int_{-\infty}^b f(x)dx = \lim_{a\to-\infty}\int_a^b f(x)dx$$

这时也称广义积分 $\int_{-\infty}^b f(x)dx$ 收敛；若上述极限不存在，就称广义积分 $\int_{-\infty}^b f(x)dx$ 发散.

　　设函数 $f(x)$ 在区间 $(-\infty,+\infty)$ 上连续，若广义积分 $\int_{-\infty}^c f(x)dx$ 和 $\int_c^{+\infty} f(x)dx$，

$c\in(-\infty,+\infty)$ 都收敛，则称上面两个广义积分的和为函数 $f(x)$ 在无限区间

$(-\infty,+\infty)$ 上的广义积分，记作 $\int_{-\infty}^{+\infty} f(x)dx$，即

$$\int_{-\infty}^{+\infty} f(x)dx = \int_{-\infty}^{c} f(x)dx + \int_{c}^{+\infty} f(x)dx = \lim_{a\to-\infty}\int_{a}^{c} f(x)dx + \lim_{b\to+\infty}\int_{c}^{b} f(x)dx$$

这时也称广义积分 $\displaystyle\int_{-\infty}^{+\infty} f(x)dx$ 收敛;否则就称广义积分 $\displaystyle\int_{-\infty}^{+\infty} f(x)dx$ 发散.

如果 $F(x)$ 是被积函数 $f(x)$ 的一个原函数,则广义积分的计算也可以省略极限符号,按牛顿—莱布尼兹公式的形式记作

$$\int_{-\infty}^{b} f(x)dx = \lim_{a\to-\infty}\int_{a}^{b} f(x)dx = \lim_{a\to-\infty} F(x)\Big|_{a}^{b} = F(x)\Big|_{-\infty}^{b}$$

$$\int_{a}^{+\infty} f(x)dx = \lim_{b\to+\infty}\int_{a}^{b} f(x)dx = \lim_{b\to+\infty} F(x)\Big|_{a}^{b} = F(x)\Big|_{a}^{+\infty}$$

$$\int_{-\infty}^{+\infty} f(x)dx = \int_{-\infty}^{0} f(x)dx + \int_{0}^{+\infty} f(x)dx = F(x)\Big|_{-\infty}^{0} + F(x)\Big|_{0}^{+\infty} = F(x)\Big|_{-\infty}^{+\infty}$$

例1 $\displaystyle\int_{1}^{+\infty} \frac{1}{x^2}dx = -\frac{1}{x}\Big|_{1}^{+\infty} = -(0-1) = 1$

例2 $\displaystyle\int_{0}^{+\infty} e^{-2x}dx = -\frac{1}{2}\int_{0}^{+\infty} e^{-2x}d(-2x) = -\frac{1}{2}e^{-2x}\Big|_{0}^{+\infty} = -\frac{1}{2}(0-1) = \frac{1}{2}$

例3 $\displaystyle\int_{0}^{+\infty} \frac{x}{(1+x^2)^2}dx = \frac{1}{2}\int_{0}^{+\infty} \frac{d(1+x^2)}{(1+x^2)^2} = -\frac{1}{2(1+x^2)}\Big|_{0}^{+\infty} = -(0-\frac{1}{2}) = \frac{1}{2}$

例4 已知广义积分 $\displaystyle\int_{-\infty}^{+\infty} \frac{A}{1+x^2}dx = 1$,求常数 A.

解 $\displaystyle\int_{-\infty}^{+\infty} \frac{A}{1+x^2}dx = A\arctan x\Big|_{-\infty}^{+\infty} = A\left[\frac{\pi}{2} - (-\frac{\pi}{2})\right] = A\pi$

根据已知条件得 $\quad A\pi = 1$

所以 $\quad A = \dfrac{1}{\pi}$

例5 试确定积分 $\displaystyle\int_{1}^{+\infty} \frac{1}{x^\alpha}dx$ 在 α 取什么值时收敛,取什么值时发散.

解 当 $\alpha = 1$ 时,$\displaystyle\int_{1}^{+\infty} \frac{1}{x^\alpha}dx = \int_{1}^{+\infty} \frac{1}{x}dx = \ln x\Big|_{1}^{+\infty} = +\infty$,即 $\alpha = 1$ 时,$\displaystyle\int_{1}^{+\infty} \frac{1}{x^\alpha}dx$ 发散

当 $\alpha \neq 1$ 时,$\displaystyle\int_{1}^{+\infty} \frac{1}{x^\alpha}dx = \frac{x^{1-\alpha}}{1-\alpha}\Big|_{1}^{+\infty} = \begin{cases} +\infty & \alpha < 1 \\ \dfrac{1}{\alpha-1} & \alpha > 1 \end{cases}$

因此,当 $\alpha > 1$ 时,$\displaystyle\int_{1}^{+\infty} \frac{1}{x^\alpha}dx$ 收敛,其值为 $\dfrac{1}{\alpha-1}$;当 $\alpha \leq 1$ 时,$\displaystyle\int_{1}^{+\infty} \frac{1}{x^\alpha}dx$ 发散

二、无界函数的广义积分

定义 5.3　设函数 $f(x)$ 在 $(a,b]$ 上连续,在点 a 的右邻域内无界. 取 $\varepsilon > 0$,若极限 $\lim\limits_{\varepsilon \to 0} \int_{a+\varepsilon}^{b} f(x)\,dx$ 存在,则称此极限为函数 $f(x)$ 在 $(a,b]$ 上的广义积分记作 $\int_{a}^{b} f(x)\,dx$,即

$$\int_{a}^{b} f(x)\,dx = \lim_{\varepsilon \to 0} \int_{a+\varepsilon}^{b} f(x)\,dx$$

此时也称广义积分 $\int_{a}^{b} f(x)\,dx$ 收敛. 若上述极限不存在,则称广义积分 $\int_{a}^{b} f(x)\,dx$ 发散.

类似地,设 $f(x)$ 在 $[a,b)$ 上连续,当 $x \to b^{-}$ 时,$f(x) \to \infty$. 取 $\varepsilon > 0$,若极限 $\lim\limits_{\varepsilon \to 0} \int_{a}^{b-\varepsilon} f(x)\,dx$ 存在,则定义

$$\int_{a}^{b} f(x)\,dx = \lim_{\varepsilon \to 0} \int_{a}^{b-\varepsilon} f(x)\,dx$$

此时,称广义积分 $\int_{a}^{b} f(x)\,dx$ 收敛. 否则,称广义积分 $\int_{a}^{b} f(x)\,dx$ 发散.

设 $f(x)$ 在 $[a,b]$ 上除点 $c(a < c < b)$ 外连续,而在点 c 的邻域内无界. 若两个广义积分 $\int_{a}^{c} f(x)\,dx$ 与 $\int_{c}^{b} f(x)\,dx$ 都收敛. 则定义

$$\int_{a}^{b} f(x)\,dx = \int_{a}^{c} f(x)\,dx + \int_{c}^{b} f(x)\,dx = \lim_{\varepsilon \to 0} \int_{a}^{c-\varepsilon} f(x)\,dx + \lim_{\varepsilon \to 0} \int_{c+\varepsilon}^{b} f(x)\,dx$$

收敛. 否则,就称广义积分 $\int_{a}^{b} f(x)\,dx$ 发散.

例 6　求定积分 $6 \int_{0}^{1} \dfrac{1}{\sqrt{x}}\,dx$

解　由于 $\lim\limits_{x \to 0^{+}} \dfrac{1}{\sqrt{x}} = +\infty$,说明 $\int_{0}^{1} \dfrac{1}{\sqrt{x}}\,dx$ 为广义积分.

所以　$\int_{0}^{1} \dfrac{1}{\sqrt{x}}\,dx = \lim\limits_{\varepsilon \to 0^{+}} \int_{0+\varepsilon}^{1} \dfrac{1}{\sqrt{x}}\,dx = \lim\limits_{\varepsilon \to 0^{+}} 2\sqrt{x}\,\Big|_{\varepsilon}^{1} = 2\lim\limits_{\varepsilon \to 0^{+}}(1 - \sqrt{\varepsilon}) = 2$

例 7　求定积分 $\int_{0}^{1} \dfrac{1}{\sqrt{1-x^{2}}}\,dx$

解　由于极限 $\lim\limits_{x \to 1} \dfrac{1}{\sqrt{1-x^{2}}} = +\infty$,说明 $\int_{0}^{1} \dfrac{1}{\sqrt{1-x^{2}}}\,dx$ 为广义积分

所以　$\displaystyle\int_0^1 \frac{1}{\sqrt{1-x^2}}dx = \lim_{\varepsilon \to 0^+} \int_0^{1-\varepsilon} \frac{1}{\sqrt{1-x^2}}dx$

$$= \lim_{\varepsilon \to 0^+} \arcsin x \Big|_0^{1-\varepsilon} = \lim_{\varepsilon \to 0^+} \arcsin(1-\varepsilon)$$

$$= \arcsin 1 = \frac{\pi}{2}$$

例8　讨论广义积分 $\displaystyle\int_{-1}^1 \frac{1}{x^2}dx$ 的敛散性.

解　当 $x=0$ 时, 被积函数 $f(x) = \dfrac{1}{x^2}$ 间断, 且 $\displaystyle\lim_{x \to 0} \frac{1}{x^2} = \infty$.

由于　$\displaystyle\int_{-1}^0 \frac{1}{x^2}dx = \lim_{\varepsilon \to 0^+} \int_{-1}^{-\varepsilon} \frac{dx}{x^2} = \lim_{\varepsilon \to 0^+} \left(-\frac{1}{x}\right) \Big|_{-1}^{-\varepsilon} = +\infty$

即广义积分 $\displaystyle\int_{-1}^0 \frac{1}{x^2}dx$ 发散, 所以 $\displaystyle\int_{-1}^1 \frac{1}{x^2}dx = \int_{-1}^0 \frac{1}{x^2}dx + \int_0^1 \frac{1}{x^2}dx$ 发散.

例9　广义积分 $\displaystyle\int_0^1 \frac{dx}{x^p}$　p 为何值时积分收敛? p 为何值时积分发散?

解　当 $p=1$ 时, $\displaystyle\int_0^1 \frac{dx}{x^p} = \int_0^1 \frac{dx}{x} = \lim_{\varepsilon \to 0} \ln x \Big|_{0+\varepsilon}^1 = +\infty$, 积分 $\displaystyle\int_0^1 \frac{dx}{x^p}$ 发散;

当 $p \neq 1$ 时　$\displaystyle\int_0^1 \frac{dx}{x^p} = \lim_{\varepsilon \to 0} \frac{x^{1-p}}{1-p} \Big|_{0+\varepsilon}^1 = \begin{cases} \dfrac{1}{1-p} & p < 1 \\[2mm] +\infty & p > 1 \end{cases}$

于是, 当 $p < 1$ 时, 广义积分收敛, 其值为 $\dfrac{1}{1-p}$; 当 $p \geq 1$ 时, 广义积分发散.

习题 5.6

求下列定积分:

1. $\displaystyle\int_{-\infty}^{-1} \frac{1}{x^3}dx$

2. $\displaystyle\int_1^{+\infty} \frac{1}{\sqrt{x}}dx$

3. $\displaystyle\int_0^{+\infty} \frac{x}{(1+x^2)^4}dx$

4. $\displaystyle\int_{-\infty}^1 e^{3x}dx$

5. $\displaystyle\int_{-\infty}^1 \frac{e^x}{1+e^x}dx$

6. $\displaystyle\int_e^{+\infty} \frac{1}{x\ln^3 x}dx$

7. $\displaystyle\int_0^1 \frac{1}{\sqrt{1-x}}dx$

§5.7　定积分的应用

一、定积分的微元法

在本章第一节求曲边梯形面积有四个步骤:分割、近似代替、求和、取极限. 在实际应用中可以把这些步骤简化为以下过程. 在$[a,b]$上任取小区间$[x,x+dx]$(如图5-6),区间$[x,x+dx]$上的小曲边梯形的面积 ΔS 可以近似以$f(x)$为高,dx为底的小矩形面积$f(x)dx$,即

$$\Delta S \approx f(x)dx$$

式中 ΔS 的近似值$f(x)dx$ 称为 S 的微元(或微分),记作

$$dS = f(x)dx$$

把这些微元在$[a,b]$上"无限累加",即 a 到 b 的定积分 $\int_a^b f(x)dx$ 就是曲边梯形的面积.

一般地,若所求量 Q 与 x 的变化区间$[a,b]$有关,且关于区间$[a,b]$具有可加性,在$[a,b]$上任意一个小区间$[x,x+dx]$上找出所求量的一微小量的近似值$dQ=f(x)dx$,然后把它作为被积表达式,从而得到所求量 Q 的积分表达式

$$Q = \int_a^b f(x)dx$$

图5-6

这种方法叫做微元法,$dQ=f(x)dx$ 称为所求量 Q 的微元.

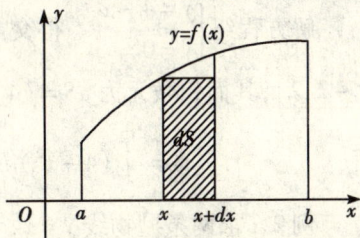

二、定积分在几何中的应用

1. 平面图形的面积

由曲线 $y=f(x)(\geq 0)$,$x=a$,$x=b(a<b)$ 及 x 轴所围成的图形(图5-6),其面积微元 $dS=f(x)dx$,面积

$$S = \int_a^b f(x)dx$$

由上、下两条曲线 $y=f(x)$,$y=g(x)$　$(f(x)\geq g(x))$ 及 $x=a$,$x=b(a<b)$ 所围成的图形(如图5-7),其面积微元 $dS=[f(x)-g(x)]dx$,面积

$$S = \int_a^b [f(x) - g(x)] dx$$

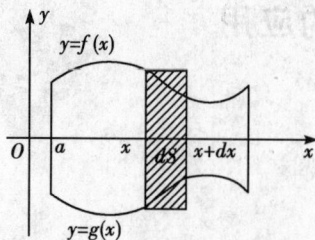

图 5 - 7

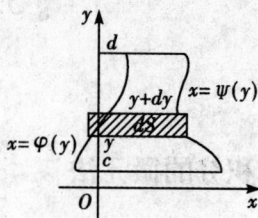

图 5 - 8

由左、右两条曲线 $x = \varphi(y), x = \Psi(y) (\Psi(y) \geqslant \varphi(y))$，及 $y = c, y = d (c < d)$ 所围成的图形(如图 5 - 8)，其面积微元 $dS = [\Psi(y) - \varphi(y)] dy$，面积

$$S = \int_c^d [\Psi(y) - \varphi(y)] dy$$

例 1　求曲线 $y = 4 - x^2$ 与 x 轴所围成的平面图形面积.

解　如图 5 - 9 所示，取积分变量为 x，为了确定平面图形所在范围，求抛物线 $y = 4 - x^2$ 与 x 轴的交点.

解方程组 $\begin{cases} y = 4 - x^2 \\ y = 0 \end{cases}$ 得交点 $(-2, 0)$ 与 $(2, 0)$，可知积分区间为 $[-2, 2]$，其面积微元为 $dS = (4 - x^2) dx$，故所求图形面积为

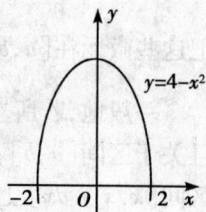

图 5 - 9

$$S = \int_{-2}^2 (4 - x^2) dx = 2 \int_0^2 (4 - x^2) dx = \frac{32}{3}$$

例 2　求两条抛物线 $y = x^2$ 与 $y^2 = x$ 所围成的平面图形的面积.

解　如图 5 - 10 所示，取 x 为积分变量，解方程组 $\begin{cases} y = x^2 \\ y^2 = x \end{cases}$ 得交点 $(0, 0)$ 与 $(1, 1)$，可知积分区间为 $[0, 1]$，其面积微元为 $dS = (\sqrt{x} - x^2) dx$，于是所求面积为

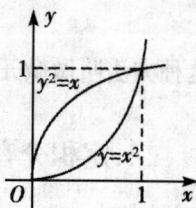

图 5 - 10

$$S = \int_0^1 (\sqrt{x} - x^2) dx = \left(\frac{2}{3} x^{\frac{3}{2}} - \frac{1}{3} x^3 \right) \Big|_0^1 = \frac{1}{3}$$

例 3　求抛物线 $y^2 = 2x$ 与直线 $y = x - 4$ 所围成的平面图形的面积.

解　如图 5 - 11 所示，取 y 为积分变量，解方程组 $\begin{cases} y^2 = 2x \\ y = x - 4 \end{cases}$ 得交点 $(2, -2)$ 与 $(8, 4)$，可知积分区间为 $[-2, 4]$，其面积微元为 $dS = [(y + 4) - \frac{y^2}{2}] dy$，于是所求面积为

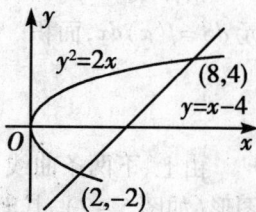

图 5 - 11

$$S = \int_{-2}^{4} \left[(y+4) - \frac{y^2}{2} \right] dy = \left(\frac{1}{2}y^2 + 4y - \frac{1}{6}y^3 \right) \Big|_{-2}^{4} = 18$$

2. 旋转体的体积

设一旋转体是由连续曲线 $y = f(x)$ 与直线 $x = a, x = b$ 及 x 轴所围成的曲边梯形绕 x 轴旋转一周而成（如图 5-12），现在用微元法求它的体积.

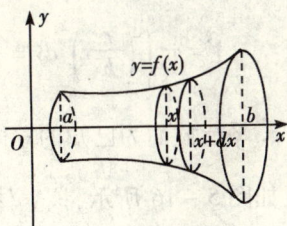

在区间 $[a,b]$ 上任取 $[x, x+dx]$，对应于该区间的小薄片体积近似于以 $f(x)$ 为半径，以 dx 为高的薄片圆柱体体积，从而得到体积微元为

$$dV = \pi [f(x)]^2 dx$$

则旋转体的体积为

图 5-12

$$V_x = \pi \int_a^b f^2(x) dx$$

类似地若旋转体是由曲线 $x = \varphi(y)$ 与直线 $y = c, y = d$ 及 y 轴所围成的图形绕 y 轴旋转一周而成的旋转体（如图 5-13），则其体积为

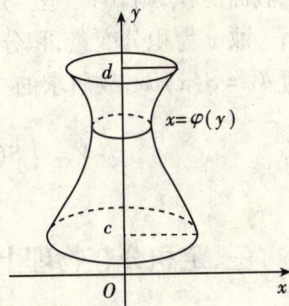

$$V_y = \pi \int_c^d \varphi^2(y) dy$$

图 5-13

例 4　求椭圆 $\dfrac{x^2}{a^2} + \dfrac{y^2}{b^2} = 1$ 绕 x 轴旋转而成的旋转体的体积.

解　这个旋转体是由 $y = \dfrac{b}{a}\sqrt{a^2 - x^2}$ 绕 x 轴旋转而成，如图 5-14.

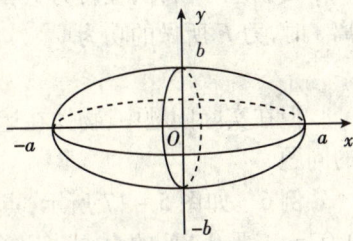

取 x 为积分变量，可知积分区间为 $[-a, a]$，其体积微元为　$dV = \pi y^2 dx = \pi \dfrac{b^2}{a^2}(a^2 - x^2)dx$，故所求体积为

图 5-14

$$V = \int_{-a}^{a} \pi \frac{b^2}{a^2}(a^2 - x^2) dx = \frac{2\pi b^2}{a^2} \int_0^a (a^2 - x^2) dx$$

$$= \frac{2\pi b^2}{a^2}\left(a^2 x - \frac{1}{3}x^3\right) \Big|_0^a = \frac{4}{3}\pi a b^2$$

当 $a = b = R$ 时，得球体体积 $V = \dfrac{4}{3}\pi R^3$

例·5　试求过点 $O(0,0)$ 和 $P(r,h)$ 的直线与直线 $y = h$ 及 y 轴围成的直角三角形绕 y 轴旋转而成圆锥体体积（如图 5-15）.

解 过 OP 的直线方程为 $y = \dfrac{h}{r}x$，即 $x = \dfrac{r}{h}y$，因为绕 y 轴旋转，取 y 为积分变量，那么积分区间为 $[0,h]$，体积微元为 $dV = \pi\left(\dfrac{r}{h}y\right)^2 dy$，故所求体积为

$$V = \pi \int_0^h \left(\frac{r}{h}y\right)^2 dy = \frac{\pi r^2}{h^2}\left(\frac{1}{3}y^3\right)\Big|_0^h = \frac{1}{3}\pi r^2 h$$

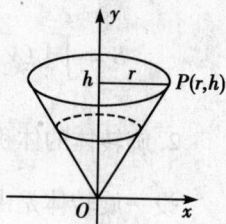

图 5 – 15

3. 平行截面为已知的立体的体积

如图 5 – 16 所示，该立体位于两个平行平面 $x = a$ 和 $x = b$ 之间，以 $S(x)$ 表示过点 x 且垂直于 x 轴的截面面积，则 $S(x)$ 是已知的连续函数.

取 x 为积分变量，积分区间为 $[a,b]$，体积微元为 $dV = S(x)dx$，故所求的立体体积为

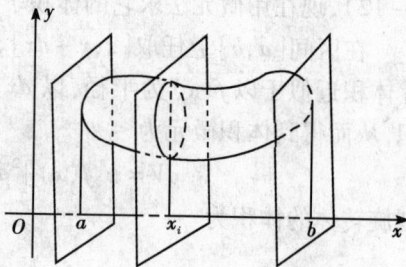

图 5 – 16

$$V = \int_a^b S(x)dx$$

三、定积分在物理上的应用

1. 变力做功

由物理学可知，在常力 F 的作用下，物体沿力的方向作直线运动，当物体移动一段距离 s 时，力 F 所做的功为

$$W = F \cdot s$$

但在实际问题中，物体在运动中所受到的力是变化的，这就是下面要讨论的变力做功的问题.

例 6 如图 5 – 17 所示，点 O 为弹簧的平衡位置. 已知弹簧每拉长 0.02m 需要 9.8N 的力，求把弹簧拉长 0.1m 所做的功.

解 取弹簧的平衡位置为坐标原点，拉伸方向为 x 轴的正向建立坐标系. 因为弹簧在弹性限度内，拉伸弹簧所需的力 F 和弹簧的伸长量 x 成正比，若取 k 为比例系数，

则　　　　　　　　　　$F = kx$

又因　　　$x = 0.02\text{m}, F = 9.8\text{N}$　代入得　　　$k = 4.9 \times 10^2 \text{N/m}$

取 x 为积分变量，积分区间为 $[0, 0.1]$，在 $[0, 0.1]$ 上任取一小区间 $[x, x+dx]$，与它对应的变力所做的功的近似值，即为微元功

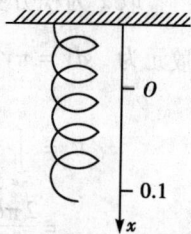

图 5 – 17

$$dW = 4.9 \times 10^2 x dx$$

求定积分，得弹簧拉长所做的功为

$$W = \int_0^{0.1} dw = \int_0^{0.1} 4.9 \times 10^2 x dx = 4.9 \times 10^2 \frac{x^2}{2}\Big|_0^{0.1} = 2.45(\text{J})$$

例7　（如图5-18）把一个带 $+q$ 电量的点电荷放在 r 轴上坐标原点处,它产生一个电场. 这个电场对周围的电荷有作用力. 由物理学知道,如果有一个单位正电荷放在这个电场中距离原点为 r 的地方,那么电场对它的作用力的大小为

$$F = k\frac{q}{r^2} \quad (k\text{ 为常数})$$

当这个单位正电荷在电场中从 $r = a$ 处沿 r 轴移动到 $r = b(a < b)$ 处时,计算电场力对它所做的功.

图 5 - 18

解　取 r 为积分变量,积分区间为 $[a,b]$. 在区间 $[a,b]$ 上任取小区间 $[r,r+dr]$,与它相应的电场力 F 所做的功近似于 $F = k\frac{q}{r^2}$ 作为常力所做的功,从而得到功微元 $dW = \frac{kq}{r^2}dr$,求定积分,得所求电场力所做的功为

$$W = \int_a^b \frac{kq}{r^2}dr = kq\int_a^b \frac{dr}{r^2} = kq\left(-\frac{1}{r}\right)\Big|_a^b = kq\left(\frac{1}{a} - \frac{1}{b}\right)(\text{功单位})$$

例8　修一座大桥的桥墩时先要下围囹,并抽尽里面的水以便施工. 已知半径是 10m 的圆柱形围囹上沿高出水面 2m,河水深 18m,问抽尽围囹内的水做多少功?

解　以围囹上沿的圆心为原点,向下的方向为 x 轴的正方向,建立如图5-19所示的坐标系. 取水深 x 为积分变量,它的变化区间为 $[2,20]$. 相应于 $[2,20]$ 上任一小区间 $[x,x+dx]$ 的一薄层水的高度为 dx,其重量为

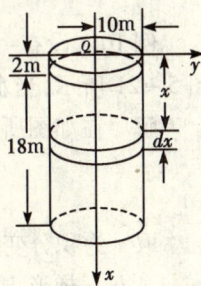

图 5 - 19

$$\rho\pi10^2 dx$$

其中　$\rho = 9.8 \times 10^3 \text{kg/m}^3$ 为水的比重.

把这薄层水抽出围囹时,需要提升的距离近似为 x,因此需做的功近似为

$$dW = \rho\pi10^2 x dx = 9.8 \times 10^5 \pi x dx$$

即为所求微元.

在 $[2,20]$ 上求定积分,得到所求的功为

$$W = \int_2^{20} 9.8 \times 10^5 \pi x dx = 4.9 \times 10^5 \pi x^2\Big|_2^{20} \approx 6.09 \times 10^8(\text{J})$$

2. 液体压力

从物理学知道,在液体深为 h 处的压强为 $P = \rho h$,这里 ρ 是液体的比重. 如果有一面积为 S 的平板水平地放置在液体深为 h 处,那么平板一侧所受的液体压力为

$$F = P \cdot S$$

　　如果平板垂直放置在液体中,由于液体深度不同的点处压强 P 不相等,平板一侧所受的液体压力就不能用上述方法计算. 我们可以用定积分的微元法来计算.

　　例 9　设一水平放置的水管,其断面是直径为 6m 的圆,求当水半满时水管一端的竖立闸门上所受的压力.

　　解　如图 5 - 20 建立直角坐标系,圆的方程为

$$x^2 + y^2 = 9$$

　　取 x 为积分变量,积分区间为 $[0,3]$,在 $[0,3]$ 上任取一小区间 $[x, x+dx]$. 半圆上相应于 $[x, x+dx]$ 上的窄条上各点处的压强近似于 ρx,这窄条的面积近似于 $2\sqrt{9-x^2}dx$. 因此这窄条一侧所受水压力的近似值,即压力微元为

$$dF = \rho x \times 2\sqrt{9-x^2}dx = 2\rho x\sqrt{9-x^2}dx$$

在 $[0,3]$ 上求定积分,得到水的压力为

$$F = \int_0^3 2\rho x\sqrt{9-x^2}dx = 2\rho \cdot \left(-\frac{1}{2}\right)\int_0^3 \sqrt{9-x^2}d(9-x^2)$$

$$= -\rho\frac{2}{3}(9-x^2)^{\frac{3}{2}}\bigg|_0^3 = 18\rho$$

将 $\rho = 9.8 \times 10^3 N/m^3$ 代入得

$$F \approx 1.76 \times 10^5 (N)$$

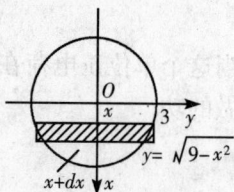

图 5 - 20

　　例 10　设有一形状是等腰梯形的竖直的闸门,它的某些尺寸如图 5 - 21 所示,当水面齐闸门顶时,求闸门所受的压力.

　　解　在如图所示的直角坐标系中,直线 AB 的方程为

$$y = -\frac{x}{6} + 3$$

　　取 x 为积分变量,积分区间为 $[0,6]$,在 $[0,6]$ 上任取一小区间 $[x, x+dx]$,梯形上相应于 $[x, x+dx]$ 的窄条上各点处的压强近似于 ρx,这窄条的面积近似于宽为 dx,长为 $2y = 2\left(-\frac{x}{6}+3\right)$ 的小矩形的面积. 因此这窄条一侧所受水压力的近似值,即压力微元为

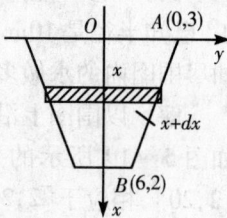

图 5 - 21

$$dF = \rho x \times 2\left(-\frac{x}{6}+3\right)dx = \rho\left(-\frac{x^2}{3}+6x\right)dx$$

在 $[0,6]$ 上求定积分,得到水的压力为

$$F = \int_0^6 \rho\left(-\frac{x^2}{3}+6x\right)dx = \rho\left(-\frac{x^3}{9}+3x^2\right)\bigg|_0^6 = 84\rho$$

将 $\rho = 9.8 \times 10^3 N/m^3$ 代入得

$$F \approx 8.23 \times 10^6 (N)$$

四、经济应用问题举例

例 11　某产品总产量的变化率是时间 t 的函数，$f(t) = 30 + 5t - 0.3t^2$（吨/月），试确定总产量函数，并计算出第一季度的总产量.

解　因为总产量 $F(t)$ 是它的变化率 $f(t)$ 的原函数

所以　　　　$F(t) = \int_0^t f(x)\,dx = \int_0^t (30 + 5x - 0.3x^2)\,dx = 30t + \dfrac{5}{2}t^2 - 0.1t^3$

第一季度的总产量为

$$\int_0^3 (30 + 5t - 0.3t^2)\,dt = \left(30t + \frac{5}{2}t^2 - 0.1t^3\right)\Big|_0^3 = 109.8\,(吨)$$

答：此产品的总产量函数 $F(t) = 30t + \dfrac{5}{2}t^2 - 0.1t^3$，第一季度的总产量为 109.8 吨.

例 12　已知某商品每周生产 x 单位时，总费用的变化率为 $f(x) = 0.4x - 12$（元/单位），求总费用 $F(x)$；若商品销售单价为 20 元，求总利润. 并求每周生产多少个单位时，获最大利润，最大利润是多少？

解　因为变上限的定积分是被积函数的一个原函数，因此，总费用 $F(x)$ 就是其变化率在 $[0,x]$ 上的定积分，所以

$$F(x) = \int_0^x (0.4t - 12)\,dt = 0.2x^2 - 12x$$

又知销售单价为 20 元，于是销售 x 个单位商品得到的总收益 $R(x)$ 为

$$R(x) = 20x$$

于是总利润函数 $L(x)$ 为

$$L(x) = R(x) - F(x) = 20x - 0.2x^2 + 12x = 32x - 0.2x^2$$

由 $L'(x) = 32 - 0.4x = 0$，得唯一驻点 $x = 80$ 个单位，而 $L''(80) = -0.4 < 0$，

故 $L(x)$ 在 $x = 80$ 个单位时取得最大值，最大利润为

$$L(80) = 32 \times 80 - 0.2 \times 80^2 = 1280\,(元)$$

答：总费用函数 $F(x) = 0.2x^2 - 12x$；总利润函数 $L(x) = 32x - 0.2x^2$；每周生产 80 个单位时，获最大利润，最大利润为 1280 元.

例 13　某厂生产某种产品 x 百台，总成本 C（单位：万元）的变化率为 $C' = 2$，固定成本为 0，收益函数 R 的变化率是产量 x 的函数 $R'(x) = 7 - 2x$，

求：(1) 当产量为多少时，总利润最大；(2) 在利润最大的产量基础上又生产 50 台，总利润减少了多少.

解　(1) 因为可变成本就是总成本变化率在 $[0,x]$ 上的定积分，又知固定成本为 0，于是生产 x 百台总成本为

$$C(x) = \int_0^x C'(t)\,dt = \int_0^x 2\,dt = 2x$$

同理可得总收益函数 $R(x) = \int_0^x R'(t)\,dt = \int_0^x (7-2t)\,dt = 7x - x^2$

于是得到总利润函数 $L(x) = R(x) - C(x) = 7x - x^2 - 2x = 5x - x^2$

$$L'(x) = R'(x) - C'(x) = 7 - 2x - 2 = 5 - 2x$$

令 $L'(x) = 0$ 得唯一驻点 $x = 2.5$（百台），又知 $\quad L''(x) = -2 < 0$，

因此 $x = 250$ 台时 $L(x)$ 有最大值 $L(2.5) = 6.25$（万元）

（2）若从 2.5 百台又生产 0.5 百台，利润为 $L(3) = 5 \times 3 - 3^2 = 6$（万元）

而最大利润 $\qquad\qquad L(2.5) = 6.25$（万元）

因此总利润减少了 $\quad L(2.5) - L(3) = 6.25 - 6 = 0.25$（万元）

　　答：（1）当产量为 250 台时，总利润最大；（2）在利润最大产量基础上又生产 50 台，总利润减少了 0.25 万元.

习题 5.7

1. 求下列各曲线所围成的平面图形的面积:
(1) 曲线 $y = x^2$ 与直线 $y = 2x$ 所围成的图形.
(2) 曲线 $xy = 1$ 与直线 $y = x, y = 2$ 所围成的图形.
(3) 曲线 $y^2 = 2x$ 与直线 $y = x - 4$ 所围成的图形.

2. 求由直线 $y = x, y = 0, x = 2$ 围成的等腰直角三角形绕 x 旋转而成的旋转体的体积.

3. 若 1kg 的力能使弹簧伸长 1cm，现在要使弹簧伸长 10cm，问需要做多少功?

4. 已知某产品的边际成本函数和边际收益函数分别是

$$C'(Q) = 3 + \frac{1}{3}Q\,(\text{万元/百台})$$

$$R'(Q) = 7 - Q\,(\text{万元/百台})$$

求固定成本 $C(0) = 1$ 万元时总成本函数和总收益函数.

复习题五

（一）

1. $\displaystyle\int_a^a f(x)\,dx = $ _____.

2. $\displaystyle\frac{d}{dx}\int_a^b f(x)\,dx = $ _____.

3. $\displaystyle\int_{-2}^2 \frac{x^2 \sin x}{\cos x}\,dx = $ _____.

4. $\dfrac{d}{dx}\displaystyle\int_0^x \dfrac{1}{1+t^2}dt =$ _____.

5. 设 $f(x)=\displaystyle\int_0^x \ln^2(4t+2)dt$,则 $f'(x)=$ _____.

6. 当函数 $f(x)$ 为 _____ 时,有 $\displaystyle\int_{-a}^a f(x)dx=0$.

7. $d\left[\displaystyle\int_a^b e^x\sin xdx+\displaystyle\int e^x\sin xdx\right]=$ _____.

8. 设函数 $f(x)=\displaystyle\int_0^x e^{-t}\cos tdt$,则 $f'(x)=$ _____.

9. $\displaystyle\int_1^{+\infty}\dfrac{1}{x^3}dx=$ _____.

10. $\displaystyle\int_0^{+\infty}e^{-3x}dx=$ _____.

(二)

1. 已知函数 $f(x)$ 在 $[a,b]$ 上连续,则 $\displaystyle\int_0^x f(t)dt$ 是( ).

　　A.$f(t)$ 的一个原函数　　　　　　B.$f(t)$ 的所有原函数

　　C.$f(x)$ 的一个原函数　　　　　　D.$f(x)$ 的所有原函数

2. 已知函数 $f(x)$ 在 $[a,b]$ 上连续,则( )是正确的.

　　A. $\dfrac{d}{dt}\displaystyle\int_a^b f(t)dt=f(t)$　　　　　　B. $\dfrac{d}{dt}\displaystyle\int_a^x f(t)dt=f(t)$

　　C. $\dfrac{d}{dx}\displaystyle\int_a^b f(t)dt=f(x)$　　　　　　D. $\dfrac{d}{dx}\displaystyle\int_a^x f(t)dt=f(x)$

3. 下列定积分中,积分结果正确的是( ).

　　A. $\displaystyle\int_a^b f'(x)dx=f(x)+c$　　　　　　B. $\displaystyle\int_a^b f'(x)dx=f(b)+f(a)$

　　C. $\displaystyle\int_a^b f'(2x)dx=\dfrac{1}{2}[f(2b)-f(2a)]$　　D. $\displaystyle\int_a^b f'(2x)dx=f(2b)-f(2a)$

4. 下列定积分中,积分值为零的是( ).

　　A. $\displaystyle\int_1^2 xdx$　　　　　　B. $\displaystyle\int_{-1}^1 x\sin^2 xdx$

C. $\int_{-1}^{1} x\sin x\,dx$　　　　　　　　　D. $\int_{-1}^{1} x^2\sin^2 x\,dx$

5. 下列定积分中,(　　　)可以直接用牛顿—莱布尼兹公式求解.

A. $\int_{0}^{1} \dfrac{1}{x-1}\,dx$　　　　　　　　　B. $\int_{1}^{27} \dfrac{1}{\sqrt[3]{x}}\,dx$

C. $\int_{-1}^{0} \dfrac{1}{\sqrt{1-x^2}}\,dx$　　　　　　　D. $\int_{1}^{e} \dfrac{1}{x\ln x}\,dx$

6. 定积分 $\int_{-1}^{1} \dfrac{1}{x^2}\,dx$(　　　).

A. 收敛且值为 -2　　　　　　　B. 收敛且值为 0

C. 收敛且值为 2　　　　　　　　D. 发散

7. $\int_{0}^{2} \left| x-1 \right|\,dx = ($　　　$)$.

A. 0　　　　　B. 2　　　　　C. 1　　　　　D. $\dfrac{1}{2}$

8. 定积分 $\int_{1}^{e} \dfrac{\ln x}{x}\,dx = ($　　　$)$.

A. -1　　　B. $\dfrac{1}{2}$　　　C. $\dfrac{1}{2e^2}-\dfrac{1}{2}$　　　D. $\dfrac{e^2}{2}-\dfrac{1}{2}$

9. 下列广义积分中,(　　　)是收敛的.

A. $\int_{1}^{+\infty} \cos x\,dx$　　　　　　　B. $\int_{1}^{+\infty} \dfrac{1}{x}\,dx$

C. $\int_{1}^{+\infty} \dfrac{1}{x^2}\,dx$　　　　　　　D. $\int_{1}^{+\infty} e^{2x}\,dx$

10. 设 $k<0$,则广义积分 $\int_{0}^{+\infty} e^{kx}\,dx$ 等于(　　　).

A. $\dfrac{1}{k}$　　　　　　　　　　　B. $-\dfrac{1}{k}$

C. 1　　　　　　　　　　　　D. 发散

(三)

1. 求下列定积分:

(1) $\int_{0}^{\pi} \sin^2 \dfrac{x}{2}\,dx$　　　　　　　(2) $\int_{0}^{\sqrt{3}} \dfrac{1}{1+x^2}\,dx$

(3) $\displaystyle\int_{\frac{1}{4}}^{\frac{1}{2}} \frac{1}{\sqrt{x}\sqrt{1-x}}dx$

(4) $\displaystyle\int_{0}^{1} \frac{x}{1+x^4}dx$

(5) $\displaystyle\int_{\frac{1}{e}}^{1} \frac{1}{x\sqrt{1-\ln^2 x}}dx$

(6) $\displaystyle\int_{-1}^{1} \frac{x}{(x^2+1)^2}dx$

(7) $\displaystyle\int_{0}^{\frac{\pi}{2}} \sin x\cos^3 x\,dx$

(8) $\displaystyle\int_{0}^{\frac{\pi}{2}} \sqrt{\sin x - \sin^3 x}\,dx$

(9) $\displaystyle\int_{0}^{\frac{1}{2}} \frac{1}{\sqrt{(1-x^2)^3}}dx$

(10) $\displaystyle\int_{0}^{\frac{\sqrt{2}}{2}} \frac{x^2}{\sqrt{1-x^2}}dx$

(11) $\displaystyle\int_{0}^{\pi} x^2\cos x\,dx$

(12) $\displaystyle\int_{1}^{e} \ln^2 x\,dx$

(13) $\displaystyle\int_{0}^{1} x\arctan x\,dx$

(14) $\displaystyle\int_{0}^{\frac{\pi^2}{4}} \cos\sqrt{x}\,dx$

2. 已知 $f(u)$ 在 $[0,1]$ 上连续,证明: $\displaystyle\int_{0}^{\frac{\pi}{2}} f(\sin x)\,dx = \int_{0}^{\frac{\pi}{2}} f(\cos x)\,dx$.

3. 求下列广义积分:

(1) $\displaystyle\int_{-\infty}^{+\infty} \frac{1}{1+x^2}dx$

(2) $\displaystyle\int_{-\infty}^{+\infty} xe^{-x^2}dx$

(3) $\displaystyle\int_{0}^{1} \frac{e^{-\frac{1}{x}}}{x^2}dx$

(4) $\displaystyle\int_{0}^{\pi^2} \frac{\cos\sqrt{x}}{\sqrt{x}}dx$

4. 求下列定积分:

(1) $\displaystyle\int_{0}^{3} |x-1|\,dx$

(2) $\displaystyle\int_{0}^{2\pi} |\sin x|\,dx$

(3) $\displaystyle\int_{-1}^{1} f(x)\,dx$, 其中 $f(x) = \begin{cases} 1 & x \leqslant 0 \\ e^x & x > 0 \end{cases}$

(4) $\displaystyle\int_{2}^{1} f(x)\,dx$, 其中 $f(x) = \begin{cases} x & x < 1 \\ x^2 & x \geqslant 0 \end{cases}$

5. 求下列各曲线所围成的平面图形的面积:

(1) 曲线 $y = e^x$, $y = e^{-x}$ 与直线 $x = 1$ 所围成的图形.

(2) 曲线 $y = x^2 - 8$ 与直线 $2x + y + 8 = 0$, $y = -4$ 所围成的图形.

(3) 曲线 $y = \ln x$ 与直线 $y = \ln a$, $y = \ln b (0 < a < b)$, $x = 0$ 所围成的图形.

(4) 曲线 $y = x^3 - 3x + 2$ 在 x 轴上介于两极值点间的曲边梯形.

6. 求下列平面图形分别绕 x 轴、y 轴旋转产生的立体体积:

(1) 在区间 $\left[0, \dfrac{\pi}{2}\right]$ 上,曲线 $y = \sin x$ 与直线 $x = \dfrac{\pi}{2}$, $y = 0$ 所围成的图形.

(2) 曲线 $x^2 + y^2 = 1$ 与 $y^2 = \dfrac{3}{2} x$ 所围成的两个图形中较小的一块.

7. 有一圆柱形的贮水桶高为 5m,底面半径为 3m,桶内盛满了水,试问要把桶内的水全部吸出,需做多少功?

8. 有一圆台形的桶,盛满了汽油. 桶高为 3m,上、下底半径分别为 1m 和 2m,试求将桶内汽油全部吸尽所耗费的功. (汽油比重 $\rho = 7.84 \times 10^3 \text{N/m}^3$)

9. 有一长方形闸门,高 3m,宽 2m,垂直放入水中,水面超过门顶 2m,求闸门上所受的水压力.

10. 等腰三角形薄板垂直淹没水中,它的底与水面齐,薄板的底为 a,高为 h

(1) 计算薄板所受水的压力;

(2) 若倒转薄板,顶点与水面齐,底平行于水面,试问水对薄板的压力增大几倍?

11. 已知某产品的总成本 C(元)是产量 x(件)的函数,且边际成本 $C'(x) = 40 + 0.02x$,固定成本为 1600 元. 试求产量为何值时,可使平均成本最小.

12. 已知某厂生产某产品成本 C 是产量 x(百件)的函数,边际成本 $C'(x) = 2x + 4$,边际收入 $R'(x) = 30 - 2x$,固定成本 50(百元),试求:

(1) 生产 x(百件)的利润函数;

(2) 当产量有 3(百件)增至 4(百件)时,利润函数的增值.

13. 设某种商品每天生产 x 个单位时,固定成本为 20 元,边际成本函数为 $C'(x) = 0.4x + 2$(元/单位),求:

(1) 总成本函数 $C(x)$;

(2) 如果这种商品规定的销售价为 18 元,全部售出,写出总利润函数. 在此条件下,每天生产多少单位时利润最大?

第六章 微分方程

高等数学的主要研究对象是函数. 当利用数学知识作为工具研究自然界各种现象及其规律时,往往不能直接得到反映这种规律的函数关系,但可以根据实际问题的意义及已知的定律或公式,建立含有自变量、未知函数及未知函数的导数(或微分)的关系式,这种关系式就是微分方程. 通过求解微分方程,便可得到所要寻找的函数关系. 本章将主要介绍微分方程的一些基本概念,讨论几种常见的微分方程的解法,并通过举例介绍微分方程在几何、物理等实际问题中的一些简单应用.

§6.1 微分方程的一般概念

一、引例

例1 一曲线通过点$(1,2)$,且该曲线上任意点$P(x,y)$处的切线斜率等于该点的横坐标平方的 3 倍,求此曲线的方程.

解 设所求曲线的方程为$y=y(x)$. 由导数的几何意义知,曲线$y=y(x)$上任一点$P(x,y)$处的切线斜率为$\dfrac{dy}{dx}$. 于是按题意可得

$$\frac{dy}{dx}=3x^2 \quad 即 \quad dy=3x^2dx \tag{1}$$

又因曲线通过点$(1,2)$,故$y=y(x)$应满足条件:

$$y\Big|_{x=1}=2(或\ y(1)=2) \tag{2}$$

把(1)式两端求不定积分,得

$$\int 3x^2dx=x^3+C \tag{3}$$

其中C为任意常数.

把条件(2)代入(3)式,有 $2=1^3+C$ 即$C=1$

于是,所求曲线方程为 $y=x^3+1$ \tag{4}

例2 设有一质量为m的物体,从空中某处,不计空气阻力而只受重力作用由静止状

态自由降落. 试求物体的运动规律(即物体在自由降落过程中, 所经过的路程 s 与时间 t 的函数关系).

解 建立坐标系如图 6 − 1 所示. 取物体下落的起点为原点 O, 过点 O 作铅垂线 OS, 并指定向下为正, 构成 OS 轴(图 6 − 1).

设物体在时刻 t 所经过的路程为 $s = s(t)$, 则物体运动的加速度为 $\dfrac{d^2 s}{dt^2}$. 根据牛顿第二定律可知, 作用在物体上的外力 mg(重力)应等于物体的质量 m 与加速度 $\dfrac{d^2 s}{dt^2}$ 的乘积, 于是得

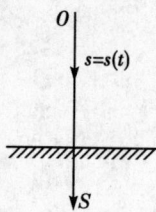

$$m \frac{d^2 s}{dt^2} = mg$$

即

$$\frac{d^2 s}{dt^2} = g \tag{5}$$

其中 g 是重力加速度, 它是一常数.

将上式改写为

$$\frac{d}{dt}\left(\frac{ds}{dt}\right) = g$$

因此可得

$$d\left(\frac{ds}{dt}\right) = g dt$$

由于物体由静止状态自由降落, 所以 $s = s(t)$ 还应满足条件:

$$\left. \frac{ds}{dt} \right|_{t=0} = 0 \tag{6}$$

对(5)式两端积分一次, 得

$$\frac{ds}{dt} = \int g\, dt = gt + C_1 \tag{7}$$

再对上式两端积分, 得

$$s = \int (gt + C_1)\, dt = \frac{1}{2} gt^2 + C_1 t + C_2 \tag{8}$$

其中 C_1、C_2 是两个任意常数.

把(6)式中的两个条件分别代入(8)式和(7)式, 可得

$$C_1 = 0, \quad C_2 = 0$$

于是, 所求的自由落体的运动规律为

$$s = \frac{1}{2} gt^2 \tag{9}$$

在上面的两个例子中, 都无法直接找出每个问题中两个变量之间的函数关系, 而是通过题设条件、利用导数的几何或物理意义等, 首先建立了含有未知函数的导数的方程(1)和(5), 然后通过积分等手段求出满足该方程和附加条件的未知函数. 这类问题及其解决问题的过程具有普遍意义, 下面从数学上加以抽象, 引进有关微分方程的一般概念.

二、微分方程的一般概念

1. 微分方程及微分方程的阶

含未知函数的导数(或微分)的方程称为微分方程. 如例 1 中的(1)式和例 2 中的(5)式都是微分方程.

微分方程中未知函数的导数的最高阶数,称为微分方程的阶. 如例 1 中微分方程(1)是一阶的,例 2 中微分方程(5)是二阶的.

2. 微分方程的解、通解与特解

如果把某个函数代入微分方程中,能使该方程成为恒等式,则称此函数为该微分方程的解. 例如,函数(3)和(4)都是微分方程(1)的解;函数(8)和(9)都是微分方程(5)的解.

微分方程的解有两种形式. 如果微分方程的解中包含任意常数,且独立的(即不可合并而使个数减少的)任意常数的个数与微分方程的阶数相同,这样的解称为微分方程的通解;而不包含任意常数的解,称为微分方程的特解. 例如,函数(3)和(8)分别是微分方程(1)和微分方程(5)的通解,而函数(4)和(9)分别是微分方程(1)和微分方程(5)的特解.

3. 微分方程的初值条件及其提法

从上面二例看到,通解中的任意常数一旦由某种特定条件确定后,就得到微分方程的特解. 通常,用以确定通解中任意常数的特定条件,如例 1 中的条件(2)和例 2 中的条件(6),都是初值条件. 一般地,当自变量取定某个特定值时,给出未知函数及其导数的已知值,这种特定条件称为微分方程的初值条件.

由于一阶微分方程的通解中只含一个任意常数,所以对于一阶微分方程,只需给出一个初值条件便可确定通解中的任意常数. 这种初值条件的提法是:当 $x = x_0$ 时,$y = y_0$,记作

$$y\Big|_{x=x_0} = y_0 \quad 或 \quad y(x_0) = y_0$$

其中 x_0, y_0 都是已知值.

同理可知,对于二阶微分方程需给出两个初值条件,它们的提法是:当 $x = x_0$ 时,$y = y_0, y' = y'_0$,记作

$$y\Big|_{x=x_0} = y_0, y'\Big|_{x=x_0} = y'_0 \quad 或 \quad y(x_0) = y_0, y'(x_0) = y'_0$$

其中 x_0, y_0 和 y'_0 都是已知值.

一般地,对于 n 阶微分方程需给出 n 个初值条件:

$$y(x_0) = y_0, y'(x_0) = y'_0, \cdots, y^{(n-1)}(x_0) = y_0^{(n-1)}$$

4. 微分方程解的几何意义

微分方程的解的图形称为微分方程的积分曲线. 由于微分
方程的通解中含有任意常数, 当任意常数取不同的值时, 就得到
不同的积分曲线, 所以通解的图形是一族积分曲线, 称为微分方
程的积分曲线族. 微分方程的某个特解的图形就是积分曲线族
中满足给定的初值条件的某一条特定的积分曲线. 例如, 在例1
中, 微分方程(1)的积分曲线族是立方抛物线族 $y = x^3 + C$, 而满

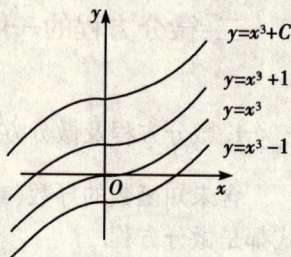

图 6-2

足初值条件(2)的特解 $y = x^3 + 1$ 就是过点(1,2)的立方抛物线(图 6-2). 这族曲线的共
性是:

在点 x_0 处, 每条曲线的切线是平行的, 它们的斜率都是 $y'(x_0) = 3x_0^2$.

例3 验证函数 $y = C_1 e^{2x} + C_2 e^{-2x}$($C_1$、$C_2$ 为任意常数)是二阶微分方程

$$y'' - 4y = 0 \tag{10}$$

的通解, 并求此微分方程满足初值条件:

$$y\Big|_{x=0} = 0, y'\Big|_{x=0} = 1 \tag{11}$$

的特解.

解 将函数 $y = C_1 e^{2x} + C_2 e^{-2x}$ 分别求一阶及二阶导数, 得

$$y' = 2C_1 e^{2x} - 2e^{-2x}, y'' = 4C_1 e^{2x} + 4C_2 e^{-2x} \tag{12}$$

把它们代入微分方程(10)的左端, 得

$$y'' - 4y = 4C_1 e^{2x} + 4C_2 e^{-2x} - 4C_1 e^{2x} - 4C_2 e^{-2x} = 0$$

所以函数 $y = C_1 e^{2x} + C_2 e^{-2x}$ 是所给微分方程(10)的解. 又因这个解中含有两个独立的任意
常数, 任意常数的个数与微分方程(10)的阶数相同, 所以它是该方程的通解.

把(11)式中的条件: " $y\Big|_{x=0} = 0$ "及" $y'\Big|_{x=0} = 1$ "分别代入

$$y = C_1 e^{2x} + C_2 e^{-2x}$$

及

$$y' = 2C_1 e^{2x} - 2e^{-2x}$$

中, 得

$$\begin{cases} C_1 + C_2 = 0 \\ 2C_1 - 2C_2 = 1 \end{cases}$$

解得 $C_1 = \dfrac{1}{4}, C_2 = -\dfrac{1}{4}$. 于是所求微分方程满足初值条件的特解为

$$y = \frac{1}{4}(e^{2x} - e^{-2x})$$

习题 6.1

1. 指出下列方程中哪些是微分方程？并说明它们的阶数：

$(1)\dfrac{d^2y}{dx^2}-y=2x$ $\qquad\qquad\qquad$ $(2)y^2-3y+x=0$

$(3)x(y')^2+y=1$ $\qquad\qquad\qquad$ $(4)(x^2+y^2)dx-dy=0$

2. 验证下列各微分方程后面所列出的函数（其中 C_1、C_2、C 均为任意常数）是否为所给微分方程的解？如果是解，是通解还是特解？

$(1)\dfrac{d^2y}{dt^2}+dx=0$ $\qquad$ $x=C_1\cos2t+C_2\sin2t$

$(2)y''-9y=x+\dfrac{1}{2}$ $\qquad$ $y=5\cos3x+\dfrac{x}{9}+\dfrac{1}{18}$

$(3)y''-2y'+y=0$ $\qquad$ $y=C_1e^x+C_2e^{-x}$

$(4)xdx+ydy=0$ $\qquad$ $x^2+y^2=C$

3. 验证函数 $y=(C_1+C_2x)e^{2x}$ 是微分方程 $y''-4y'+4y=0$ 的通解，并求此微分方程满足初值条件 $y(0)=1,y'(0)=0$ 的特解.

4. 已知一曲线通过点 $(1,2)$，且曲线上任一点 $p(x,y)$ 处的切线斜率为 $2x+1$，求该曲线的方程.

5. 从地面上以初速度 v_0 将一质量为 m 的物体垂直向上发射，如不计空气阻力，试求该物体所经过的路程 s 与时间 t 的函数关系.（提示：取坐标轴铅直向上为正，原点在地面上；列出微分方程及初值条件，再求特解.）

§6.2 变量可分离的微分方程

一阶微分方程的一般形式是

$$F(x,y,y')=0 \quad 或 \quad F(x,y,\dfrac{dy}{dx})=0 \tag{1}$$

如果能从这个方程解出未知函数的导数 $y'=\dfrac{dy}{dx}$，那么就可得到如下的形式：

$$y'=f(x,y) \quad 或 \quad \dfrac{dy}{dx}=f(x,y) \tag{2}$$

一阶微分方程的形式很多，本节先讨论变量可分离的微分方程.

如果一阶微分方程(2)的右端 $f(x,y)=\dfrac{g(x)}{h(y)}$ $\quad(h(y)\neq0)$，则方程(2)可以表示为

$$h(y)dy=g(x)dx \tag{3}$$

的形式,则称此一阶微分方程为变量可分离的微分方程. 它的特点是,方程的两端分别只含有变量 x 或变量 y 及其微分. 把原方程变形化为方程(3)的形式,这种过程称为分离变量.

设方程(3)中的函数 $g(x)$,$h(y)$ 都是连续函数,则将(3)式两端同时积分,便得微分方程(3)的通解为

$$\int h(y)dy = \int g(x)dx + C$$

其中 C 是任意常数.

例 1 求微分方程 $\dfrac{dy}{dx} = 2xy$ 的通解.

解 将所给方程两端同除以 y 和同乘以 dx,即可分离变量得

$$\frac{dy}{y} = 2xdx$$

两端同时积分

$$\int \frac{dy}{y} = \int 2xdx$$

得

$$\ln|y| = x^3 + C_1$$

即

$$|y| = e^{x^2 + C_1} = e^{C_1}e^{x^2} \quad 或 \quad y = \pm e^{C_1}e^{x^2}$$

若记 $C = \pm e^{C_1}$,它仍是任意常数且可正可负,便得所给微分方程的通解为

$$y = Ce^{x^2}$$

注意 今后为了使运算方便起见,可把 $\ln|y|$ 写成 $\ln y$,只要记住最后得到的任意常数 C 可正可负就是了. 但当 $y<0$ 时,仍应写成 $\ln|y|$ 才有意义.

例 2 求微分方程 $x(1+y^2)dx - (1+x^2)ydy = 0$ 的通解.

解 移项得 $(1+x^2)ydy = x(1+y^2)dx$,这是变量可分离的方程. 两端同除以 $(1+x^2)(1+y^2)$,即分离变量可得 $\quad \dfrac{y}{1+y^2}dy = \dfrac{x}{1+x^2}dx$

两端积分,有

$$\int \frac{y}{1+y^2}dy = \int \frac{x}{1+x^2}dx$$

积分后得

$$\frac{1}{2}\ln(1+y^2) = \frac{1}{2}\ln(1+x^2) + C_1$$

由于积分后出现对数函数,为了便于利用对数运算性质来化简结果,可把任意常数 C_1 表示为 $\dfrac{1}{2}\ln C$,即

$$\frac{1}{2}\ln(1+y^2) = \frac{1}{2}\ln(1+x^2) + \frac{1}{2}\ln C \quad (C>0)$$

化简得

$$1 + y^2 = C(1+x^2)$$

这就是所要求的所给微分方程的通解.

例 3 求微分方程 $2x\sin y dx + (1+x^2)\cos y dy = 0$ 满足初值条件 $y\Big|_{x=1} = \dfrac{\pi}{6}$ 的特解.

解 先求所给方程的通解. 移项并同除以 $(1+x^2)\sin y (\sin y \neq 0)$,即可分离变量得

$$\frac{\cos y}{\sin y} dy = -\frac{2x}{x^2+1} dx$$

两端积分,有　　　　　　$\int \frac{\cos y}{\sin y} dy = -\int \frac{2x}{x^2+1} dx + C_1$

积分后得　　　　　　　$\ln \sin y = -\ln(1+x^2) + \ln C_1 \quad (C>0, \ln C = C_1)$

化简后便得所给方程的通解为　　$(1+x^2)\sin y = C$,其中 C 是任意常数.

　　这是由隐函数形式给出的通解.

　　再求满足初值条件的特解. 把初值条件 $y \Big|_{x=1} = \frac{\pi}{6}$ 代入通解中,得

$$(1+1^2)\sin \frac{\pi}{6} = C \quad 即 \quad C = 1$$

于是,所求方程满足初值条件的特解为

$$(1+x^2)\sin y = 1$$

习题 6.2

1. 求下列微分方程的通解:

$(1) \dfrac{dy}{dx} = 2xy^2$　　　　　　　　　　$(2) \dfrac{dy}{dx} = e^{2x-y}$

$(3) y(1-x^2)dy + x(1+y^2)dx = 0$　　$(4) \sec^2 x \cdot \cot y dy - \csc^2 y \cdot \tan x dy = 0$

2. 求下列微分方程满足所给初值条件的特解:

$(1) y' = \sqrt{\dfrac{1-y^2}{1-x^2}}, y \Big|_{x=0} = 1$

$(2) \sin y \cdot \cos x dy - \cos y \cdot \sin x dx = 0, y \Big|_{x=0} = \dfrac{\pi}{4}$

$(3) (1+e^x)y \dfrac{dy}{dx} = e^x, y \Big|_{x=0} = 1$

§6.3　一阶线性微分方程

　　如果一阶微分方程可化为形如

$$\frac{dy}{dx} + P(x)y = Q(x) \tag{1}$$

的方程,则称此方程为一阶线性微分方程,方程(1)是它的标准形式. 其中,$P(x)$ 和 $Q(x)$ 为已知的连续函数,$P(x)$ 是未知函数 y 的系数,$Q(x)$ 称为自由项.

　　线性微分方程的特点是:方程中关于未知函数及未知函数的导数都是一次的. 如果

$Q(x) \neq 0$,则称方程(1)为一阶线性非齐次方程;如果 $Q(x) \equiv 0$,即

$$\frac{dy}{dx} + P(x)y = 0 \tag{2}$$

则称方程(2)为一阶线性齐次方程,也称(2)为方程(1)所对应的一阶线性齐次方程.

例如,方程 $\frac{dy}{dx} + \frac{1}{x}y = \sin x$ 中关于未知函数 y 及其导数 $\frac{dy}{dx}$ 是一次的,所以它是一阶线性微分方程;而右端 $Q(x) = \sin x \neq 0$,因此它是一阶线性非齐次方程. 它所对应的齐次方程就是 $\frac{dy}{dx} + \frac{1}{x}y = 0$. 而方程 $\frac{dy}{dx} = x^2 + y^2$,$(y')^2 + xy = e^x$,$2yy' = x\ln x$ 等,虽都是一阶微分方程,但都不是线性方程.

下面来讨论一阶线性非齐次方程(1)的解法.

(i)先求线性非齐次方程(1)所对应的齐次方程

$$\frac{dy}{dx} + P(x)y = 0 \tag{2}$$

的通解.

方程(2)是可分离变量的微分方程,分离变量后得

$$\frac{dy}{y} = -P(x)dx$$

两端积分并把任意常数写成 $\ln C$ 的形式　得

$$\ln y = -\int P(x)dx + \ln C$$

化简后即得线性齐次方程(2)的通解为

$$y = Ce^{-\int P(x)dx} \tag{3}$$

其中 C 为任意常数.

(ii)利用"常数变易法"求线性非齐次方程(1)的通解.

由于方程(1)与(2)的左边相同,只是右边不相同,因此,如果我们猜想方程(1)的通解也具有(3)的形式,那么其中的 C 不可能是常数,而必定是一个关于 x 的函数记作 $C(x)$. 于是,可设

$$y = C(x)e^{-\int P(x)dx} \tag{4}$$

是线性非齐次方程(1)的解,其中 $C(x)$ 是待定函数.

下面来设法求出待定函数 $C(x)$. 为此,把(4)式求其对 x 的导数,得

$$\frac{dy}{dx} = C'(x)e^{-\int P(x)dx} - P(x)C(x)e^{-\int P(x)dx}$$

代入方程(1)中,得 $\quad C'(x)e^{-\int P(x)dx} - P(x)C(x)e^{-\int P(x)dx} + P(x)C(x)e^{-\int P(x)dx} = Q(x)$

化简后,得 $\quad C'(x) = Q(x)e^{\int P(x)dx}$

将上式积分,得

$$C(x) = \int Q(x)e^{\int P(x)dx}dx + C \tag{5}$$

其中 C 是任意常数.

把(5)式代入(4)式中,即得线性非齐次方程(1)的通解为

$$y = e^{-\int P(x)dx}\left[\int Q(x)e^{\int P(x)dx}dx + C\right] \tag{6}$$

这就是一阶线性非齐次方程(1)的通解公式.

上面第(ⅱ)步中,通过把对应的线性齐次方程通解中的任意常数变易为待定函数,然后求出线性非齐次方程的通解,这种方法称为常数变易法.

下面来分析线性非齐次方程(1)的通解结构. 由于方程(1)的通解公式(6)也可改写为

$$y = Ce^{-\int P(x)dx} + e^{-x\int P(x)dx}\int Q(x)e^{\int P(x)dx}dx$$

容易看出,通解中的第一项就是方程(1)所对应的线性齐次方程(2)的通解;第二项就是原线性非齐次方程(1)的一个特解(它可从通解(6)中,取 $C=0$ 得到). 由此可知,一阶线性非齐次方程的通解是由对应的齐次方程的通解与非齐次方程的一个特解相加而构成的. 这个结论揭示了一阶线性非齐次微分方程的通解结构.

例1 求微分方程 $\dfrac{dy}{dx} + 2xy = 2xe^{-x^2}$ 的通解.

解 这是一阶线性非齐次微分方程,下面用两种方法求解.

解一 按常数变易法的思路求解

(ⅰ)先求对应齐次方程 $\dfrac{dy}{dx} + 2xy = 0$ 的通解.

分离变量得
$$\frac{dy}{y} = -2xdx$$

两端积分得
$$\ln y = -x^2 + \ln C$$

即
$$y = Ce^{-x^2}$$

这就是所求对应齐次方程的通解.

(ⅱ)设 $y = C(x)e^{-x^2}$ 为原线性非齐次方程的解,其中 $C(x)$ 为待定函数,则

$$\frac{dy}{dx} = C'(x)e^{-x^2} - 2xC(x)e^{-x^2}$$

将 y 及 $\dfrac{dy}{dx}$ 代入原线性非齐次方程,得

$$C'(x)e^{-x^2} - 2xC(x)e^{-x^2} + 2xC(x)e^{-x^2} = 2xe^{-x^2}$$

化简后得
$$C'(x) = 2x$$

积分得
$$C(x) = \int 2xdx = x^2 + C.$$

其中 C 为任意常数. 故得原线性非齐次方程的通解为

$$y = (x^2 + C)e^{-x^2}$$

解二 直接利用通解公式(6)

把 $P(x) = 2x$,$Q(x) = 2xe^{-x^2}$ 代入公式(6),得所求线性非齐次方程的通解为

$$y = e^{-\int 2xdx}\left[\int 2xe^{-x^2}e^{\int 2xdx}dx + C\right] = e^{x^2}\left[\int 2xe^{-x^2}e^{x^2}dx + C\right]$$

$$= e^{-x^2}\left[\int 2xdx + C\right] = e^{-x^2}(x^2 + C)$$

注意 使用一阶线性非齐次方程的通解公式(6)时,必须首先把方程化为形如(1)式

的标准形式,再确定未知函数 y 的系数 $P(x)$ 及自由项 $Q(x)$.

例2 求微分方程 $x\dfrac{dy}{dx} + y = xe^x$ 的通解.

解 把所给方程变形,当 $x \neq 0$ 时,化为 $\dfrac{dy}{dx} + \dfrac{1}{x}y = e^x$.

这是一阶线性非齐次方程. 未知函数 y 的系数 $P(x) = \dfrac{1}{x}$,自由项 $Q(x) = e^x$. 代入一阶线性非齐次方程的通解公式(6),得所求线性非齐次方程的通解为

$$y = e^{-\int \frac{1}{x}dx}\left[\int e^x \cdot e^{\int \frac{1}{x}dx}dx + C\right]$$

$$= e^{-\ln x}\left[\int e^x \cdot e^{\ln x}dx + C\right]$$

$$= e^{\ln \frac{1}{x}}\left[\int x \cdot e^x dx + C\right]$$

$$= \frac{1}{x}\left[x \cdot e^x - e^x + C\right] \quad (x \neq 0)$$

或写成 $\qquad y = e^x - \dfrac{e^x}{x} + \dfrac{C}{x} \quad (x \neq 0)$

例3 求微分方程 $y'\cos x - y\sin x = 1$ 满足初值条件 $y(0) = 0$ 的特解.

解 把所给方程化为形如(1)式的标准形式

$$y' - y\tan x = \sec x$$

这里 $P(x) = -\tan x$,$Q(x) = \sec x$. 直接代入通解公式(6),得所给方程的通解为

$$y = e^{-\int -(\tan x)dx}\left[\int \sec x \cdot e^{\int -(\tan x)dx}dx + C\right]$$

$$= e^{-\ln \cos x}\left[\int \sec x \cdot e^{\ln \cos x}dx + C\right]$$

$$= e^{\ln \frac{1}{\cos x}}\left[\int \sec x \cdot \cos x dx + C\right]$$

$$= \frac{1}{\cos x}\left[\int dx + C\right]$$

$$= \frac{1}{\cos x}\left[x + C\right]$$

把初值条件 $y(0) = 0$ 代入通解中,得 $C = 0$. 故得所求特解为

$$y = \frac{x}{\cos x} = x\sec x$$

习题 6.3

1. 求下列微分方程的通解:

(1) $\dfrac{dy}{dx} + 3y = e^{-2x}$

(2) $xy' - y = x^3 + x^2$

(3) $(x^2 - 1)y' + 2xy = \cos x$

(4) $y' + y\cos x = e^{-\sin x}$

$(5)(x\ln x)y' - y = 3x^3(\ln x)^2$ 　　　$(6)(y^2 - xy)y' + 2y = 0$

2. 求下列微分方程满足所给初值条件的特解:

$(1)y' + \dfrac{1}{x} = \dfrac{\sin x}{x}, y\Big|_{x=\pi} = 1$

$(2)(1 + x^2)dy = (1 + xy)dx, y(1) = 0$

3. 设 $y = y_1(x)$ 与 $y = y_2(x)$ 是一阶线性非齐次微分方程 $y' + P(x)y = Q(x)$ 的两个不同的特解,证明: $y_1(x) - y_2(x)$ 是线性齐次微分方程 $y' + P(x)y = 0$ 的解.

4. 设 $y = y_1(x)$ 与 $y = y_2(x)$ 分别是线性非齐次方程 $y' + P(x)y = Q_1(x)$ 和 $y' + P(x)y = Q_2(x)$ 的两个不同的特解,证明 $y = y_1(x) + y_2(x)$ 是线性非齐次方程 $y' + P(x)y = Q_1(x) + Q_2(x)$ 的解.

§6.4　可降阶的高阶微分方程

二阶及二阶以上的微分方程统称为高阶微分方程. 本节将介绍两种特殊类型的高阶微分方程,它们可以通过积分或变量代换,降为较低阶的微分方程来求解. 这种求解方法也称为降阶法.

一、$y^{(n)} = f(x)$ 型

微分方程

$$y^{(n)} = f(x) \tag{1}$$

的右端只含有自变量 x,由于 $y^{(n)} = \dfrac{d}{dx}(y^{(n-1)})$,所以方程(1)可改写为

$$\frac{d}{dx}(y^{(n-1)}) = f(x) \quad \text{或} \quad d(y^{(n-1)}) = f(x)dx$$

将上式两端分别积分一次,便得一个 $(n-1)$ 阶微分方程

$$y^{(n-1)} = \int f(x)dx + C_1$$

再积分一次,便得到一个 $n-2$ 阶微分方程

$$y^{(n-2)} = \int\left[\int f(x)dx + C_1\right]dx + C_2$$

依次积分 n 次,即可得到方程(1)的含有 n 个任意常数的通解.

例1　求微分方程 $y''' = 2x + \sin x$ 的通解.

解　对所给方程依次积分三次,得

$$y'' = \int(2x + \sin x)dx = x^2 - \cos x + C'_1$$

$$y' = \int(x^2 - \cos x + C'_1)dx = \frac{1}{3}x^3 - \sin x + C'_1 x + C_2$$

$$y = \int \left(\frac{1}{3}x^3 - \sin x + C'_1 x + C_2 \right) dx + C_3$$

$$= \frac{1}{12}x^4 + \cos x + \frac{C'_1}{2}x^2 + C_2 x + C_3$$

记 $\dfrac{C'_1}{2} = C_1$，即得所给微分方程的通解为

$$y = \frac{1}{12}x^4 + \cos x + C_1 x^2 + C_2 x + C_3$$

其中 C_1, C_2, C_3 都是任意常数.

二、$y'' = f(x, y')$ 型

微分方程

$$y'' = f(x, y') \tag{2}$$

的右端不显含未知函数 y，在这种情形中，可通过变量代换，把方程(2)降为一阶微分方程求解.

令 $y' = p$，则 $y'' = \dfrac{dp}{dx}$. 代入方程(2)，得

$$\frac{dp}{dx} = f(x, p)$$

这是关于变量 x 和 p 的一阶微分方程，若能求出其通解，设为 $p = \varphi(x, C_1)$，即有

$$\frac{dy}{dx} = \varphi(x, C_1) \quad \text{或} \quad dy = \varphi(x, C_1) dx$$

两端积分，便得所给微分方程(2)的通解为

$$y = \int \varphi(x, C_1) dx + C_2$$

例2　求微分方程 $y'' + \dfrac{1}{x}y' = xe^{-x}$ 的通解.

解　所给方程中不含未知函数 y，可设 $y' = p$，则 $y'' = \dfrac{dp}{dx}$. 代入原方程后，得

$$\frac{dp}{dx} - \frac{1}{x}p = xe^{-x}$$

这是一阶线性非齐次方程. 利用通解公式(见 §6.3 公式(6))，可得

$$p = e^{-\int \left(-\frac{1}{x} \right) dx} \left[\int xe^{-x} \cdot e^{\int \left(-\frac{1}{x} \right) dx} dx + C'_1 \right]$$

$$= e^{\ln x} \left[\int xe^{-x} \cdot e^{-\ln x} dx + C'_1 \right]$$

$$= x \left(\int e^{-x} dx + C'_1 \right)$$

$$= x \left(-e^{-x} + C'_1 \right)$$

于是有
$$\frac{dy}{dx} = x(-e^{-x} + C'_1)$$

再积分一次,便得原方程的通解为

$$y = \int x(-e^{-x} + C'_1)dx = \int (-xe^{-x} + C'_1x)dx$$

$$= (x+1)e^{-x} + \frac{C'_1}{2}x^2 + C_2$$

$$= (x+1)e^{-x} + C_1x^2 + C_2, C_1 = \frac{C'_1}{2}$$

例3　求微分方程 $y'' = \frac{2x}{1+x^2}y'$ 满足初值条件: $y'\Big|_{x=0} = 1, y'\Big|_{x=0} = 3$ 的特解.

解　所给方程中不含未知函数 y,可设 $y' = p$,则 $y'' = \frac{dp}{dx}$. 代入原方程得

$$\frac{dp}{dx} = \frac{2x}{1+x^2}p$$

这是可分离变量的一阶微分方程,分离变量得

$$\frac{dp}{p} = \frac{2x}{1+x^2}dx$$

两端积分后,得　　　　　　　$\ln p = \ln(1+x^2) + \ln C_1$

化简得　　　　　　　　　　　$p = C_1(1+x^2)$

即　　　　　　　　　　　　　$y' = C_1(1+x^2)$

以初值条件: $y'\Big|_{x=0} = p\Big|_{x=0} = 3$ 代入上式,得 $C_1 = 3$,

故得　　　　　　　　　　　　$y' = 3(1+x^2)$

这是一阶微分方程,积分一次,得

$$y = 3\int (1+x^2)dx = 3x + x^3 + C_2$$

再以初值条件: $y'\Big|_{x=0} = 1$,代入,得 $C_2 = 1$

于是,所求特解为

$$y = x^3 + 3x + 1$$

注意　利用降阶法求特解时,应像本例中的解法那样,对积分过程中出现的任意常数,应及时用初值条件定出,这样可使计算简便些.

三、$y'' = f(y, y')$ 型的不显含 x 的方程

此类题的求解方法为: $y' = p(y)$,则 $y'' = p'(y)y' = p'(y)p(y)$,这样方程变为关于 p 和 y 的一阶微分方程,进而用一阶微分方程的求解方法来求解.

例4　求微分方程 $2yy'' = 1 + y'^2$ 的通解.

解　令 $y' = p(y)$,则 $y'' = p'(y)y' = p'(y)p(y)$,代入方程得

$$2yp'p = 1 + p^2 \quad \text{或} \quad 2y\frac{dp}{dy}p = 1 + p^2$$

分离变量得
$$\frac{2p}{1+p^2}dp = \frac{dy}{y}$$

两端积分得
$$\ln(1+p^2) = \ln y + \ln C_1 = \ln(C_1 y)$$
$$1 + p^2 = C_1 y$$
$$y' = p = \pm\sqrt{C_1 y - 1}$$

再分离变量得
$$\frac{dy}{\pm\sqrt{C_1 y - 1}} = dx$$

两端再积分得通解
$$\pm\frac{2}{C_1}\sqrt{C_1 y - 1} = x + C_2 \quad \text{或} \quad \pm\frac{4}{C_1^2}(C_1 y - 1) = (x + C_2)^2$$

习题 6.4

1. 求下列微分方程的通解:

$(1) y'' = \dfrac{x}{1+x^2}$　　　　　　　　　$(2) y''' = 2x - \cos x$

$(3) y'' = 1 + y'$　　　　　　　　　　　$(4) y'' - \dfrac{1}{x}y' = xe^x$

2. 求下列微分方程满足所给初值条件的特解:

$(1) y''' = \ln x, y(1) = 0, y'(1) = -\dfrac{3}{4}, y''(1) = -1$

$(2) y'' - ay' = 0(a > 0, a$ 为常数$), y(0) = 0, y'(0) = -1$

§6.5　二阶常系数齐次线性微分方程

一般的二阶线性微分方程形如
$$\frac{d^2 y}{dx^2} + P(x)\frac{dy}{dx} + Q(x)y = f(x) \tag{1}$$

当 $f(x) \equiv 0$ 时,此方程叫二阶齐次线性微分方程;当 $f(x) \neq 0$ 时,此方程叫做二阶非齐次线性微分方程.

如果 y' 和 y 的系数均为常数,则方程
$$y'' + py' + qy = 0 \tag{2}$$
(其中 p、q 均为常数)称为二阶常系数齐次线性微分方程.

对于一般的二阶齐次线性微分方程的解的结构有如下定理

定理　设 y_1, y_2 是齐次方程

$$\frac{d^2y}{dx^2} + P(x)\frac{dy}{dx} + Q(x)y = 0 \tag{3}$$

的两个解,则

（ⅰ）对于任意常数 C_1,C_2,函数 $y = C_1y_1 + C_2y_2$ 也是方程式(3)的解;

（ⅱ）若 $y_1 \neq 0$,且 y_2 不是 y_1 的常数倍,则 $y = C_1y_1 + C_2y_2$ 就是方程式(3)的通解(其中 C_1,C_2 为任意常数).

定理证明从略.

注意　1. 定理中(ⅰ)所述事实常称作叠加原理,表达式 $C_1y_1 + C_2y_2$ 叫做函数 y_1 与 y_2 的线性组合,叠加原理表明方程式(3)的解的任意线性组合仍是方程式(3)的解;

2. 定理中(ⅱ)告诉我们,只要知道方程式(3)的两个线性无关解(所谓线性无关解是指其中任意一个解都不是另一个的常数倍),也就知道了它的全部解,其他任何解都能表示成这两个线性无关解的线性组合.

定理对方程式(2)也成立.

现在二阶常系数齐次线性微分方程的求解问题已转化为求方程式(2)的两个线性无关的解 y_1 和 y_2,我们已经知道,一阶方程 $y' + py = 0$ 可由公式求得它的通解是 $y = Ce^{-px}$,它的特点是 y 和 y' 都是指数函数,因此可以设想方程式(2)的解也是一个指数函数 $y = e^{rx}$（r 为常数）是合理的,此时 $y' = re^{rx}$,$y'' = r^2e^{rx}$ 代入方程式(2)得

$$e^{rx}(r^2 + pr + q) = 0$$

容易看出,当且仅当

$$r^2 + pr + q = 0 \tag{4}$$

时,$y = e^{rx}$ 是方程式(2)的解.

方程式(4)是以 r 为未知数的代数方程,我们把它称为微分方程式(2)的特征方程,其中 r^2 和 r 的系数以及常数项恰好依次是方程式(2) y''、y' 及 y 的系数. 特征方程的根 r_1 和 r_2 称为特征根,它们可以用二次方程的求根公式

$$r_{1,2} = \frac{-p \pm \sqrt{p^2 - 4q}}{2}$$

求出,特征根 r_1 和 r_2 有三种不同情形,相应地微分方程的通解也有三种不同的情形:

1. 当 $p^2 - 4q > 0$ 时,r_1 和 r_2 是两个不相等的实根,则 $y_1 = e^{r_1x}$ 和 $y_2 = e^{r_2x}$ 是微分方程式(2)的两个解,且 $\frac{y_1}{y_2} = \frac{e^{r_1x}}{e^{r_2x}} = e^{(r_1-r_2)x}$ 不是常数,因此微分方程式(2)的通解为

$$y = C_1e^{r_1x} + C_2e^{r_2x}$$

2. 当 $p^2 - 4q = 0$ 时,r_1 和 r_2 是两个相等的实根. 设 $r_1 = r_2 = r$,这时我们只得到方程式(2)的一个解 $y_1 = e^{rx}$,为了求出方程式(2)的通解,还需求出它的另一个特解 y_2,且要求了 $\frac{y_1}{y_2} \neq$ 常数,所以可设 $\frac{y_1}{y_2} = u(x)$,即 $y_2 = e^{rx}u(x)$,其中 $u(x)$ 是待定函数,为了确定 $u(x)$,由 $y_2 = e^{rx}u(x)$ 得

$$y_2' = u'(x)e^{rx} + ru(x)e^{rx}$$

$$y_2'' = u''(x)e^{rx} + 2ru'(x)e^{rx} + r^2u(x)e^{rx}$$

把 y_2,y'_2,y''_2 代入方程式(2),得

$$\{[u''(x)+2ru'(x)+r^2u(x)]+p[u'(x)+ru(x)]+qu(x)\}e^{rx}=0$$

式中 $e^{rx}\neq0$,由于 r 是二重特征根,故

$$r^2+pr+q=0\ \text{且}\ 2r+p=0,\text{所以}\ u''(x)+(2r+p)u'(x)+(r^2+pr+q)u(x)=0$$

因此

$$u''(x)=0$$

因为我们只要求 $u(x)=0$ 不是常数,所以不妨取 $u(x)=x$,这样得到方程式(2)的另一个特解为 $y_2=xe^{rx}$

从而得到方程式(2)的通解为

$$y=(C_1+C_2x)e^{rx}$$

3. 当 $p^2-4q<0$ 时,有一对共轭复根: $r_1=\alpha+i\beta$、$r_2=\alpha-i\beta(\beta\neq0,\alpha$、$\beta$ 是实数).

这时,$y_1=e^{(\alpha+i\beta)x}$,$y_2=e^{(\alpha-i\beta)x}$ 是微分方程式(2)的两个解,但它们都是复数形式,不便于应用,为了得到微分方程式(2)的不含有复数的解,先利用欧拉公式 $e^{i\theta}=\cos\theta+i\sin\theta$ 把 y_1 和 y_2 改写为

$$y_1=e^{(\alpha+i\beta)x}=e^{\alpha x}e^{i\beta x}=e^{\alpha x}(\cos\beta x+i\sin\beta x)$$
$$y_2=e^{(\alpha-i\beta)x}=e^{\alpha x}e^{-i\beta x}=e^{\alpha x}(\cos\beta x-i\sin\beta x)$$

可以看到

$$\frac{1}{2}(y_1+y_2)=e^{\alpha x}\cos\beta x$$

$$\frac{1}{2i}(y_1-y_2)=e^{\alpha x}\sin\beta x$$

根据本节定理可知,$e^{\alpha x}\cos\beta x$ 和 $e^{\alpha x}\sin\beta x$ 仍是微分方程式(2)的解,且 $\dfrac{e^{\alpha x}\cos\beta x}{e^{\alpha x}\sin\beta x}=\cot\beta x$ 不是

常数(这里 $x\neq\dfrac{n\pi}{\beta}$),所以微分方程式(2)的通解为

$$y=e^{\alpha x}(C_1\cos\beta x+C_2\sin\beta x)$$

综上所述,求二阶常系数齐次线性微分方程

$$y''+py'+qy=0$$

的通解的步骤如下:

(1)写出微分方程的特征方程 $r^2+pr+q=0$.

(2)求出特征方程的根 r_1、r_2.

(3)按 r_1、r_2 的三种不同情况,按照表 6-1 写出方程的通解.

表 6-1

特征方程 $r^2+pr+q=0$ 的两个根 r_1、r_2	微分方程 $y''+py'+qy=0$ 的通解
$r_1\neq r_2$	$y=C_1e^{r_1x}+C_2e^{r_2x}$
$r_1=r_2$	$y=(C_1+C_2x)e^{rx}$
$r_1=\alpha+i\beta$、$r_2=\alpha-i\beta$	$y=e^{\alpha x}(C_1\cos\beta x+C_2\sin\beta x)$

例1 求微分方程 $y'' + 2y' - 8y = 0$ 的通解.

解 所给方程的特征方程为

$$r^2 + 2r - 8 = 0$$

特征根为 $r_1 = -4, r_2 = 2$,因为 $r_1 \neq r_2$,所以方程的通解为

$$y = C_1 e^{-4x} + C_2 e^{2x}$$

例2 求方程 $s'' + 4s' + 4s = 0$ 满足初值条件 $s\big|_{t=0} = 1$ 和 $s'\big|_{t=0} = 0$ 的特解

解 所给方程的特征方程为 $r^2 + 4r + 4 = 0$

特征根为 $r_1 = r_2 = -2$,因此方程的通解为

$$s = (C_1 + C_2 t) e^{-2t}$$

为确定满足初值条件的特解,对 s 求导,得

$$s' = (C_2 - 2C_1 - 2C_2 t) e^{-2t}$$

将初值条件 $s\big|_{t=0} = 1$ 和 $s'\big|_{t=0} = 0$ 代入以上两式,得

$$\begin{cases} C_1 = 1 \\ C_2 - 2C_1 = 0 \end{cases}$$

解得 $C_1 = 1$、$C_2 = 2$,因此,方程满足所给初值条件的特解为

$$s = (1 + 2t) e^{-2t}$$

例3 求方程 $y'' + 2y' + 5y = 0$ 的通解.

解 所给方程的特征方程为 $r^2 + 2r + 5 = 0$

特征根为 $r_1 = 1 + 2i, r_1 = 1 - 2i$

所以方程的通解为

$$y = e^{-x}(C_1 \cos 2x + C_2 \sin 2x)$$

习题 6.5

1. 求下列微分方程的通解:

(1) $y'' + y' - 2y = 0$

(2) $y'' - 9y = 0$

(3) $y'' - 4y' = 0$

(4) $y'' + y = 0$

(5) $y'' + 6y' + 13y = 0$

(6) $y'' - 2y' + y = 0$

(7) $y'' + 2y' - (1 - a^2)y = 0, (a > 0)$

(8) $y'' - 4y' + 5y = 0$

2. 求下列微分方程满足初值条件的特解:

(1) $y'' - 4y' + 3y = 0, y\big|_{x=0} = 6, y'\big|_{x=0} = 0$

(2) $4y'' + 4y' + y = 0, y\big|_{x=0} = 2, y'\big|_{x=0} = 0$

(3) $y'' + 4y' + 29y = 0, y\big|_{x=0} = 0, y'\big|_{x=0} = 15$

$(4)\ y'' - 3y' - 4y = 0,\ y\Big|_{x=0} = 0,\ y'\Big|_{x=0} = -5$

$(5)\ I''(t) + 2I'(t) + 5I(t) = 0,\ I(0) = 2,\ I'(0) = 0$

§6.6　二阶常系数非齐次线性微分方程

定理　设 $\bar{y}$ 是二阶非齐次线性微分方程

$$y'' + P(x)y' + Q(x)y = f(x) \tag{1}$$

的一个特解,$f(x) \neq 0$,Y 是方程式(1)所对应的齐次方程的通解,那么 $y = Y + \bar{y}$ 是方程式(1)的通解.

此定理称为二阶非齐次线性微分方程的通解结构定理.(证明从略)

二阶常系数非齐次线性微分方程的一般形式是

$$y'' + py' + qy = f(x) \tag{2}$$

式中,p 和 q 都是常数,$f(x) \neq 0$.

上一节中,我们已经讨论了方程式(2)对应的齐次方程 $y'' + py' + qy = 0$ 的通解,所以在这里只讨论如何求非齐次方程式(2)的一个特解就可以了.对于这个问题,我们只对 $f(x)$ 取以下两种常见形式进行讨论.

一、$f(x) = P_n(x)$（其中 $P_n(x)$ 是 x 的一个 n 次多项式）

这时,方程式(2)成为

$$y'' + py' + qy = P_n(x) \tag{3}$$

因为一个多项式的导数仍是多项式,而且次数比原来降低一次,因此,

(1)当 $q \neq 0$ 时,方程式(3)的特解 $\bar{y}$ 仍是一个 n 次多项式,记为 $Q_n(x)$;

(2)当 $q = 0$ 而 $p \neq 0$ 时,$\bar{y}'$ 应是一个 n 次多项式,也就是说,$\bar{y}$ 应是一个 $n+1$ 次多项式,记为 $Q_{n+1}(x)$;

(3)当 $p = q = 0$ 时,方程式(3)变为 $y'' = P_n(x)$,即变成一个可以直接积分的简单微分方程,不必用上述方法求特解,只要积分两次就可得通解.

例1　求方程 $y'' + y = 2x^2 - 3$ 的一个特解.

解　因为 $P_n(x) = 2x^2 - 3$ 是一个二次多项式,且 $q = 1 \neq 0$,则该方程的特解也是一个二次多项式,因此,设　　　$\bar{y} = Ax^2 + Bx + C$

式中 A、B、C 为待定系数.

为求得这三个系数,多次求导,得

$$\bar{y}' = 2Ax + B$$

$$\bar{y}'' = 2A$$

把它们代入原方程,得　　　　　$2A + Ax^2 + Bx + C = 2x^2 - 3$

即 $$Ax^2 + Bx + (2A + C) = 2x^2 - 3$$

上式应是一个恒等式,所以两边的同次项系数必须相等,即

$$\begin{cases} A = 2 \\ B = 0 \\ 2A + C = -3 \end{cases}$$

解此方程组,得 $A = 2, B = 0, C = -7$ 于是得到所求方程的一个特解为

$$\bar{y} = 2x^2 - 7$$

例 2 求 $y'' + y' = x$ 的通解.

解 所给方程对应的齐次方程 $y'' + y' = 0$ 的特征方程为

$$r^2 + r = 0$$

特征根为 $r_1 = -1, r_2 = 0$,于是方程 $y'' + y' = 0$ 的通解为 $y = C_1 e^{-x} + C_2$.
因为原方程中 $P_n(x) = x$ 是一个一次多项式,而且 $q = 0$ 而 $p = 1 \neq 0$,所以特解应是一个二次多项式,因此设 $$\bar{y} = Ax^2 + Bx + C$$

则 $$\bar{y}' = 2Ax + B$$

$$\bar{y}'' = 2A$$

把 $\bar{y}' = 2Ax + B$ 和 $\bar{y}'' = 2A$ 代入原方程,整理得

$$2Ax + (2A + B) = x$$

比较两边同次幂的系数,得

$$\begin{cases} 2A = 1 \\ 2A + B = 0 \end{cases}$$

解得 $A = \dfrac{1}{2}, B = -1$. 这里 C 的值可任意选取,为简单起见,可取 $C = 0$,因此得到原方程的

一个特解为 $$\bar{y} = \frac{1}{2}x^2 - x$$

于是得到原方程的通解为 $y = C_1 e^{-x} + C_2 + \dfrac{1}{2}x^2 - x$

二、$f(x) = a\cos\omega x + b\sin\omega x$(其中 a、b、ω 是常数)

这时,方程式(2)成为

$$y'' + py' + qy = a\cos\omega x + b\sin\omega x \qquad (4)$$

可以证明方程式(4)的特解的形式为

$$\bar{y} = x^k (A\cos\omega x + B\sin\omega x)$$

式中,A 和 B 是待定常数,k 是一个整数.

(1)当 $\pm\omega i$ 不是特征根时,$k = 0$;

(2)当 $\pm\omega i$ 是特征根时,$k = 1$.(证明从略)

例 3 求方程 $y'' + 2y' - 3y = 4\sin x$ 的一个特解.

解 因为 $\omega = 1$,而 $\omega i = i$ 不是特征方程 $r^2 + 2r - 3 = 0$ 的根,所以 $k = 0$,因此可设方程

的特解为　　　　　　　　　　　$\bar{y} = A\cos x + B\sin x$

求导数得　　　　　　　　　　　$\bar{y}' = B\cos x - A\sin x$

　　　　　　　　　　　　　　　$\bar{y}'' = -A\cos x - B\sin x$

代入原方程,得　　　$(-4A + 2B)\cos x + (-2A - 4B)\sin x = 4\sin x$

比较上式两端同类项的系数,得

$$\begin{cases} -4A + 2B = 0 \\ -2A - 4B = 4 \end{cases}$$

解得　　　　　　　　　　　　　$A = -\dfrac{2}{5}, B = -\dfrac{4}{5}$

于是,原方程的特解为　　　　　$\bar{y} = -\dfrac{2}{5}\cos x - \dfrac{4}{5}\sin x$

习题 6.6

1. 求下列微分方程的一个特解:

(1) $y'' + 2y' + 5y = 5x + 2$　　　　　　　　(2) $y'' + 3y = 2\sin x$

(3) $y'' - 5y' + 6y = 7$　　　　　　　　　　(4) $y'' + y' = 3x^2 + 1$

(5) $y'' + 2y' + y = \sin 2x$

2. 求下列微分方程的通解:

(1) $y'' - 2y' - 3y = 3x + 1$　　　　　　　　(2) $\dfrac{d^2 x}{dt^2} - 6\dfrac{dx}{dt} + 13x = 39$

(3) $\dfrac{d^2 s}{dt^2} + \dfrac{ds}{dt} + 2s = \dfrac{t}{2}$　　　　　　　　(4) $\dfrac{d^2 s}{dt^2} = 4\sin 2t$

3. 求下列微分方程满足初值条件的特解:

(1) $y'' + y + \sin 2x = 0, y\Big|_{x=\pi} = 1, y'\Big|_{x=\pi} = 1$

(2) $y'' + y' - 2y = 2x, y\Big|_{x=0} = 0, y'\Big|_{x=0} = 3$

(3) $\dfrac{d^2 s}{dt^2} + s = 2\cos t, s\Big|_{t=0} = 2, \dfrac{ds}{dt}\Big|_{t=0} = 0$

(4) $2y'' + y' + y = 2, y\Big|_{x=0} = 1, y'\Big|_{x=0} = 0$

4. 方程 $y'' + 4y = \sin x$ 的一条积分曲线通过点 $(0,1)$,并在这一点与直线 $y = 1$ 相切,求此曲线方程.

§6.7　微分方程的应用举例

运用微分方程解决科学技术中的实际问题的一般步骤如下:

(i)根据问题的几何或物理等方面的意义,利用已知的公式或定律,建立描述该问题的微分方程并确定初值条件；

（ⅱ）判别所建立的微分方程的类型,求出该微分方程的通解；

（ⅲ）利用初值条件,定出通解中的任意常数,求得微分方程满足初值条件的特解；

（ⅳ）根据某些问题的需要,利用所求得的特解来解释问题的实际意义或求得其他所需的结果.

例 1 一曲线通过点 $(1,2)$,它在两坐标轴间的任意切线线段均被切点所平分,求这曲线的方程.

解 （ⅰ）建立微分方程并确定初值条件

设所求曲线的方程为 $y=y(x)$. 由导数的几何意义可知,曲线上任一点 $P(x,y)$ 处的切线斜率为 y',切线方程为 $Y-y=y'(X-x)$

如图 6-3 令 $Y=0$,得切线在 x 轴上的截距为

$$X_0 = x - \frac{y}{y'}$$

按题意, $X_0 = 2x$,故得

$$x - \frac{y}{y'} = 2x$$

即得曲线 $y=y(x)$ 应满足的微分方程为

$$y' = -\frac{y}{x} \quad \text{或} \quad \frac{dy}{dx} = -\frac{y}{x} \tag{1}$$

由于曲线过点 $(1,2)$,故得初值条件为

$$y\Big|_{x=1} = 2 \text{ 或 } y(1) = 2 \tag{2}$$

（ⅱ）求通解

将方程（1）分离变量,得

$$\frac{dy}{y} = -\frac{dx}{x}$$

两端积分,得

$$\ln y = -\ln x + \ln C$$

即得方程（1）的通解为

$$xy = C$$

其中 C 是任意常数.

（ⅲ）求特解

把初值条件（2）代入通解中,得

$$C = 2$$

故得所求

$$xy = 2$$

这就是所要求的曲线方程.

例 2 设质量为 m 的降落伞从飞机上下落后,所受空气阻力与速度成正比,并设降落伞离开飞机时 $(t=0)$ 速度为零. 求降落伞下落的速度与时间的函数关系.

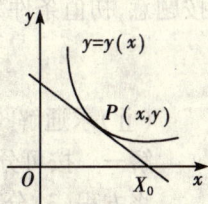

解 （ⅰ）建立微分方程并确定初值条件

设降落伞下落速度为 $v(t)$. 降落伞在空中下落时, 同时受到重力 G 与阻力 R 的作用(图 6-4). 重力大小为 mg 方向与 v 一致; 阻力大小为 kv ($k>0$ 为比例系数), 方向与 v 相反, 于是降落伞所受外力为

$$F = mg - kv$$

根据牛顿第二运动定律: $F = ma$(其中 a 为运动加速度 $\dfrac{dv}{dt}$), 可得函数 $v(t)$ 应满足的微分方程为

$$m\frac{dv}{dt} = mg - kv \tag{3}$$

图 6-4

按题意, 初值条件为

$$v\Big|_{t=0} = 0 \tag{4}$$

（ⅱ）求通解

解一 按可分离变量方程求解

将方程(3)分离变量后得

$$\frac{dv}{mg - kv} = \frac{dt}{m}$$

两端积分, 有

$$\int \frac{dv}{mg - kv} = \int \frac{dt}{m}$$

积分后, 得

$$-\frac{1}{k}\ln(mg - kv) = \frac{t}{m} - \frac{1}{k}\ln C_1$$

化简得

$$mg - kv = C_1 e^{-\frac{k}{m}t}$$

即得

$$v = \frac{mg}{k} - \frac{C_1}{k}e^{-\frac{k}{m}t}$$

记 $C = -\dfrac{C_1}{k}$, 即得所求通解为

$$v = \frac{mg}{k} + Ce^{-\frac{k}{m}t} \tag{5}$$

其中 C 为任意常数.

解二 按一阶线性微分方程求解. 将方程(3)变形为

$$\frac{dv}{dt} + \frac{k}{m}v = g$$

这是一阶线性非齐次方程, 这里 $P(t) = \dfrac{k}{m}$, $Q(t) = g$. 利用 §6.3 中公式(6), 可得所求方程(3)的通解为

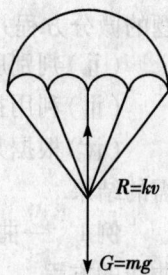

$$v = e^{-\int P(t)dt}\Big[\int Q(t)e^{\int P(t)dt}dt + C\Big]$$

$$= e^{-\int \frac{k}{m}dt}\Big[\int g \cdot e^{\int \frac{k}{m}dt}dt + C\Big]$$

$$= e^{-\frac{k}{m}t}\Big(g\int e^{\frac{k}{m}t}dt + C\Big)$$

$$= e^{-\frac{k}{m}t}\Big(\frac{mg}{k}e^{\frac{k}{m}t} + C\Big)$$

$$= \frac{mg}{k} + Ce^{-\frac{k}{m}t}$$

与(5)式对照,可见,以上两种解法所得通解结果相同.

(ⅲ)求特解

把初值条件(4)代入上面的通解中,得 $C = -\dfrac{mg}{k}$

故得所求特解为

$$v = \frac{mg}{k}\Big(1 - e^{-\frac{k}{m}t}\Big), 0 \leqslant t \leqslant T \tag{6}$$

其中 T 为降落伞着地时间.

(ⅳ)特解的物理意义解释

由(6)式可以看到,当 $t \to +\infty$ 时,$e^{-\frac{k}{m}t} \to 0$,$v \to \dfrac{mg}{k}$,速度 v 随时间 t 的变化曲线如图 6-5 所示. 可见,降落伞在降落过程中,开始阶段是加速运动,随着时间的增大,后来逐渐接近于匀速运动. 因此,跳伞者从高空驾伞跳下或从飞机上空降物品到地面上,从理论上讲都是有安全保障的.

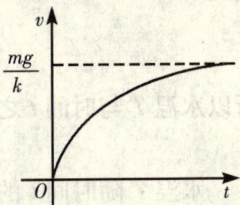

图 6-5

例3　把温度为 100℃ 的沸水注入杯中,放在室温为 20℃ 的环境中自然冷却,经 5min 时测得水温为 60℃,试求:(1)水温 $T(℃)$ 与时间 $t(\min)$ 之间的函数关系;(2)问水温自 100℃ 降至 30℃ 所需经过的时间.

解　(1)这是一个热力学中的冷却问题. 取 $t = 0$ 为沸水冷却开始的时刻,设经 t 分钟时水温为 T ℃,即 $T = T(t)$,此时水温下降的速度为 $\dfrac{dT}{dt}$.

根据牛顿冷却定律,物体冷却的速度与当时物体和周围介质的温差成正比. 从而得水温函数 $T(t)$ 应满足的微分方程为

$$\frac{dT}{dt} = -k(T - 20) \tag{7}$$

其中比例常数 $k > 0$,等号右端添上负号是因为当时间 t 增大时,水温 $T(t)$ 下降,$\dfrac{dT}{dt} < 0$ 的缘故.

按题意,当开始冷却($t = 0$)时,水温为 100℃,即有初值条件:

$$T\Big|_{t=0} = 100 \tag{8}$$

将方程(7)分离变量,得

$$\frac{dT}{T-20} = -kdt$$

两端积分,有

$$\int \frac{dT}{T-20} = -\int kdt$$

积分后,得

$$\ln(T-20) = -kt + \ln C$$

即

$$\ln(T-20) = \ln e^{-kt} + \ln C = \ln(Ce^{-kt})$$

简后并移项,即得所求通解为

$$T = 20 + Ce^{-kt} \tag{9}$$

其中 C 是任意常数.

把初值条件(8)代入通解(9)中,得 $C=80$. 于是,所求特解为

$$T = 20 + 80e^{-kt} \tag{10}$$

下面来确定比例常数 k. 由已知条件:"经过 5min 时测得水温为 60℃",即"当 $t=5$ 时,$T=60$",把它代入(10)式,得 $\quad 60 = 20 + 80e^{-5t}$

由此解得

$$k = -\frac{1}{5}\ln\frac{1}{2} \approx 0.1386$$

所以水温 T 与时间 t 之间的函数关系约为

$$T(t) = 20 + 80e^{-0.1386t} \tag{11}$$

水温 T 随时间 t 的变化曲线如图 6-6 所示. 由(11)式可知当 $t \to +\infty$ 时,$T \to 20$. 这表示随着时间 t 无限增大,水温将接近(略高于)室温. 从图 6-6 可以看出,大约经过 50min 后水温已接近室温,实际上,可以认为这种沸水的冷却过程至此已基本结束.

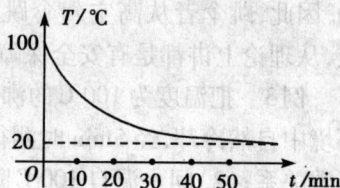

图 6-6

(2)求水温自 100℃降至 30℃所需要的时间.

在(11)式中,令 $T=30$,代入得 $\quad 30 = 20 + 80e^{-0.1386t}$

即

$$e^{-0.1386t} = \frac{1}{8}$$

从而解得所需要的时间为

$$t = \frac{3\ln 2}{0.1386} \approx 15(\text{min})$$

例4　在如图 6-7 所示的电路中,先将开关拨向 A,使电容充电,当达到稳定状态后再将开关拨向 B. 设开关拨向 B 的时间 $t=0$,求 $t>0$ 时回路中的电流 $i(t)$. 已知 $E = 20V, C = 0.5F, L = 1.6H, R = 4.8\Omega$,且 $i\big|_{t=0} = 0$,

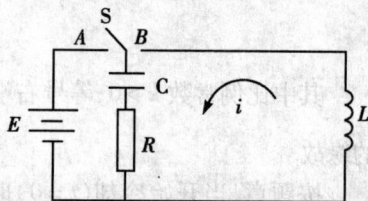

图 6-7

$$\left.\frac{di}{dt}\right|_{t=0}=\frac{25}{2}.$$

解　在 RLC 电路中各元件的电压降分别为

$$u_R = Ri$$

$$u_C = \frac{1}{C}Q$$

$$u_L = -E_L = L\frac{di}{dt}$$

根据回路电压定律,得　　　　　$u_L + u_R + u_C = 0$

将上述各式代入,得　　　　$L\frac{di}{dt} + Ri + \frac{1}{C}Q = 0$

上式两边对 t 求导,因为 $\frac{dQ}{dt}=i$,因此得　　　$L\frac{d^2i}{dt^2} + R\frac{di}{dt} + \frac{1}{C}i = 0$

即　　　　　　　　$\frac{d^2i}{dt^2} + \frac{Rdi}{Ldt} + \frac{1}{CL}i = 0$

将 $R = 4.8\Omega, L = 1.6H, C = 0.5F$ 代入,得数值方程

$$\frac{d^2i}{dt^2} + 3\frac{di}{dt} + \frac{5}{4}i = 0 \qquad\qquad (*)$$

式中,i 以 A 为单位,t 以 s 为单位.式($*$)的特征方程为　　　$r^2 + 3r + \frac{5}{4} = 0$

其特征根为　　　$r_1 = -\frac{5}{2}, r_1 = -\frac{1}{2}$

所以式($*$)的通解为　　　　$i = C_1 e^{-\frac{5}{2}t} + C_2 e^{-\frac{1}{2}t}$

为求得满足初值条件的特解,求导数得

$$i' = -\frac{5}{2}C_1 e^{-\frac{5}{2}t} - \frac{1}{2}C_1 e^{-\frac{1}{2}t}$$

将初值条件　　　$i\Big|_{t=0} = 0$ 及 $\left.\frac{di}{dt}\right|_{t=0} = \frac{25}{2}$

代入,得

$$\begin{cases} C_1 + C_2 = 0 \\ \dfrac{5}{2}C_1 + \dfrac{1}{2}C_2 = -\dfrac{25}{2} \end{cases}$$

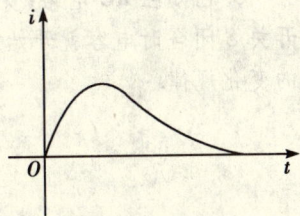

图 6-8

解得 $C_1 = -\dfrac{25}{4}, C_2 = \dfrac{25}{4}$,因此得回路电流为

$$i = -\frac{25}{4}e^{-\frac{5}{2}t} + \frac{25}{4}e^{-\frac{1}{2}t}$$

图 6-8 为电流 i 的图像.

由图 6-7 知,当图 6-7 中开关 S 拨向 B 后,这回路中的反向电流,先由零开始逐渐增大,达到最大值后又逐渐趋向于零.

习题 6.7

1. 已知曲线通过点 $(3,4)$，且在曲线上任一点 $p(x,y)$ 处的切线与线段 OP 垂直，求此曲线的方程.

2. 设炼钢炉内温度为 1150℃，炉外环境温度为 30℃，钢坯出炉 10s 后温度降为 1000℃．试求：

(1) 钢坯出炉后的温度 $T(℃)$ 与时间 $t(s)$ 之间的函数关系；

(2) 若钢坯温度降到 750℃ 以下锻打将会影响钢坯质量，问应该在钢坯出炉后几秒钟内把它锻打好？

3. 设一质量为 m 的质点作直线运动，从速度等于零的时刻起，有一个与运动方向一致、大小与时间成正比（比例系数为 $k_1 > 0$）的力作用于它，此外受到一个与速度成正比（比例系数为 $k_2 > 0$）的阻力的作用，求质点的运动速度与时间的函数.

4. 设有一个由电阻 $R = 10\Omega$，电感 $L = 2H$ 和电源电压 $E = 20\sin 5t V$ 串联组成的电路（图 6-9）．在 $t = 0$ 时合上开关，此时电流为零，求此电路中电流 i 与时间 t 的函数关系.

5. 设某生物群体的出生率为常数 a，由于拥挤及对食物的竞争的加剧等原因，死亡率与当时群体中的个体量成正比（比例常数为 $b > 0$）．如果 $t = 0$ 时生物个体总数为 x_0，求时刻 t 时的生物个体的总数.（注：将生物群体中的个体量当做时间 t 的连续可微变量看待）

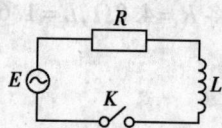

图 6-9

6. 已知在 RC 电路（见图 6-10）中，电容 C 的初始电压为 u_0，当开关 S 闭合时电容就开始放电，求开关 S 闭合后电路中的电流强度 i 的变化规律.

复习题六

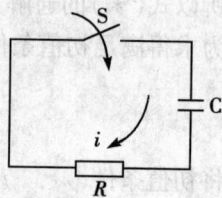

图 6-10

（一）

1. 微分方程 $x\dfrac{dy}{dx} = y$ 的类型是属于 _____ 方程.

2. 微分方程 $x\dfrac{dy}{dx} = y + x^2\sin x$ 的类型是属于 _____ 方程，其通解为 _____.

3. 微分方程 $y' + 2xy = 0$ 的通解是 _____.

4. 微分方程 $xyy' = 1 - x^2$ 的通解是 _____.

5. 微分方程 $y'' + 2y = 0$ 的通解是 _____.

6. 微分方程 $y'' + y' - 2y = 0$ 的通解是 _____.

7. 微分方程 $y'' + 6y' + 9y = 0$ 的通解是_____.

8. 微分方程 $y'' + 4y' + 5y = 0$ 的通解是_____.

9. 微分方程 $xy' + y = 3$ 满足初值条件 $y(1) = 0$ 的特解是_____.

10. 用待定系数法求微分方程 $y'' + 2y' = 2x^2 - 1$ 的一个特解时,应设特解的形式为 $y^* = $_____.

11. 用待定系数法求微分方程 $y'' + 4y' + 4y = xe^{-2x}$ 的一个特解时,应设特解的形式为 $y^* = $_____.

12. 用待定系数法求微分方程 $y'' + y' - 2y = 3\cos x - 4\sin x$ 的一个特解时,应设特解的形式为 $y^* = $_____.

(二)

1. 微分方程 $(y')^2 + y'(y'')^3 + xy^4 = 0$ 的阶数是(　　).

　A. 1　　　　　　　　　　　　　　B. 2

　C. 3　　　　　　　　　　　　　　D. 4

2. 下列函数中,是微分方程 $dy - 2xdx = 0$ 的解的是(　　).

　A. $y = 2x$　　　　　　　　　　　B. $y = x^2$

　C. $y = -2x$　　　　　　　　　　D. $y = -x^2$

3. 下列函数中,可以是微分方程 $y'' + y = 0$ 的解的函数是(　　).

　A. $y = 1$　　　　　　　　　　　B. $y = x$

　C. $y = \sin x$　　　　　　　　　D. $y = e^x$

4. 微分方程 $y''' - x^2y'' - x^5 = 1$ 的通解中应含独立的任意常数的个数为(　　).

　A. 3　　　　　　　　　　　　　　B. 5

　C. 4　　　　　　　　　　　　　　D. 2

5. 微分方程 $\dfrac{dy}{dx} - \dfrac{1}{x}y = 0$ 的通解是 $y = ($　　$)$.

　A. $\dfrac{C}{x}$　　　　　　　　　　　B. Cx

　C. $\dfrac{1}{x} + C$　　　　　　　　　D. $x + C$

6. 微分方程 $y' - y = 0$ 的通解是(　　).

　A. $y = Ce^x$　　　　　　　　　　B. $y = Ce^x + 1$

　C. $y = Ce^x - 1$　　　　　　　　D. $y = (C + 1)e^x$

7. 微分方程 $y\ln xdx = x\ln ydy$ 满足初值条件: $y\Big|_{x=1} = 1$ 的特解是(　　).

　A. $\ln^2 x + \ln^2 y = 0$　　　　　B. $\ln^2 x + \ln^2 y = 1$

　C. $\ln^2 x = \ln^2 y$　　　　　　　D. $\ln^2 x = \ln^2 y + 1$

8. 微分方程 $y' = 3y^{\frac{2}{3}}$ 的一个特解是(　　　).

　　A. $y = x^3 + 1$ 　　　　　　　　　　B. $y = (x+2)^3$

　　C. $y = (x+C)^3$ 　　　　　　　　　D. $y = C(x+1)^3$

9. 下列函数组中线性无关的是(　　　).

　　A. $x^2, \dfrac{2}{3}x^2$ 　　　　　　　　　B. $\sin 2x, \sin x \cos x$

　　C. $1 + \cos x, \cos^2 \dfrac{x}{2}$ 　　　　　　D. e^x, e^{-2x}

10. 在下列微分方程中,其通解为 $y = C_1 \cos x + C_2 \sin x$ 是(　　　).

　　A. $y' - y' = 0$ 　　　　　　　　　B. $y'' + y' = 0$

　　C. $y'' + y = 0$ 　　　　　　　　　D. $y'' - y = 0$

11. 用待定系数法求微分方程 $y'' + 3y' + 2y = x^2$ 的一个特解时,应设特解的形式为 $y^* = ($　　　$)$.

　　A. ax^2 　　　　　　　　　　　B. $ax^2 + bx + c$

　　C. $x(ax^2 + bx + c)$ 　　　　　　D. $x^2(ax^2 + bx + c)$

12. 用待定系数法求微分方程 $y'' - 3y' + 2y = \sin x$ 的一个特解时,应设特解的形式为 $y^* = ($　　　$)$.

　　A. $b\sin x$ 　　　　　　　　　　B. $a\cos x$

　　C. $a\cos x + b\sin x$ 　　　　　　D. $x(a\cos x + b\sin x)$

13. 用待定系数法求微分方程 $y'' - y' = e^x + 3$ 的一个特解时,应设特解的形式为 $y^* = ($　　　$)$.

　　A. $ae^x + b$ 　　　　　　　　　　B. $axe^x + b$

　　C. $axe^x + bx$ 　　　　　　　　　D. $x^2(a + be^x)$

（三）

1. 求下列微分方程的通解:

(1) $(1 + x^2)(1 + y^2)dx + 2xy\,dy = 0$

(2) $(y + x)dx - x\,dy = 0$

(3) $\dfrac{dy}{dx} = \dfrac{1}{x - y^2}$

(4) $(x+1)\dfrac{dy}{dx} - 2y = (x+1)^{5/2}$

(5) $y'' - 2y' + 2y = 0$

(6) $3y'' - y = 0$

(7) $y'' - 4y' + 4y = 3e^{2x}$

(8) $2y'' + 5y' = 29\cos x$

2. 求下列微分方程满足所给初值条件的特解：

$(1) xy' + x + \sin(x+y) = 0; y\left(\dfrac{\pi}{2}\right) = 0$

$(2) y' - y\tan x = \sec x; y(0) = 0$

$(3) 2xy'y'' = 1 + (y')^2; y(1) = 0, y'(1) = 1$

$(4) y'' + y' - 2y = 0; y(0) = 0, y'(0) = 1$

$(5) y'' + y + \sin 2x = 0; y(\pi) = 0, y'(\pi) = 1$

3. 已知由微分方程 $y' - y = 0$ 所确定的一条积分曲线通过点 $(0,1)$，且在该点处与直线 $y = 3x + 1$ 相切. 试求该积分曲线的方程.

4. 设质量为 m 的物体在一冲击力作用下获得初速度 v_0，使物体在一水平面上滑动. 已知物体所受的摩擦力大小为 $km (k > 0$ 为常数). 求该物体的运动规律，并问物体能滑多远？

5. 一汽艇连其载荷的质量为 2000kg，在水面上以 30kg/h 的速度沿直线方向行驶. 将发动机关闭 $5\min$ 后，汽艇的速度降至 6kg/h. 设水面对汽艇的阻力与汽艇的速度成正比，求发动机关闭 $15\min$ 后汽艇的速度.

6. 把一个加热到 $100℃$ 的物体，放在 $20℃$ 的恒温室中冷却，经过 $10\min$ 时测得物体温度为 $60℃$. 问要使物体温度降至 $30℃$ 需经过多长时间？

7. 一曲线通过点 $(1,0)$，已知曲线上任一点 $p(x,y)$ 处的切线在 y 轴上的截距恰好等于 OP 之长. 求此曲线的方程.

8. 质量为 m 的物体自高 h_0 处以初速 v_0 竖直上抛，设空气阻力与速度成正比. 求物体运动速度与时间的关系，并求物体上升到最高点所需的时间. （提示：取原点 O 在高 h_0 处，并设 OS 轴铅直向上为正向）

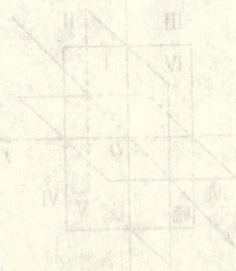

第七章 多元函数的微积分

前面我们讨论的都是只有一个自变量的一元函数. 实际上还有许多问题牵涉到多方面的因素. 反映在数学上,就是一个变量依赖于多个变量的问题,这就形成了多元函数. 多元函数微分学是一元函数微分学的推广和发展,本章将介绍空间解析几何的一些基本知识、多元函数微分法及其应用、二重积分的概念、计算与应用.

§7.1 空间解析几何简介

一、空间直角坐标系

为了确定空间任意一点的位置,需要建立空间直角坐标系.

过空间一定点 O,作三条互相垂直的数轴,它们都以 O 为原点,且一般具有相同的长度单位. 这三条坐标轴分别称为 x 轴（横轴）、y 轴（纵轴）、z 轴（竖轴）,统称为坐标轴. 通常把 x 轴和 y 轴配置在水平面上,z 轴则是铅直线;这样的配置要符合右手定

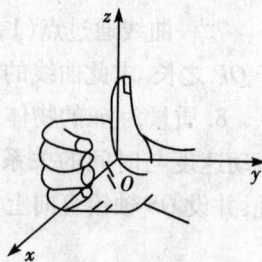

图 7－1

则,即以右手握住 z 轴,当右手的四个手指从 x 轴正向以 $\dfrac{\pi}{2}$ 的角度转向 y 轴正向时,大姆指的指向就是 z 轴的正向（图 7－1）. 这样的三条坐标轴就组成一个空间直角坐标系,点 O 称为坐标原点.

空间直角坐标系中任意两条坐标轴都可以确定一个平面,称为坐标平面,由 x 轴和 y 轴所确定的平面称为 xOy 平面;由 y 轴和 z 轴所确定的平面称为 yOz 平面;由 z 轴和 x 轴所确定的平面称为 zOx 平面. 三个坐标平面把整个空间分成八个部分,依次称为Ⅰ、Ⅱ、Ⅲ、Ⅳ、Ⅴ、Ⅵ、Ⅶ、Ⅷ卦限（图 7－2）,坐标平面不属于任何卦限.

取定了空间直角坐标系后,就可以建立起空间的点与有序实数组 (x,y,z) 之间的对应关系.

设 M 为空间中的一点,过点 M 分别作一个垂直于 x 轴、y 轴和

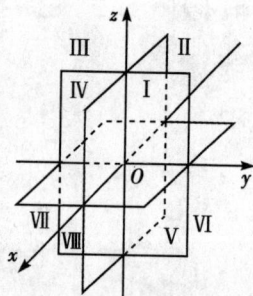

图 7－2

z 轴的平面,它们与坐标轴的交点 P、Q、R 对应的三个实数依次为 x、y、z(图 7-3),于是点 M 唯一地确定了一个有序实数组 (x,y,z);反之,如果给定了一个有序实数组 (x,y,z),我们依次在 x 轴、y 轴、z 轴上取与 x、y、z 相应的点 P、Q、R,然后过 P、Q、R 分别作垂直于 x 轴、y 轴和 z 轴的三个平面,这三个平面交于空间一点 M. 因此,有序实数组 (x,y,z) 与空间的一点 M 一一对应. 并依次称 x、y、z 为点 M 的横坐标、纵坐标和竖坐标. 坐标为 (x,y,z) 的点 M,记为 $M(x,y,z)$.

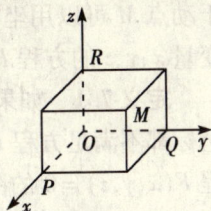

图 7-3

显然,原点的坐标为 $O(0,0,0)$;x 轴、y 轴和 z 轴上的点的坐标分别为 $(x,0,0)$、$(0,y,0)$、$(0,0,z)$;xOy、yOz、zOx 三个坐标面上的点的坐标分别为 $(x,y,0)$、$(0,y,z)$、$(x,0,z)$.

二、空间两点间的距离

$M_1(x_1,y_1,z_1)$、$M_2(x_2,y_2,z_2)$ 是空间两点,过 M_1、M_2 分别作平行于各坐标平面的平面,组成一个长方体,它的棱与坐标轴平行(见图 7-4).

由图 7-4 可知
$$|M_1M_2|^2 = |M_1S|^2 + |SM_2|^2 = |M_1N|^2 + |NS|^2 + |SM_2|^2$$
$$= (x_2-x_1)^2 + (y_2-y_1)^2 + (z_2-z_1)^2$$

于是得空间任意两点间距离公式
$$d = \sqrt{(x_2-x_1)^2 + (y_2-y_1)^2 + (z_2-z_1)^2} \qquad (1)$$

例1 在 z 轴上求与两点 $A(-1,2,3)$ 和 $B(2,6,-2)$ 等距离的点.

解 由于所求的点 P 在 z 轴上,设该点的坐标为 $(0,0,z)$,依题意有 $|PA| = |PB|$,由两点间的距离公式,得

$$\sqrt{(0+1)^2 + (0-2)^2 + (z-3)^2}$$
$$= \sqrt{(0-2)^2 + (0-6)^2 + (z+2)^2}$$

解之,得 $z = -3$
所以,所求的点为 $P(0,0,-3)$

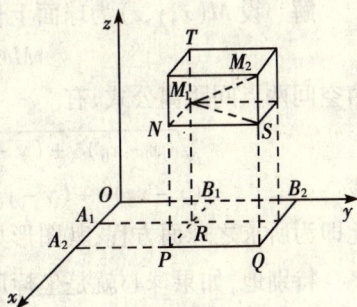

图 7-4

三、曲面及其方程

在实践中常常会遇到各种曲面,例如,汽车车灯的镜面,圆柱体的外表面以及锥面等. 下面我们讨论曲面方程的概念.

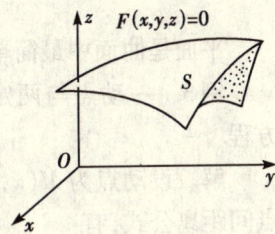

图 7-5

1. 曲面方程的概念

像在平面解析几何中把平面曲线当做动点的轨迹一样,在

空间解析几何中,把曲面 S 当做动点 M 按照一定的规律(或条件)运动而产生的轨迹. 由于动点 M 可以用坐标 (x,y,z) 来表示,所以 M 所满足的规律(或条件)通常可用含有三个变量 x、y、z 的方程 $F(x,y,z) = 0$ 来表示.

定义 7.1 如果曲面 S 上任一点的坐标都满足 $F(x,y,z) = 0$,而不在曲面 S 上的点的坐标都不满足方程 $F(x,y,z) = 0$,则方程 $F(x,y,z) = 0$ 称为曲面 S 的方程,曲面 S 称为方程 $F(x,y,z) = 0$ 的图形(图 7 - 5).

一般说来,关于曲面的研究,大致有以下两种类型的问题:

(1)将一已知曲面看成动点的轨迹,建立该曲面的方程;

(2)已知曲面的方程,作出此方程所对应的图形.

对于第一类问题,可以先建立适当的空间直角坐标系,然后设曲面上动点坐标为 $M(x,y,z)$ 再将已给条件改写成关于 x、y、z 的方程就行了. 对于第二类问题,如果所给的方程形式比较简单或比较熟悉,则可以直接画出已给方程的图形或是用语言来描述所给方程的图形. 此外,还常常采用"平面截割法"来对所给的问题进行分析和推断. 所谓平面截割法,就是用一组互相平行的平面截割一个曲面,从所截出的一组曲线的形状来想象这个曲面的大致形状,用这种方法往往是很有成效的.

如果从曲面方程 $F(x,y,z) = 0$ 中解出 z 来,则可得到形如 $z = f(x,y)$ 的曲面方程.

例 2 求以点 $M_0(x_0,y_0,z_0)$ 为球心,R 为半径的球面的方程.

解 设 $M(x,y,z)$ 为球面上任意一点. 依题意,有

$$|MM_0| = R$$

由空间两点间距离公式,有

$$\sqrt{(x-x_0)^2 + (y-y_0)^2 + (z-z_0)^2} = R$$

或　　$$(x-x_0)^2 + (y-y_0)^2 + (z-z_0)^2 = R^2 \qquad (2)$$

此即为所求之球面方程,其图形如图 7 - 6 所示.

图 7 - 6

特别地,如果球心就是坐标原点,则球面方程为

$$x^2 + y^2 + z^2 = R^2 \qquad (3)$$

可见,球面方程是关于 x、y、z 的二次方程.

2. 平面

平面是曲面中最简单的一种. 下面,我们来建立平面的方程. 先看一例.

例 3 一动点与两定点 $A(2,-3,2)$ 及 $B(1,4,-2)$ 的距离相等,求这动点轨迹的方程.

解 设动点为 $M(x,y,z)$. 依题意,此动点运动时应满足条件 $|MA| = |MB|$. 由空间两点间距离公式,有

$$\sqrt{(x-2)^2 + (y+3)^2 + (z-2)^2} = \sqrt{(x-1)^2 + (y-4)^2 + (z+2)^2}$$

将上式化简后,即可得所求之方程为

$$x - 7y + 4z + 2 = 0$$

由几何学知识可知,此动点轨迹为线段 AB 的垂直平分面,所以,上面所得到的方程

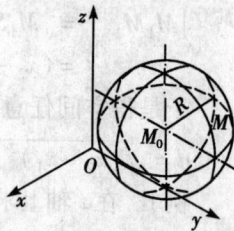

就是线段 AB 的垂直平分面的方程.

可以证明,平面都可以用三元一次方程来表示;反之,三元一次方程的图形都是平面.我们称三元一次方程

$$Ax + By + Cz + D = 0 \qquad\qquad (4)$$

为平面的一般式方程.

在方程(4)中,如果某些常数为零,则相应的平面在坐标系中就有特殊位置:

(1)当 $D = 0$ 时,方程(4)变为

$$Ax + By + Cz = 0$$

它表示过原点的平面.

(2)当 $C = 0$ 时,方程(4)变为

$$Ax + By + D = 0$$

它表示平行于 z 轴的平面.

类似地,方程 $Ax + Cz + D = 0$ 和 $By + Cz + D = 0$ 分别表示平行于 y 轴和 x 轴的平面.

(3)当 $A = B = 0$ 时,方程(4)变为 $Cz + D = 0$,它表示平行于 xOy 面的平面.

类似地,方程 $Ax + D = 0$ 和 $By + D = 0$ 分别表示平行于 yOz 平面和 zOx 平面的方程.

特别地,当 $D = 0$ 时,$z = 0$、$x = 0$ 和 $y = 0$ 分别为 xOy 平面、yOz 平面和 zOx 平面的方程.

例4 指出下列平面的位置特点,并作出草图:

(1)$2x - y + z = 0$　　　(2)$x + z = 1$　　　(3)$2x - y = 0$　　　(4)$z - 2 = 0$

解 (1)方程 $D = 0$　　平面过坐标原点(图 7 - 7(1));

(2)方程 $B = 0$　　平面平行于 y 轴(图 7 - 7(2));

(3)方程 $C = D = 0$　　平面过 z 轴(图 7 - 7(3));

(4)方程 $A = B = 0$　　平面平行于 xOy 面(图 7 - 7(4)).

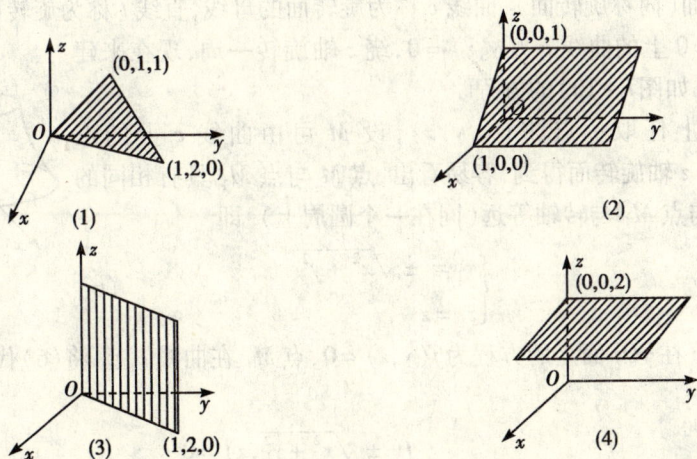

图 7 - 7

例5　求与三个坐标轴分别交于 $(a,0,0),(0,b,0),(0,0,c)$ 三点的平面的方程,其中 a、b、c 都不为零.

解　设所求的平面方程为　　　$Ax + By + Cz - D = 0$

因为 $(a,0,0),(0,b,0),(0,0,c)$ 三点在该平面上,所以有

$$\begin{cases} Aa - D = 0 \\ Bb - D = 0 \\ Cc - D = 0 \end{cases}$$

解此方程组,得

$$A = \frac{D}{a}, B = \frac{D}{b}, C = \frac{D}{c}$$

代入所设方程并除以 $D(D \neq 0)$,即得所求的平面方程为

$$\frac{x}{a} + \frac{y}{b} + \frac{z}{c} = 1 \tag{5}$$

方程(5)称为平面的截距式方程,a、b、c 依次叫做平面在 x、y、z 三轴上的截距(如图 7 - 8).

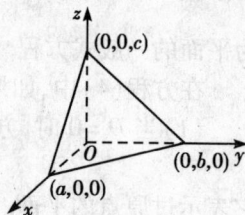

3. 旋转曲面

例6　求作方程 $z = x^2 + y^2$ 的图形.

解　根据"平面截割法",用平面 $z = c$ 去截曲面 $z = x^2 + y^2$,其截痕为圆 $x^2 + y^2 = c$. 若 $c = 0$ 时,只有原点 $(0,0,0)$ 满足此方程;当 $c > 0$ 时,其截痕为以 $(0,0,c)$ 为圆心,以 $\sqrt{c}$ 为半径的圆. 若 c 越来越大,则截痕的圆也越来越大;当 $c < 0$(即在 xOy 平面的下半部)时,没有图形. 如用 $x = a$ 或 $y = b$ 去截曲面 $z = x^2 + y^2$,则截痕为抛物线. 由此可知:曲面 $z = x^2 + y^2$ 的图形是一个旋转抛物面(如图 7 - 9).

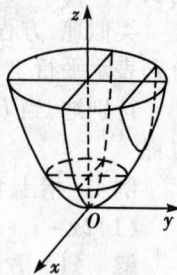

定义 7.2　如果一条平面曲线 c 绕着同一平面内的一条直线 l 旋转一周所形成的曲面称为旋转曲面(简称旋转面),曲线 c 称为旋转面的母线,直线 l 称为旋转面的轴.

设平面 $x = 0$ 上的曲线 $c: f(y,z) = 0$,绕 z 轴旋转一周,现在来建立这个旋转面(如图 7 - 10)的方程.

在旋转面上任取一点 $M(x,y,z)$,设 M 可由曲线 c 上的点 $M_1(0,y_1,z_1)$ 绕 z 轴旋转而得到,容易看出,点 M 与点 M_1 具有相同的竖坐标,点 M 与点 M_1 与转轴等远(同在一个圆周上). 即

$$\begin{cases} y_1 = \pm \sqrt{x^2 + y^2} \\ z_1 = z \end{cases} \tag{6}$$

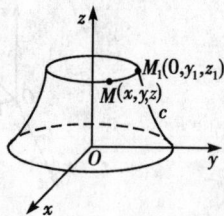

已知母线 c 在 yOz 面上的方程为 $f(y,z) = 0$,点 M_1 在曲线 c 上,将(6)代入 $f(y,z) = 0$ 中,即得

$$f(\pm \sqrt{x^2 + y^2}, z) = 0 \tag{7}$$

由此可见,要求平面 $x = 0$ 上的曲线 $f(y,z) = 0$ 绕 z 轴旋转所成的旋转面的方程,只须

在母线方程中把 y 换成 $\pm\sqrt{x^2+y^2}$ 即可.

同理,平面 $x=0$ 上的曲线 $f(y,z)=0$ 绕 y 轴旋转所成的旋转面的方程为

$$f(y,\ \pm\sqrt{x^2+z^2})=0 \tag{8}$$

例6所讨论的方程 $z=x^2+y^2$ 图形,就是以 zOx（或 yOz）平面上的曲线 $z=x^2$（或 $z=y^2$）绕 z 轴旋转而成的旋转面.

例7 求 yOz 面上的直线 $z=ky$,分别绕 z 轴和 y 轴旋转而成的图形（圆锥面）的方程.

解 在方程 $z=ky$ 中,把 y 换成 $\pm\sqrt{x^2+y^2}$,便得以 z 轴为旋转轴的圆锥面（图 $7-11(1)$）的方程 $z=\pm k\sqrt{x^2+y^2}$,

即
$$z^2-k^2(x^2+y^2)=0$$

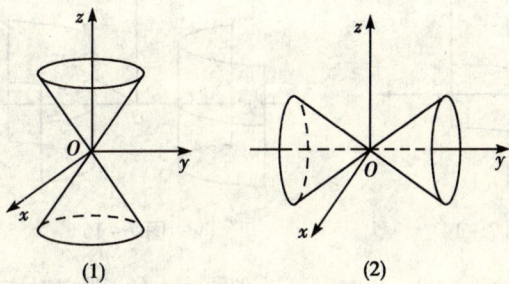

图 $7-11$

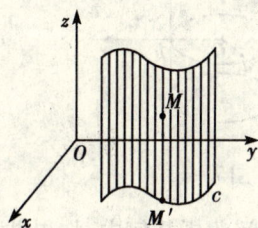

图 $7-12$

在方程 $z=ky$ 中,把 z 换成 $\pm\sqrt{x^2+z^2}$,便得以 y 轴为旋转轴的圆锥面（图 $7-11(2)$）的方程

$$\pm\sqrt{x^2+z^2}=ky$$

即
$$y^2=k_1^2(x^2+z^2) \qquad \left(k_1=\frac{1}{k}\right)$$

4. 柱面

设有一动直线 l 沿一定曲线 c 移动,移动时始终保持与定直线 l' 平行,则由 l 形成的曲面称为柱面,而动直线 l 称为该柱面的母线,定曲线 c 称为该柱面的准线.

现在来建立母线平行于 z 轴的柱面方程. 设柱面的准线 c 是 xOy 面上的曲线,其方程为

$$F(x,y)=0 \tag{9}$$

设 $M(x,y,z)$ 为柱面上任意一点,过 M 作柱面的母线 MM',这母线上全部点在 xOy 面上的投影都是准线 c 上的点 M'（图$7-12$）. 所以柱面上点的竖坐标是任意的,而 x、y 坐标则满足准线方程(9),从而点 M 的坐标 x、y、z 也满足准线方程(9).

以 xOy 面上的曲线 $F(x,y)=0$ 为准线,母线平行于 z 轴的柱面方程,就是不含变量 z 的准线方程 $F(x,y)=0$. 也就是说,在空间直角坐标系中,缺 z 的方程 $F(x,y)=0$,表示母线平行于 z 轴的柱面.

同理,在空间直角坐标系中,缺 y（或缺 x）方程 $G(x,z)=0$（或 $H(y,z)=0$）表示母线

平行于 y 轴(或 x)的柱面.

现在写出几个母线平行于 z 轴的柱面方程:

圆柱面方程: $\qquad x^2 + y^2 = R^2$

椭圆柱面(图 7 – 13)方程: $\qquad \dfrac{x^2}{a^2} + \dfrac{y^2}{b^2} = 1$

抛物柱面(图 7 – 14)方程: $\qquad y^2 = 2px \quad (p > 0)$

双曲柱面(图 7 – 15)方程: $\qquad \dfrac{x^2}{a^2} - \dfrac{y^2}{b^2} = 1$

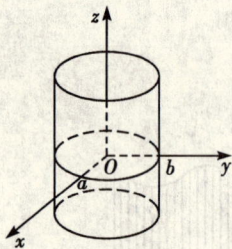 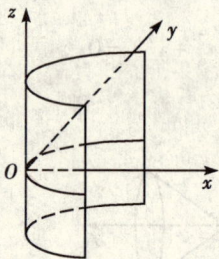 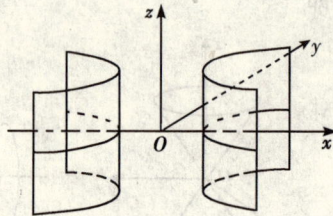

图 7 – 13　　　　　　　图 7 – 14　　　　　　　图 7 – 15

在空间角析几何中,如果曲面方程 $F(x,y) = 0$ 对 x、y、z 都是一次的,则它对应的曲面就是一个平面;如果方程是二次的,则它所对应的曲面称为二次曲面.

5. 其他几种常见的二次曲面

二次曲面除了上面的旋转面和柱面外,还有其他一些常见的二次曲面,如
(1)椭球面

由方程 $\qquad \dfrac{x^2}{a^2} + \dfrac{y^2}{b^2} + \dfrac{z^2}{c^2} = 1$

所表示的曲面称为椭球面,图形如图 7 – 16 所示,其中 $|x| < a, |y| < b, |z| < c$.

当 a,b,c 中有两个相等时,称为旋转椭球面,例如方程

$$\dfrac{x^2}{a^2} + \dfrac{y^2}{a^2} + \dfrac{z^2}{c^2} = 1$$

就是 zOx 平面上的椭圆 $\dfrac{x^2}{a^2} + \dfrac{z^2}{c^2} = 1$ 绕 z 轴旋转成的曲面.

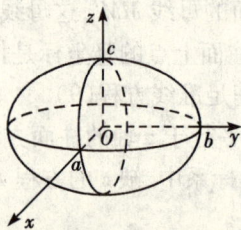 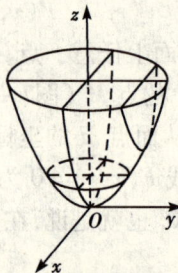

图 7 – 16　　　　　　　　　图 7 – 17

（2）椭圆抛物面

由方程
$$\frac{x^2}{2p} + \frac{y^2}{2q} = z \qquad (pq > 0)$$

所表示的曲面称为椭圆抛物面，当 $p > 0, q > 0$ 时，图形如图 7 - 17 所示. 当 $p = q > 0$ 时，方程变形为

$$x^2 + y^2 = 2pz$$

其图形可看成是由 zOx（或 yOz）平面上的抛物线 $x^2 = 2pz$（或 $y^2 = 2pz$）绕 z 轴旋转而成，称为旋转抛物面.

（3）双曲抛物面或鞍形曲面

由方程
$$-\frac{x^2}{2p} + \frac{y^2}{2q} = z \qquad (pq > 0)$$

所表示的曲面称为双曲抛物面或鞍形曲面. 当 $p > 0, q > 0$ 时，图形如图 7 - 18 所示.

（4）单叶双曲面

由方程
$$\frac{x^2}{a^2} + \frac{y^2}{b^2} - \frac{z^2}{c^2} = 1$$

所表示的曲面称为单叶双曲面，其图形如图 7 - 19 所示.

（5）双叶双曲面

由方程
$$\frac{x^2}{a^2} - \frac{y^2}{b^2} + \frac{z^2}{c^2} = -1$$

所表示的曲面称为双叶双曲面，图形如图 7 - 20 所示.

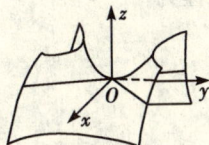 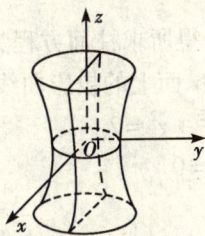 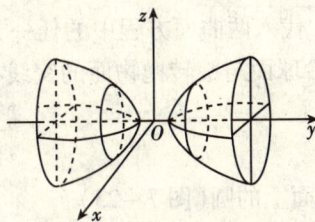

图 7 - 18　　　　　图 7 - 19　　　　　图 7 - 20

6. 空间曲线

任何空间直线可看做两平面的交线，那么，空间曲线（直线为曲线的特例）可以看做两个曲面的交线，设两个相交曲面 S_1 和 S_2 的方程分别为 $F(x,y,z) = 0$ 和 $G(x,y,z) = 0$，它们的交线为 c（图 7 - 21），则曲线 c 由下面方程组所确定：

$$\begin{cases} F(x,y,z) = 0 \\ G(x,y,z) = 0 \end{cases} \qquad (10)$$

（10）式称为空间曲线 c 的一般方程.

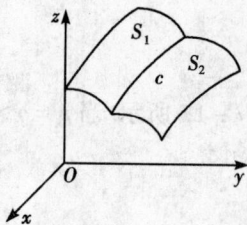

图 7 – 21

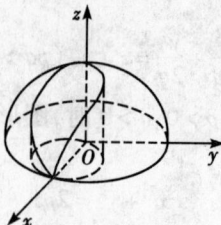

图 7 – 22

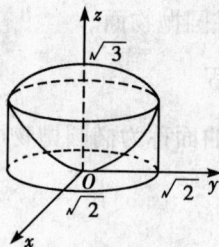

图 7 – 23

例 8 方程组 $\begin{cases} z = \sqrt{a^2 - x^2 - y^2} \\ (x - \frac{a}{2})^2 + y^2 = (\frac{a}{2})^2 \end{cases}$ 表示怎样的曲线?

解 方程组中第一个方程表示球心在原点 O、半径为 a 的上半球面,第二个方程表示母线平行于 z 轴的圆柱面,它的准线为 xOy 平面上以点 $(\frac{a}{2}, 0)$ 为圆心、半径为 $\frac{a}{2}$ 的圆. 方程组表示的曲线就是半球面与圆柱面的交线(图 7 – 22).

例 9 求球面 $x^2 + y^2 + z^2 = 3$ 与旋转抛物面 $x^2 + y^2 = 2z$ 的交线在 xOy 面上的投影.

解 为了求所给两曲面的交线在 xOy 面上的投影,先求通过这曲线且母线平行于 z 轴的柱面. 为此,在两曲面的方程中消去变量 z.

将两曲面方程相减,得 $z^2 + 2z - 3 = 0$

解得 $z = 1$ $z = -3$(舍去)

再将 $z = 1$ 代入两曲面方程中的任一方程,得所求柱面方程为 $x^2 + y^2 = 2$

于是,所给球面与旋转抛物面的交线在 xOy 面上的投影曲线的方程为

$$\begin{cases} x^2 + y^2 = 2 \\ z = 0 \end{cases}$$

它是 xOy 面上的圆(图 7 – 23).

一般地,由空间曲线 c 的方程(10)消去 z 得过曲线 c 而母线平行于 z 轴的柱面的方程 $F(x, y) = 0$. 于是曲线 c 的投影曲线 c' 的方程为

$$\begin{cases} F(x, y) = 0 \\ z = 0 \end{cases} \tag{11}$$

习题 7.1

1. 设有两点 $A(5, 4, 0)$ 和 $B(-4, 3, 4)$,求满足条件 $2|PA| = |PB|$ 的动点 p 的轨迹方程.

2. 已知点 $A(3, 4, -4)$、$B(-3, 2, 4)$、$C(-1, -4, 4)$、$D(2, 3, -3)$,判定其中哪些点在曲线 $\begin{cases} (x - 1)^2 + y^2 + z^2 = 36 \\ y + z = 0 \end{cases}$ 上.

3. 求点 $M(4，-3,5)$ 到原点与各坐标轴的距离.

4. 求 y 轴上的一点,使它与 $A(1,2,3)$、$B(0,1,-1)$ 两点距离相等.

5. 试证明以 $A(4,1,9)$、$B(10,-1,6)$、$C(2,4,3)$ 为顶点的三角形是等腰三角形.

6. 指出下列平面的位置特点,并画出草图:

(1)$2x-3y+5=0$　　　　　(2)$3y-8=0$　　　　　(3)$3x-2z=0$

(4)$y+z=0$　　　　　(5)$3x-2y+2z-6=0$　　　　　(6)$3x-2y-z=0$

7. 写出以点 $C(1,3,-2)$ 为球心,并过原点的球面方程.

8. 一动点到两定点 $A(0,c,0)$ 与 $B(0,-c,0)$ 的距离之和为定长 $2a$,求此动点的轨迹方程,并指出是哪一种曲面?

9. 一球面通过原点和点 $A(4,0,0)$、$B(1,3,0)$、$C(0,0,-4)$,求其球心和半径.

10. 建立下列各旋转曲面的方程:

(1)zOx 面上的直线 $x=\dfrac{1}{3}z$ 分别绕 x 轴及 z 轴旋转而成的旋转面;

(2)yOz 面上的抛物线 $z^2=4y$ 绕 y 轴旋转而成的旋转面;

(3)yOz 面上的圆 $y^2+z^2=16$ 绕 z 轴旋转而成的旋转面;

(4)xOy 面上的椭圆 $9x^2+4y^2=36$ 绕 x 轴旋转而成的旋转面.

11. 指出下列各方程所表示的曲面是哪一种曲面,并画出它们的草图:

(1)$x^2+y^2+z^2=1$　　　　　(2)$x^2+y^2-\dfrac{z^2}{4}=1$

(3)$\left(x-\dfrac{a}{2}\right)^2+y^2=\left(\dfrac{a}{2}\right)^2,(a>0)$　　(4)$z=2-y^2$

(5)$x^2+y^2+z^2-6z-7=1$　　　　(6)$z=3\sqrt{x^2+y^2}$

(7)$z=\sqrt{4-x^2-y^2}$　　　　　(8)$9x^2+4y^2+4z^2=36$

(9)$-\dfrac{x^2}{4}+\dfrac{y^2}{9}=1$　　　　(10)$x^2+y^2+z^2-12x+4y-6z=0$

12. 指出下列各方程组表示什么曲线:

(1)$\begin{cases}x^2+y^2+z^2=25\\z=3\end{cases}$　　　　(2)$\begin{cases}x^2+z^2=4\\x+y=1\end{cases}$

(3)$\begin{cases}y=\sqrt{x^2+z^2}\\x-y+1=0\end{cases}$　　　　(4)$\begin{cases}z^2=3(x^2+y^2)\\x=2\end{cases}$

13. 画出下列各曲线的草图:

(1)$\begin{cases}x^2+y^2=1\\x+z=1\end{cases}$　　　　(2)$\begin{cases}y=\sqrt{a^2-x^2}\\z=y\end{cases}$

14. 建立通过曲面 $x^2+y^2+4z^2=1$ 和 $x^2=y^2+z^2$ 的交线,而母线平行 z 轴的柱面方程.

15. 求曲线 $\begin{cases}y^2+z^2-x^2=0\\z=3\end{cases}$ 在 xOy 面上的投影的方程.

16. 求球面 $x^2+y^2+z^2=1$ 和 $x^2+(y-1)^2+(z-1)^2=1$ 的交线在 xOy 面上的投影的方程.

§7.2 多元函数的极限与连续

一、多元函数的概念

在许多自然现象和工程技术问题中，经常遇到的函数关系依赖两个或两个以上的自变量.

例如，理想气体的体积 V 与温度 T 成正比，而与压力 p 成反比，它们之间的关系是

$$V = \frac{kT}{p}(k \text{ 为常数})$$

圆柱体体积 V 与底半径 R 及高 H 之间的关系是

$$V = \pi R^2 H$$

三角形面积 S 与两边 b、c 及夹角 A 之间的关系是

$$S = \frac{1}{2}bc\sin A$$

为了对这类函数做进一步的研究，给出二元函数的定义.

定义 7.3 设 D 是 R 中的一个数集，若对于 D 中每个点 $P(x,y)$，变量 z 按照某一确定法则，总有唯一确定的值和它对应，则 z 叫做定义在数集 D 上的 x、y 的二元单值函数，记作

$$z = (x,y) \text{ 或 } z = f(P)$$

x 和 y 叫做自变量，z 叫做因变量，D 叫做函数的定义域，函数值 z 的全体叫做函数的值域.

类似地可以定义三元函数 $u = f(x,y,z)$ 及三元以上的函数. 二元以及二元以上的函数统称为多元函数.

求多元函数的定义域和函数值的方法与一元函数类似. 二元函数的定义域，一般为 xOy 面上的由一条或几条曲线所围成的一部分平面，这样的部分平面叫做区域，有的区域会扩展到无穷远处，这类区域叫做无界的，否则叫做有界的. 围成区域的曲线叫做区域的边界. 包括边界在内的区域叫做闭区域，不含边界的区域叫做开区域.

例 1 求函数 $f(x,y) = \dfrac{-x+y}{\ln(x^2+y^2-1)}$ 在点 $(0,2)$、$(1,3)$、$(e,1)$ 的函数值.

解 $f(0,2) = \dfrac{-0+2}{\ln(0+4-1)} = \dfrac{2}{\ln 3}$

$f(1,3) = \dfrac{-1+3}{\ln(1+9-1)} = \dfrac{2}{\ln 9} = \dfrac{1}{\ln 3}$

$f(e,1) = \dfrac{-e+1}{\ln(e^2+1-1)} = \dfrac{1-e}{2}$

例 2 求函数 $z = \ln(x+y)$ 的定义域.

解　当 $x+y>0$ 时函数才有意义,所以函数的定义域为 $x+y>0$,即 xOy 面上,直线 $x+y=0$ 上方的半个平面,不包括边界直线 $x+y=0$.

例3　求函数 $f(x,y) = \dfrac{1}{\sqrt{1-x^2}}$ 的定义域.

解　由于解析式中不含变量 y,故 y 可取任意实数. 于是定义域是满足不等式组
$$\begin{cases} 1-x^2>0 \\ -\infty<y<+\infty \end{cases}$$
的一切点的集合(见图 7 – 24),是无界开区域.

同一元函数的表示法类似,二元函数的表示方法也有公式法、列表法和图像表示法三种.

为作出二元函数 $z=f(x,y)$ 的图像,我们先建立空间直角坐标系,对该函数定义域上的一点 $P_0(x_0,y_0)$ 计算函数值 $z_0=f(x_0,y_0)$,这样得到空间中的一点 $M_0(x_0,y_0,z_0)$. 当 P_0 在函数定义域内变动时,对应的点 M_0 的全体就形成了一个空间曲面. 此曲面就是所给函数的图像,而曲面在 xOy 面上的投影为函数的定义域(见图 7 – 25).

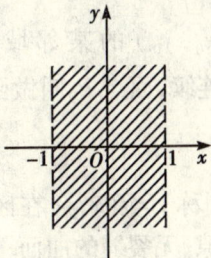

图 7 – 24

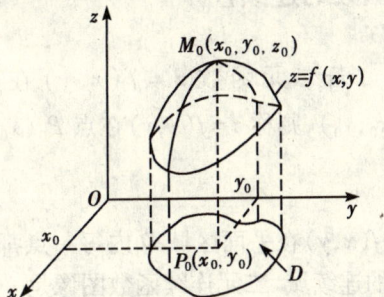

图 7 – 25

二、二元函数的极限

二元函数 $z=f(x,y)$ 的极限是研究点 $P(x,y)$ 趋向于点 $P_0(x_0,y_0)$ 时,$f(x,y)$ 的变化趋势.

为叙述方便,先引入平面上一点 $P_0(x_0,y_0)$ 的邻域的概念. $P_0(x_0,y_0)$ 的 δ 邻域是指以该点为圆心,以 δ 为半径的圆形开区域,即适合不等式 $(x-x_0)^2+(y-y_0)^2<\delta^2$ 的一切点 (x,y) 的集合. 显然,δ 越小邻域越小,圆内所有点与 P_0 点越接近.

定义 7.4　设函数 $z=f(x,y)$ 在点 $P_0(x_0,y_0)$ 的某个邻域内有定义(在点 P_0 处可以没有定义). $P(x,y)$ 为该邻域内任意一点,若当点 P 沿任意路径趋向于点 P_0 时,$f(x,y)$ 趋于一个确定的常数 A,则常数 A 叫做函数 $f(x,y)$ 当 $x\to x_0$,$y\to y_0$ 时的二重极限(简称极限),记作
$$\lim_{\substack{x\to x_0\\y\to y_0}}f(x,y)=A \text{ 或 } \lim_{P\to P_0}f(P)=A$$

也可记作

$$\lim_{(x,y)\to(x_0,y_0)} f(x,y) = A \quad 或 \quad 当 P\to P_0 时, f(P)\to A$$

必须注意,所谓二元函数极限存在,是指 $P(x,y)$ 以任意路径趋近于 $P_0(x_0,y_0)$ 时,函数总是无限接近于 A. 因此,如果 $P(x,y)$ 以某种特殊路径,例如沿两条或几条定曲线趋近于 $P_0(x_0,y_0)$ 时,即使函数无限接近于某一定值 A,也不能断定函数的极限存在.

例 4 设 $f(x,y) = \begin{cases} \dfrac{xy}{x^2+y^2} & x,y \text{ 不全为零} \\ 0 & x=y=0 \end{cases}$,考查 $\lim\limits_{\substack{x\to0 \\ y\to0}} f(x,y)$.

解 显然 $P(x,y)$ 沿 x 轴或 y 轴趋于点 $(0,0)$ 时,有 $\lim\limits_{\substack{x\to0 \\ y\to0}} f(x,y) = 0$,

但是 $P(x,y)$ 沿直线 $y=x$ 点 $(0,0)$ 时,有 $\lim\limits_{\substack{x\to0 \\ y\to0}} f(x,y) = \lim\limits_{\substack{x\to0 \\ y\to0}} \dfrac{x \cdot x}{x^2+x^2} = \dfrac{1}{2}$,

故 $\lim\limits_{\substack{x\to0 \\ y\to0}} f(x,y)$ 不存在.

三、二元函数的连续性

定义 7.5 若二元函数 $z=f(x,y)$ 在点 $P_0(x_0,y_0)$ 的某邻域内有定义,且 $\lim\limits_{\substack{x\to x_0 \\ y\to x_0}} f(x,y) = f(x_0,y_0)$,则称 $z=f(x,y)$ 在点 $P_0(x_0,y_0)$ 处连续,而点 P_0 叫做函数 $z=f(x,y)$ 的连续点.

若函数 $z=f(x,y)$ 在平面区域 D 内每一点都连续,则称 $z=f(x,y)$ 在区域 D 内连续,而 D 叫做函数的连续域. 二元连续函数图像是一个无孔隙、无裂缝的曲面.

与一元连续函数类似,二元连续函数有如下性质:

二元连续函数的和、差、积均为二元连续函数,在分母不为零时,二元连续函数的商也是连续函数;连续函数的复合函数是连续函数,从而一切二元初等函数在其定义域内都是连续的.

例如,函数 $z=x+y-1$、$z=\ln(x+\sqrt{1+y^2})$、$z=\arctan\sqrt{1+\cos xy}$、$z=\dfrac{x+y}{y^2+2x}$ 等等都是二元初等函数,在其定义域内都连续.

在有界闭区域 D 上的二元连续函数,必定在该区域上至少取得它的最大值和最小值各一次,且必定取得介于最大值与最小值之间的任何一个值.

分段函数

$$f(x,y) = \begin{cases} \dfrac{xy}{x^2+y^2} & x,y \text{ 不全为零} \\ 0 & x=y=0 \end{cases}$$

在点 $(0,0)$ 处极限不存在,所以该点是此函数的间断点.

又例如函数 $f(x,y) = \sin\dfrac{1}{x^2+y^2-1}$ 在圆周 $x^2+y^2=1$ 上没有定义,所以函数在这圆周上各点处都间断,即间断点形成一条曲线.

习题 7.2

1. 求函数值:

(1) 已知 $f(x,y) = x^2 + y^2 - xy\arctan\dfrac{x}{y}$, 求 $f(3,\sqrt{3})$ 和 $f(tx,ty)$.

(2) 已知 $f(x,y) = 1 + x^2 - y^2$, 求 $f(x,x^2)$.

(3) $f\left(\dfrac{y}{x}\right) = \dfrac{\sqrt{x^2+y^2}}{y}(y>0)$, 求 $f(x)$.

2. 求下列函数的定义域:

(1) $z = \dfrac{\sqrt{4x-y^2}}{\ln(1-x^2-y^2)}$ (2) $z = \sqrt{x-\sqrt{y}}$

(3) $z = \sqrt{(1-x^2)(1-y^2)}$ (4) $z = x + \arccos y$

(5) $z = \ln(y-x) + \dfrac{\sqrt{x}}{\sqrt{1-x^2-y^2}}$

3. 求极限:

(1) $\lim\limits_{\substack{x\to 0 \\ y\to 0}} \dfrac{e^{xy}\cos y}{1+x+y}$ (2) $\lim\limits_{\substack{x\to 0 \\ y\to 0}} \dfrac{2-\sqrt{x^2+y^2+4}}{x^2+y^2}$

(3) $\lim\limits_{\substack{x\to 2 \\ y\to\infty}} y\sin\dfrac{1}{xy}$ (4) $\lim\limits_{\substack{x\to 0 \\ y\to 0}} \dfrac{1-\cos\sqrt{x^2+y^2}}{x^2+y^2}$

(5) $\lim\limits_{\substack{x\to\infty \\ y\to 3}}\left(1+\dfrac{y}{x}\right)^x$

4. 讨论下列各函数在点 $(0,0)$ 处的连续性.

(1) $f(x,y) = \begin{cases} \dfrac{2xy}{\sqrt{x^2+y^2}} & x^2+y^2\neq 0 \\ 0 & x^2+y^2=0 \end{cases}$

(2) $f(x,y) = \begin{cases} \dfrac{2xy}{x^2+y^2} & x^2+y^2\neq 0 \\ 0 & x^2+y^2=0 \end{cases}$

5. 指出下列函数的间断点(或间断线).

(1) $z = \dfrac{1}{x-y}$ (2) $z = \dfrac{y^2+2x}{y^2-2x}$

§7.3　多元函数的微分

一、偏导函数与全微分

在二元函数 $z = f(x,y)$ 中，变量 x,y 的变化可以互不影响. 如果令 y 保持不变，亦即暂时把 y 看做一个定量，则 z 只是 x 的函数并且可以计算 z 对 x 的导数，这样求得的导数是 z 对 x 的偏导数.

定义 7.6　设 $z = f(x,y)$ 在点 (x_0,y_0) 的某领域内有定义，若极限

$$\lim_{\Delta x \to 0} \frac{f(x_0 + \Delta x, y_0) - f(x_0, y_0)}{\Delta x}$$

存在，则称此极限为二元函数 $y = f(x,y)$ 在点 (x_0,y_0) 处关于 x 的偏导数，记作

$$f'_x(x_0,y_0), \quad \left.\frac{\partial f(x,y)}{\partial x}\right|_{\substack{x=x_0 \\ y=y_0}}, \quad \left.\frac{\partial z}{\partial x}\right|_{\substack{x=x_0 \\ y=y_0}}, \quad \left.z'_x\right|_{\substack{x=x_0 \\ y=y_0}}$$

同样，如果极限 $\lim\limits_{\Delta y \to 0} \dfrac{f(x_0, y_0 + \Delta y) - f(x_0, y_0)}{\Delta y}$

存在，则称此极限为函数 $f(x,y)$ 在点 (x_0,y_0) 处关于 y 的偏导数. 记作

$$f'_y(x_0,y_0), \quad \left.\frac{\partial f(x,y)}{\partial y}\right|_{\substack{x=x_0 \\ y=y_0}}, \quad \left.\frac{\partial z}{\partial y}\right|_{\substack{x=x_0 \\ y=y_0}}, \quad \left.z'_y\right|_{\substack{x=x_0 \\ y=y_0}}$$

如果函数 $z = f(x,y)$ 在平面区域 D 内每一点 (x,y) 处关于 x(或 y)的偏导数都存在，则称函数 $f(x,y)$ 在 D 内有对 x(或 y)的偏导数，简称偏导数. 记作

$$f'_x(x,y), \quad \frac{\partial f(x,y)}{\partial x}, \quad \frac{\partial z}{\partial x}, \quad z'_x$$

$$f'_y(x,y), \quad \frac{\partial f(x,y)}{\partial y}, \quad \frac{\partial z}{\partial y}, \quad z'_y$$

由偏导数的定义可知，求多元函数对一个自变量的偏导数，只需将其余的自变量看成常数，按一元函数求导法即可求得.

例 1　求函数 $f(x,y) = x^2 + xy - y^3$ 的偏导数 $f'_x(x,y)$，$f'_y(x,y)$.

解　$f'_x(x,y) = 2x + y \qquad f'_y(x,y) = x - 3y^2$

例 2　求函数 $f(x,y) = x\ln(1 + y^2)$ 的偏导数 $f'_x(3,1)$，$f'_y(3,1)$.

解　$f'_x(x,y) = \ln(1 + y^2) \qquad\qquad f'_y(x,y) = \dfrac{2xy}{1 + y^2}$

$f'_x(3,1) = \ln 2 \qquad\qquad\qquad f'_y(3,1) = 3$

一般说来，函数 $z = f(x,y)$ 的偏导数 $z'_x = \dfrac{\partial f}{\partial x}, z'_y = \dfrac{\partial f}{\partial y}$ 仍是关于 x,y 的二元函数. 如果这两个函数关于自变量 x,y 的偏导数也存在的话，则称这些偏导数为函数 $f(x,y)$ 的二阶

偏导数,记作

$$\frac{\partial^2 z}{\partial x^2} = \frac{\partial}{\partial x}\left(\frac{\partial z}{\partial x}\right) \qquad\qquad \frac{\partial^2 z}{\partial x \partial y} = \frac{\partial}{\partial y}\left(\frac{\partial z}{\partial x}\right)$$

$$\frac{\partial^2 z}{\partial y^2} = \frac{\partial}{\partial y}\left(\frac{\partial z}{\partial y}\right) \qquad\qquad \frac{\partial^2 z}{\partial y \partial x} = \frac{\partial}{\partial x}\left(\frac{\partial z}{\partial y}\right)$$

或记作 $z''_{xx}, z''_{xy}, z''_{yy}, z''_{yx}$.

仿此还可以定义二元函数更高阶的偏导数.

例3 求函数 $z = \ln(x^2 + y^2)$ 的各二阶偏导数.

解 $\dfrac{\partial z}{\partial x} = \dfrac{2x}{x^2 + y^2}$ $\qquad \dfrac{\partial^2 z}{\partial x^2} = \dfrac{2(y^2 - x^2)}{(x^2 + y^2)^2}$

$$\frac{\partial^2 z}{\partial x \partial y} = -\frac{4xy}{(x^2 + y^2)^2}$$

$$\frac{\partial z}{\partial y} = \frac{2y}{x^2 + y^2} \qquad \frac{\partial^2 z}{\partial y^2} = \frac{2(x^2 - y^2)}{(x^2 + y^2)^2}$$

$$\frac{\partial^2 z}{\partial y \partial x} = -\frac{4xy}{(x^2 + y^2)^2}$$

在上面的例子中,我们看到 $z''_{xy} = z''_{yx}$,可以证明,当 z''_{xy} 与 z''_{yx} 都是连续函数时,必有 $z''_{xy} = z''_{yx}$.

在一元函数中,我们讨论了函数 y 对 x 微分 dy. 类似地,我们给出二元函数全微分的概念.

定义 7.7 设函数 $z = f(x, y)$,若自变量 x 与 y 分别取得改变量 Δx 与 Δy,称

$$f'_x(x, y)\Delta x + f'_y(x, y)\Delta y$$

为函数 $z = f(x, y)$ 的全微分,记作 dz,即

$$dz = f'_x(x, y)\Delta x + f'_y(x, y)\Delta y$$

此时,我们称函数 $z = f(x, y)$ 在点 (x, y) 是可微的.

对于自变量 x, y 有

$$\Delta x = dx \qquad \Delta y = dy$$

于是全微分公式可写成

$$dz = f'_x(x, y)dx + f'_y(x, y)dy$$

在这里需要注意的是,函数 $z = f(x, y)$ 在点 (x, y) 处的偏导数 $f'_x(x, y)$、$f'_y(x, y)$ 存在并不一定保证函数在这一点可微. 必须函数 $z = f(x, y)$ 在点 (x, y) 的某邻域内有连续的偏导数 $f'_x(x, y)$、$f'_y(x, y)$ 时,函数才在点 (x, y) 处可微.

例4 求函数 $z = e^{xy}$ 的全微分.

解 $\dfrac{\partial z}{\partial x} = ye^{xy}$ $\qquad \dfrac{\partial z}{\partial y} = xe^{xy}$

$$dz = ye^{xy}dx + xe^{xy}dy = e^{xy}(ydx + xdy)$$

二、复合函数的微分法

一元函数中我们讨论过复合函数的微分法. 仿照一元函数我们可以进一步讨论二元

复合函数的微分法.

设函数 $z = f(u,v)$ 是变量 u,v 的函数,而 u,v 又是变量 x,y 的函数,$u = \varphi(x,y)$,$v = \psi(x,y)$,则 $z = f[\varphi(x,y),\psi(x,y)]$ 是 x,y 的复合函数.

对于二元函数的复合函数,有下面的微分法则:

如果函数 $u = \varphi(x,y)$ 及 $v = \psi(x,y)$ 在点 (x,y) 处可微,并且在对应于 (x,y) 的点 (u,v) 处,函数 $z = f(u,v)$ 可微,则复合函数 $z = f[\varphi(x,y),\psi(x,y)]$ 的偏导数为

$$\frac{\partial z}{\partial x} = \frac{\partial z}{\partial u}\frac{\partial u}{\partial x} + \frac{\partial z}{\partial v}\frac{\partial v}{\partial x}$$

$$\frac{\partial z}{\partial y} = \frac{\partial z}{\partial u}\frac{\partial u}{\partial y} + \frac{\partial z}{\partial v}\frac{\partial v}{\partial y}$$

本法则的严格证明请读者参阅其他有关书籍,本书只介绍基本概念及基本运算方法.

例5 求函数 $z = e^{xy}\cos(x+y)$ 的偏导数.

解一 令 $u = xy, v = x+y$,则 $z = e^u\cos v$.

$$\frac{\partial z}{\partial u} = e^u\cos v \qquad \frac{\partial z}{\partial v} = -e^u\sin v$$

$$\frac{\partial u}{\partial x} = y \qquad \frac{\partial u}{\partial y} = x$$

$$\frac{\partial v}{\partial x} = 1 \qquad \frac{\partial v}{\partial y} = 1$$

由复合函数求导法则得

$$\frac{\partial z}{\partial x} = \frac{\partial z}{\partial u}\frac{\partial u}{\partial x} + \frac{\partial z}{\partial v}\frac{\partial v}{\partial x}$$

$$= ye^u\cos v - e^u\sin v$$

$$= ye^{xy}\cos(x+y) - e^{xy}\sin(x+y)$$

$$\frac{\partial z}{\partial y} = \frac{\partial z}{\partial u}\frac{\partial u}{\partial y} + \frac{\partial z}{\partial v}\frac{\partial v}{\partial y}$$

$$= xe^u\cos v - e^u\sin v$$

$$= xe^{xy}\cos(x+y) - e^{xy}\sin(x+y)$$

解二 直接对 x,y 求偏导数

即

$$\frac{\partial z}{\partial x} = \left[e^{xy}\cos(x+y)\right]'_x$$

$$= (e^{xy})'_x\cos(x+y) + e^{xy}\left[\cos(x+y)\right]'_x$$

$$= ye^{xy}\cos(x+y) - e^{xy}\sin(x+y)$$

$$\frac{\partial z}{\partial y} = \left[e^{xy}\cos(x+y)\right]'_y$$

$$= (e^{xy})'_y\cos(x+y) + e^{xy}\left[\cos(x+y)\right]'_y$$

$$= xe^{xy}\cos(x+y) - e^{xy}\sin(x+y)$$

特别地,如果 $z = f(u,v)$,而 $u = \varphi(x),v = \psi(x)$,则 z 就是 x 的一元函数

$$z = f[\varphi(x),\psi(x)]$$

这时,z 对 x 的导数称为全导数,即

$$\frac{dz}{dx} = \frac{\partial z}{\partial u}\frac{du}{dx} + \frac{\partial z}{\partial v}\frac{dv}{dx}$$

例 6　设 $z = x^2 - y^2$，且 $x = \sin t, y = \cos t$，求 z'_t.

解一　　$\dfrac{\partial z}{\partial x} = 2x$　　　　$\dfrac{\partial z}{\partial y} = -2y$

　　　　　$\dfrac{dx}{dt} = \cos t$　　　　$\dfrac{dy}{dt} = -\sin t$

由复合函数求导法则得

$$\begin{aligned}
z'_t &= z'_x \cdot x'_t + z'_y \cdot z'_t \\
&= 2x \cdot \cos t + 2y \cdot \sin t \\
&= 2\sin t\cos t + 2\cos t\sin t \\
&= 2\sin 2t
\end{aligned}$$

解二　因为 $z = x^2 - y^2 = \sin^2 t - \cos^2 t = -\cos 2t$

所以　　　　　　　　　　　$z'_t = (-\cos 2t)'_t = 2\sin 2t$

三、隐函数的微分法

在一元函数中已经用复合函数求导数的方法求过由方程 $f(x,y) = 0$ 所确定的隐函数的导数,现在给出用偏导数的方法求隐函数的导数的公式.

如果对于一元函数 $F(x,y) = 0$ 确定了 y 是 x 的函数 $y = f(x)$ 则有恒等式

$$F[x, f(x)] = 0$$

由全导数公式,等式两端对 x 求导数,得

$$\frac{\partial F}{\partial x} + \frac{\partial F}{\partial y}\frac{dy}{dx} = 0$$

如果 $\dfrac{\partial F}{\partial y} \neq 0$，可得　　　　　　$\dfrac{dy}{dx} = -\dfrac{\dfrac{\partial F}{\partial x}}{\dfrac{\partial F}{\partial y}}$

例 7　已知 $\sin y + e^x - xy^3 = 0$，求 $\dfrac{dy}{dx}$.

解一　令 $F(x,y) = \sin y + e^x - xy^3$

　　$\dfrac{\partial F}{\partial x} = e^x - y^3$　　　　　$\dfrac{\partial F}{\partial y} = \cos y - 3xy^2$

所以

$$\frac{dy}{dx} = -\frac{\dfrac{\partial F}{\partial x}}{\dfrac{\partial F}{\partial y}} = -\frac{e^x - y^3}{\cos y - 3xy^2}$$

解二　将方程两边直接对 x 求导数,得

$$\cos y \cdot y' + e^x - y^3 - 3xy^2 \cdot y' = 0$$

所以

$$\frac{dy}{dx} = -\frac{e^x - y^3}{\cos y - 3xy^2}$$

对于二元隐函数 $F(x,y,z) = 0$,它确定了二元函数 $z = f(x,y)$,则有恒等式

$$F[x,y,f(x,y)] = 0$$

由全导数公式,等式两端分别对 x 与 y 求偏导数

得

$$\frac{\partial F}{\partial x} + \frac{\partial F}{\partial z}\frac{dz}{dx} = 0 \qquad \frac{\partial F}{\partial y} + \frac{\partial F}{\partial z}\frac{dz}{dy} = 0$$

若 $\dfrac{\partial F}{\partial z} \neq 0$ 有

$$\frac{\partial z}{\partial x} = -\frac{\dfrac{\partial F}{\partial x}}{\dfrac{\partial F}{\partial z}} \qquad \frac{\partial z}{\partial y} = -\frac{\dfrac{\partial F}{\partial y}}{\dfrac{\partial F}{\partial z}}$$

例 8 已知 $xy + yz + zx + xyz = 1$,求 $\dfrac{\partial z}{\partial x}, \dfrac{\partial z}{\partial y}$

解一 令 $F(x,y,z) = xy + yz + zx + xyz - 1$,则

$$\frac{\partial F}{\partial x} = y + z + yz \qquad \frac{\partial F}{\partial y} = x + z + xz \qquad \frac{\partial F}{\partial z} = y + x + yx$$

所以

$$\frac{\partial z}{\partial x} = -\frac{\dfrac{\partial F}{\partial x}}{\dfrac{\partial F}{\partial z}} = -\frac{y + z + yz}{x + y + xy}$$

$$\frac{\partial z}{\partial y} = -\frac{\dfrac{\partial F}{\partial y}}{\dfrac{\partial F}{\partial z}} = -\frac{x + z + xz}{x + y + xy}$$

解二 求 $\dfrac{\partial z}{\partial x}$ 时,把 y 看成是常量,z 是关于 x 的函数,按一元隐函数求导法解之

即

$$y + yz'_x + z + xz'_x + y(z + xz'_x) = 0$$

从而

$$\frac{\partial z}{\partial x} = -\frac{y + z + yz}{x + y + xy}$$

同样地,求 $\dfrac{\partial z}{\partial y}$ 时,把 x 看成是常量,z 是关于 y 的函数,按一元隐函数求导法解之

即　　$x + z + yz'_y + xz'_y + x(z + yz'_y) = 0$

从而

$$\frac{\partial z}{\partial y} = -\frac{x + z + xz}{x + y + xy}$$

习题 7.3

1. 求下列函数的偏导数:

(1) $z = \ln(x + \sqrt{x^2 + y^2})$ (2) $z = (1 + x)^y$

(3) $z = \arcsin(x\sqrt{y})$ (4) $u = x^{\frac{y}{z}}$

(5) $s = \dfrac{u^2 + v^2}{uv}$ (6) $z = e^x \cos \dfrac{x}{y}$

2. 设 $f(x, y) = x + y - \sqrt{x^2 + y^2}$，求 $f'_x(3, 4)$ 和 $f'_y(3, 4)$

3. 设 $z = \dfrac{x\cos y - y\cos x}{1 + \sin x + \sin y}$，求 $\dfrac{\partial z}{\partial x}\Big|_{(0,0)}, \dfrac{\partial z}{\partial y}\Big|_{(0,0)}$

4. 求下列函数的二阶偏导数:

(1) $z = x^4 + y^4 - 4x^2 y^2$;   (2) $z = \sqrt{y^2 + 2xy}$

(3) $z = \sin^2(ax + by)$ (a, b 为常数)   (4) $z = y^{\ln x}$

5. 求下列函数的全微分:

(1) $z = \dfrac{x}{\sqrt{x^2 + y^2}}$ (2) $z = x^y$

(3) $z = e^{xy}$ (4) $z = x\sin(x^2 + y^2)$

6. 设 $z = u^2 v - uv^2$，而 $u = x\cos y, v = x\sin y$，求 $\dfrac{\partial z}{\partial x}, \dfrac{\partial z}{\partial y}$.

7. 设 $z = u^2 \ln v$，而 $u = \dfrac{x}{y}, v = x\sin y$，求 $\dfrac{\partial z}{\partial x}, \dfrac{\partial z}{\partial y}$.

8. 求下列各函数的一阶偏导数(其中 f 具有一阶连续偏导数):

(1) $u = f(x^2 + y^2 + z^2)$ (2) $u = f(x, xy, xyz)$

9. 求由下列各方程所确定的隐函数 z 的偏导数.

(1) $\dfrac{x}{y} = \ln \dfrac{z}{y}$ (2) $z\sin x + z^2 + x\sin y + xyz = 0$

§7.4 二元函数的极值

一、二元函数的极值

定义 如果二元函数 $z = f(x, y)$ 对于点 (x_0, y_0) 的某一空心邻域内的所有点，总有 $f(x_0, y_0) > f(x, y)$，则称 $f(x_0, y_0)$ 是函数 $f(x, y)$ 的极大值，点 (x_0, y_0) 是函数 $f(x, y)$ 的极

大值点;如果总有 $f(x_0,y_0) < f(x_0,y_0)$,则称 $f(x_0,y_0)$ 是 $f(x,y)$ 的极小值,点 (x_0,y_0) 叫做 $f(x,y)$ 的极小值点.

函数的极大值或极小值统称为函数的极值,使函数取得极值的点叫做极值点.

定理 7.1　如果函数 $f(x,y)$ 在点 (x_0,y_0) 处有极值,且两个一阶偏导数存在,则有
$$f'_x(x_0,y_0) = 0 \qquad f'_y(x_0,y_0) = 0$$

此定理是二元函数取得极值的必要条件.

使函数 $f(x,y)$ 的各偏导数同时为 0 的点,称为驻点. 由上述定理可知,极值点可能在驻点处取得,但驻点不一定是极值点. 极值点也可能是使偏导数不存在的点.

定理 7.2　如果函数 $f(x,y)$ 在点 (x_0,y_0) 的某一邻域内有连续的一阶与二阶偏导数,且 (x_0,y_0) 是它的驻点,设
$$A = f''_{xx}(x_0,y_0) \qquad B = f''_{xy}(x_0,y_0) \qquad C = f''_{yy}(x_0,y_0)$$

如果 $B^2 - AC < 0$,则函数在点 (x_0,y_0) 处取得极值.

当 $A < 0$ 时,$f(x_0,y_0)$ 是 $f(x,y)$ 的极大值;

当 $A > 0$ 时,$f(x_0,y_0)$ 是 $f(x,y)$ 的极小值;

如果 $B^2 - AC > 0$,则 $f(x_0,y_0)$ 不是极值.

如果 $B^2 - AC = 0$,则 $f(x_0,y_0)$ 可能是极值,也可能不是极值,须用另外方法判别. 此定理是极值存在的充分条件,或叫极值的判别法.

例 1　求函数 $z = x^3 - 4x^2 + 2xy - y^2 + 4$ 的极值.

解　由 $f'_x(x,y) = 3x^2 - 8x + 2y = 0$
$$f'_y(x,y) = 2x - 2y = 0$$

得驻点 $(0,0)$ 与 $(2,2)$

求二阶偏导数 $\dfrac{\partial^2 z}{\partial x^2} = 6x - 8, \dfrac{\partial^2 z}{\partial x \partial y} = 2, \dfrac{\partial^2 z}{\partial y^2} = -2.$

在驻点 $(0,0)$ 处有 $B^2 - AC = -12 < 0, A = -8 < 0$,

所以 $(0,0)$ 是极大值点,极大值 $f(0,0) = 4$.

在驻点 $(2,2)$ 处有 $B^2 - AC = 12 > 0$,

所以 $(2,2)$ 不是函数的极值点.

例 2　某厂生产甲、乙两种产品,其销售单价分别为 10 万元和 9 万元,若生产 x 件甲种产品和 y 件乙种产品的总成本为:$C = 400 + 2x + 3y + 0.01(3x^2 + xy + 3y^2)$,求企业获得最大利润时两种产品的产量各为多少.

解　设总利润为 $L(x,y)$,则
$$L(x,y) = (10x + 9y) - [400 + 2x + 3y + 0.01(3x^2 + xy + 3y^2)]$$
$$= 8x + 6y - 0.01(3x^2 + xy + 3y^2) - 400$$

由　　　$L'_x(x,y) = 8 - 0.01(6x + y) = 0$
$$L'_y(x,y) = 6 - 0.01(x + 6y) = 0$$

得驻点 $(120,80)$

再由　　$L''_{xx} = -0.06 < 0, L''_{xy} = -0.01, L''_{yy} = -0.06$

有 $B^2 - AC = -35 \times 10^{-4} < 0$

所以，当 $x = 120, y = 80$ 时，$L(120,80) = 320$ 是极大值.

答：获得最大利润时，甲种产品生产 120 件，乙种产品生产 80 件.

二、条件极值与拉格朗日乘数法

在前面所讨论的函数值问题，两个自变量是相互独立的，没有其他附加条件. 通常把这种极值问题称为无条件极值. 而在实际问题中，对所讨论的函数的自变量还有附加条件约束. 像这样的极值问题称为条件极值，而附加条件称为约束条件（或约束方程）. 下面我们讨论带有一等式约束条件的二元函数极值问题.

我们介绍求条件极值的一个常用方法——拉格朗日乘数法.

设函数 $z = f(x,y)$，求其在附加条件 $g(x,y) = 0$ 下的极值.

如果能从条件 $g(x,y)$ 中解出 $y = h(x)$，代入 $z = f[x,h(x)]$，就化成单变量的函数，条件极值问题化为无条件极值问题. 但是，通常 $h(x)$ 很难解出，因此采用新的方法. 作一个辅助函数，即拉格朗日函数

$$F(x,y) = f(x,y) + \lambda g(x,y)$$

其中 λ 是待定参数. 由方程组

$$\begin{cases} \dfrac{\partial F}{\partial x} = f'_x(x,y) + \lambda g'_x(x,y) = 0 \\ \dfrac{\partial F}{\partial y} = f'_y(x,y) + \lambda g'_y(x,y) = 0 \\ g(x,y) = 0 \end{cases}$$

中解出 x,y 和 λ，则 (x,y) 可能就是函数 $f(x,y)$ 的极值点. 在实际问题中往往以实际意义来确定 (x,y) 是否是极值点.

对于含有两个以上自变量的多元函数，条件极值可仿此法去求.

例3　求函数 $z = x^2 + 2y^2 - xy$ 在条件 $x + y = 8$ 时的条件极值.

解一　作拉格朗日函数

$$F(x,y) = x^2 + 2y^2 - xy + \lambda(x + y - 8)$$

解方程组

$$\begin{cases} F'_x = 2x - y + \lambda = 0 \\ F'_y = 4y - x + \lambda = 0 \\ F'_\lambda = x + y - 8 = 0 \end{cases}$$

得 $x = 5, y = 3, \lambda = -7$

由题意可知，点 $(5,3)$ 是函数的极值点，极值是

$$z(5,3) = 5^2 + 2 \times 3^2 - 5 \times 3 = 28$$

任取定义域中满足条件 $x + y = 8$ 的且不为 $(5,3)$ 的点，如点 $(4,4)$，则由 $z(4,4) = 32$ 知，$z(4,4) > z(5,3)$，于是函数 $z = x^2 + 2y^2 - xy$ 在点 $(5,3)$ 处取得极小值，极小值 $z(5,3) = 28$.

解二　将条件 $y = 8 - x$ 代入函数 $z = x^2 + 2y^2 - xy$ 为

$$z = x^2 + 2(8-x)^2 - x(8-x) = 4x^2 - 40x + 128$$

由　$z'_x = 8x - 40 = 0$

得　$x = 5$　且 $z''_x\big|_{x=5} = 8 > 0$

即　$x = 5$ 是 $z = 4x^2 - 40x + 128$ 的极小值点.

当 $x = 5$ 时, $y = 3$,

所以函数 $z = x^2 + 2y^2 - xy$ 在条件 $x + y = 8$ 下的极小值是 $z(5,3) = 28$.

　　例 4　在本节的例 2 中增加一个附加条件,两种产品的总产量为 100 件,企业获得最大利润时两种产品的产量各为多少?

　　解　设利润函数 $L = (10x + 9y) - C$,又 $x + y = 100$,依据拉格朗日乘数法,作

$$F(x,y) = 8x + 6y - 400 - 0.01(3x^2 + xy + 3y^2) - \lambda(x + y - 100)$$

解方程组

$$\begin{cases} F'_x = 8 - 0.01(6x + y) - \lambda = 0 \\ F'_y = 6 - 0.01(x + 6y) - \lambda = 0 \\ F'_\lambda = x + y - 100 = 0 \end{cases}$$

得 $x = 70, y = 30$

　　答:获得最大利润时,甲种产品生产 70 件,乙种产品生产 30 件.

三、最小二乘法

　　社会经济现象是互相联系的,其发展变化受到各种因素的制约. 例如市场的需求量取决于商品的价格和消费者的收入水平等. 为了增加科学性,减少盲目性,要求人们在实践中掌握大量的统计资料和数据,以便认识和掌握经济发展的规律,展望经济发展的前景. 在实际问题中,往往需要用实践或调查所得到的统计资料和数据建立变量之间的关系,这种关系用数学方程给出,叫做经验公式. 建立经验公式的一个常用方法是最小二乘法. 以下结合实例给出建立两个有线性关系变量的经验公式的方法.

　　例如,某商品敞开供应以后,月度销售价格和销售量如下表.

月份	3	4	5	6	7
价格 x(元)	0.69	0.93	1.00	1.10	1.10
销售量 y(吨)	23304	15920	14445	10551	8269

　　为了做好短期市场需求预测,需建立价格与销量之间的经验公式. 为此,先根据表中数据画出经验曲线,再根据曲线来确定经验公式的类型. 图 7-26 是根据实际数据所作的点. 我们可以看到,这些点分布在一条直线的附近,从而可以判断出经验曲线是一条直线. 这样,我们可以用一个线性函数 $y = kx + b$ 来反映销售量 y 与价格 x 之间的关系,这里 k 和 b 是待定系数. 因为可以有不同的直线,使描出来的点都在这些直线附近,也就是说,k、b

可以有不同的数值. 当然我们是在求用与各点近一些的线,来表示 y 与 x 的关系. 这样才更符合实际情况. 那么这条直线的 k 与 b 如何确定呢?

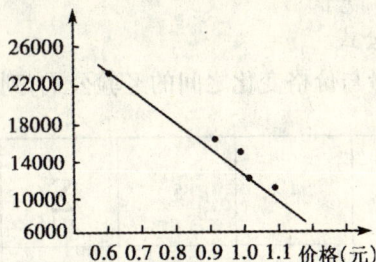

图 7 – 26

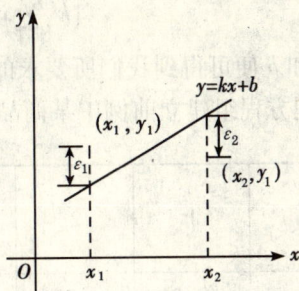

图 7 – 27

下面我们从一段情况来分析,如图 7 – 27. 如果点 (x_1,y_1) 在直线 $y = kx + b$ 上,那么应有 $y_1 = kx_1 + b$,即 $y_1 - kx_1 - b = 0$ 这时,函数 $y = kx + b$ 准确地反映了 x_1 与 y_1 的关系.

如果 (x_1,y_1) 不在直线 $y = kx + b$ 上,那么将 x_1,y_1 的值代入函数 $y = kx + b$ 时,等式两边会产生一个差值 $\varepsilon_1 (\varepsilon \neq 0)$. 即

$y_1 = kx_1 + b + \varepsilon_1$ 或 $\varepsilon_1 = y_1 - kx_1 - b$.

类似地,对于不在此直线上的点 $(x_2,y_2),(x_3,y_3),\cdots,(x_n,y_n)$,都有

$$\varepsilon_2 = y_2 - kx_2 - b$$
$$\varepsilon_3 = y_3 - kx_3 - b$$
$$\cdots\cdots$$
$$\varepsilon_n = y_n - kx_n - b$$

我们把这些差值的平方和称为总差,记为 S. 即

$$S = \sum_{i=1}^{n} \varepsilon_i^2 = \sum_{i=1}^{n} (y_i - kx_i - b)^2$$

应该指出,我们不用各差值的代数和 $\sum_{i=1}^{n} \varepsilon_i$ 作为总差值,是因为差值 ε_i 本身有正有负,如果简单地取其代数和,就有可能相互抵消. 这样,虽然代数和很小,却不能保证每个差值都很小. 我们取差值都是小的. 因为用的是使差值的平方和最小的方法,所以称为最小二乘法. 下面来确定 k 和 b. 因为

$$S = \sum_{i=1}^{n} (y_i - kx_i - b)^2$$

表示的是 S 是 k 与 b 的二元函数. 很明显,使函数达到极小值的 k、b 就是我们所要确定的待定常数的值. 由极值存在的必要条件有

$$S'_k = -2 \sum_{i=1}^{n} (y_i - kx_i - b)x_i = 0$$

$$S'_b = -2 \sum_{i=1}^{n} (y_i - kx_i - b)^2 = 0$$

将上式整理,得出关于 k,b 的方程组

$$\begin{cases} k \sum_{i=1}^{n} x_i^2 + b \sum_{i=1}^{n} x_i = \sum_{i=1}^{n} x_i y_i \\ k \sum_{i=1}^{n} x_i + nb = \sum_{i=1}^{n} y_i \end{cases}$$

由它解出 k 和 b 便可得到我们所要求的经验公式.

例 5　用方程组建立前例中某商品销售量与价格变化之间的经验公式,列表如下:

i	1	2	3	4	5	$\sum_{i=1}^{5} i$
x_i	0.69	0.93	1.00	1.10	1.10	4.82
y_i	23304	15920	14445	10551	8269	72489
x_i^2	0.4761	0.8649	1.00	1.21	1.21	4.761
$x_i y_i$	16079.76	14805.6	14445	11606.1	9095.9	66032.36

将表中数字代入方程组 $\begin{cases} 4.761k + 4.82b = 66032.36 \\ 4.82k + 5b = 72489 \end{cases}$

解此方程组得 $k = -33592.7, b = 46881.2$

所求的经验公式为 $y = -33592.7x + 46881.2$

这个经验公式说明,商品价格每提高 0.10 元,月销售量就减少约 3300 吨.用最小二乘法求经验公式常被用到经济预测工作中.

习题 7.4

1. 求下列函数的极值.

(1) $f(x,y) = 4(x-y) - x^2 - y^2$

(2) $f(x,y) = x^2 + xy + y^2 - 6x + 2$

(3) $f(x,y) = x^2 y^2 - 6xy - 39x + 18y + 20$

(4) $f(x,y) = e^{2x}(x + y^2 + 2y)$

2. 一三角形的三个内角各为多少时,它们的正弦之积最大?

3. 建造一个长方形水池,其池底和池壁的总面积为 $108 m^2$,问水池的尺寸如何设计时其容积最大?

4. 求能内接于半径为 R 的球且有最大体积的长方体的边长.

5. 某工厂生产甲、乙两种产品,其售价(单价)分别为 10 万元和 9 万元.若生产 x 单位的甲产品与生产 y 单位的乙产品所需之总费用为: $400 + 2x + 3y + 0.01 \times (3x^2 + xy + 3y^2)$ 万元,问 x、y 各为多少时,方能获得最大利润?

6.用拉格朗日乘数法计算下列各题：

(1)求 $z = x^2 + y^2$ 在 $x + y = 2$ 时的条件极值.

(2)求三棱长之和为 a(正常数)体积最大的长方体.

(3)设生产某种产品的数量与所用两种原料 A, B 的数量 x, y 间有关系式 $p(x, y) = 0.005xy$.欲用 150 元购料,已知 A, B 原料的单价分别为 1 元、2 元,问购进两种原料各多少,可使生产的数量最多？

7.某公司从 1992 年至 1996 年销售收入和销售成本数据如下表：

单位:万元

年份	1992	1993	1994	1995	1996
销售收入	102	95	110	125	135
销售成本	82	78	89	105	106

1997 年该公司预计销售收入为 140 万元.问销售成本预测为多少？

§7.5　二重积分

一、二重积分的概念

二重积分与一元函数的定积分类似,在本质上也是某种和式的极限.它实际上是一元函数定积分的推广.现在,我们来考虑与一元函数的定积分中的曲边梯形面积概念类似的所谓曲顶柱体的体积计算问题.

引例　求曲顶柱体的体积

所谓曲顶柱体指的是以 xOy 平面上的区域 D 为底,以通过区域 D 的边界母线并与 z 轴平行的柱面为侧面和由定义在区域 D 上的曲面 $z = f(x, y)$ 为顶的柱体.这里的 $f(x, y) \geq 0$ 且在 D 连续.如图 7-28.

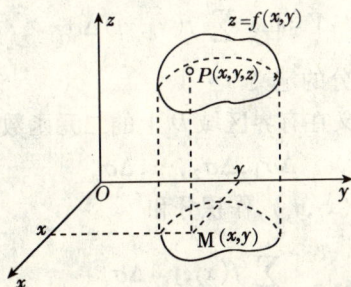

图 7-28

下面我们采用类似于处理曲边梯形面积的方法来考虑曲顶柱体体积的计算问题.
具体步骤如下:

(1)分割　将区域 D 任意分成 n 个小区域

$$\Delta\sigma_1,\Delta\sigma_2,\cdots,\Delta\sigma_n$$

且以 $\Delta\sigma_i$ 表示第 i 个小区域的面积. 这样就把曲顶柱体分成了 n 个曲顶柱体. 以 ΔV_i 表示以 $\Delta\sigma_i$ 为底的第 i 个小曲顶柱体的体积,如图 7 – 29. V 表示以区域 D 为底的曲顶柱体的体积,则有

$$V = \sum_{i=1}^{n} \Delta V_i$$

(2)近似代替　由于 $f(x,y)$ 是连续的,在分割相当细的情况下,$\Delta\sigma_i$ 很小,因而曲顶的变化也就很小,于是可以把小曲顶柱体的体积用底面积为 $\Delta\sigma_i$ 高为 $f(x_i,y_i)$ 的平顶柱体的体积 $f(x_i,y_i)\Delta\sigma_i$ 来近似地代替. 如图 7 – 30,即

$$\Delta V_i \approx f(x_i,y_i)\Delta\sigma_i$$

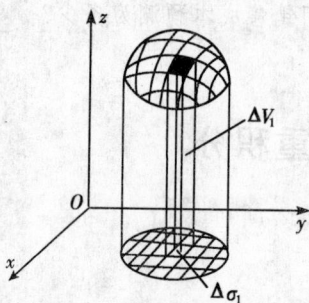
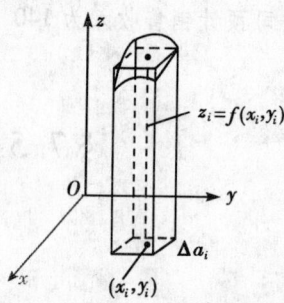

图 7 – 29　　　　　　　　　图 7 – 30

(3)求和　这 n 个平顶柱体的体积之和

$$V_n = \sum_{i=1}^{n} f(x_i,y_i)\Delta\sigma_i$$

是曲顶柱体体积 V 的近似值.

(4)取极限　当对区域 D 的分割越来越细,使得 n 无限地增大,小区域 $\Delta\sigma_i$ 越来越小,并且这个区域 $\Delta\sigma_i(i=1,2,\cdots)$ 中的最大直径(区域的直径是指有界闭区域上任意两点间的最大值)$\lambda\to0$ 时,和式 V_n 极限存在,就把这个极限定义为曲顶柱体的体积 V,即

$$V = \lim_{\lambda\to0} \sum_{i=1}^{n} f(x_i,y_i)\Delta\sigma_i$$

由此具体问题给出二重积分的定义

定义 7.8　设 $f(x,y)$ 是定义在有界区域 D 上的二元函数,将 D 任意分成 n 个小区域

$$\Delta\sigma_1,\Delta\sigma_2,\cdots,\Delta\sigma_n$$

在每个小区域 $\Delta\sigma_i$ 中任取一点 (x_i,y_i),作积分和

$$\sum_{i=1}^{n} f(x_i,y_i)\Delta\sigma_i$$

记 $\lambda = \max\{d_i\}$（d_i 表示 $\Delta\sigma_i$ 的直径）当 $\lambda \to 0$ 时，这个和式的极限存在，且与小区域的分割及点 (x_i,y_i) 的取法无关，则称此极限值为函数 $f(x,y)$ 在区域 D 上的二重积分，记作 $\iint\limits_D f(x,y)\,d\sigma$

即

$$\iint\limits_D f(x,y)\,d\sigma = \lim_{\lambda \to 0}\sum_{i=1}^{n} f(x_i,y_i)\Delta\sigma_i$$

其中，D 称为积分区域，$f(x,y)$ 称为被积函数，$d\sigma$ 称为面积元素. 曲顶柱体的体积 V 就是曲面 $z = f(x,y) \geqslant 0$ 在区域 D 上的二重积分.

若函数 $f(x,y)$ 在区域 D 上的二重积分存在，则称 $f(x,y)$ 在区域 D 上可积.

由定义可知，如果 $f(x,y)$ 在 D 上可积，则积分和的极限存在，且与 D 的分法无关. 因此，在直角坐标系中可以用平行于 x 轴和 y 轴的两组直线分割 D，此时小区域的面积为

$$\Delta\sigma_i = \Delta x_i \Delta y_i \quad (i = 1,2,3,\cdots,n)$$

取极限后，面积元素为 $\Delta\sigma_i = dxdy$，所以在直角坐标系中有 $\iint\limits_D f(x,y)\,d\sigma = \iint\limits_D f(x,y)\,dxdy$

二重积分与一元函数定积分具有相应的性质（证明略）.

下面论及的函数均假定在 D 上可积.

性质 1 常数因子可提到积分号外面. 即

$$\iint\limits_D kf(x,y)\,d\sigma = k\iint\limits_D f(x,y)\,d\sigma \qquad (k\text{ 为常数})$$

性质 2 函数代数和的积分等于各函数积分的代数和. 即

$$\iint\limits_D [f(x,y) \pm g(x,y)]\,d\sigma = \iint\limits_D f(x,y)\,d\sigma \pm \iint\limits_D g(x,y)\,d\sigma$$

性质 3 二重积分的可加性：若区域 D 被分成 D_1、D_2 两个区域，则

$$\iint\limits_D f(x,y)\,d\sigma = \iint\limits_{D_1} f(x,y)\,d\sigma + \iint\limits_{D_2} f(x,y)\,d\sigma$$

性质 4 若在区域 D 上有 $f(x,y) \leqslant g(x,y)$，则

$$\iint\limits_D f(x,y)\,d\sigma \leqslant \iint\limits_D g(x,y)\,d\sigma$$

特别有 $\left| \iint\limits_D f(x,y)\,d\sigma \right| \leqslant \iint\limits_D \left| f(x,y) \right|\,d\sigma$

性质 5 若在区域 D 上有 $f(x,y) \equiv 1$，A 是 D 的面积，

则

$$\iint\limits_D f(x,y)\,d\sigma = \iint\limits_D d\sigma = A$$

性质 6 设 M 与 m 分别是函数 $f(x,y)$ 在 D 上的最大值与最小值，A 是 D 的面积，则

$$mA \leqslant \iint\limits_D f(x,y)\,d\sigma \leqslant MA$$

性质 7（二重积分的中值定理） 若 $f(x,y)$ 在闭区域 D 上连续，A 是 D 的面积，则在 D 内至少存在一点 (ξ,η)，使得

$$\iint\limits_D f(x,y)\,d\sigma = f(\xi,\eta)A$$

二、二重积分的计算

二重积分的计算可以转化为求两次定积分. 这里,我们只考虑在直角坐标系下的二重积分的计算.

下面用几何观点来讨论二重积分

$$\iint\limits_{D} f(x,y)\,d\sigma$$

的计算问题.

在讨论中我们假定 $f(x,y) \geqslant 0$. 设积分区域 D 由直线 $x=a,x=b$ 和曲线 $y=\varphi_1(x)$, $y=\varphi_2(x)$ 所围成,如图 $7-31$. 即

$$D = \left\{(x,y) \mid a \leqslant x \leqslant b, \varphi_1(x) \leqslant y \leqslant \varphi_2(x)\right\}$$

其中函数 $\varphi_1(x)$、$\varphi_2(x)$ 在区间 $[a,b]$ 上连续. 则二重积分 $\iint\limits_{D} f(x,y)\,d\sigma$ 是区域 D 上以曲面 $z=f(x,y)$ 为顶的曲顶柱体的体积.

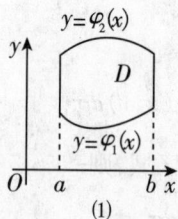 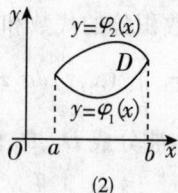 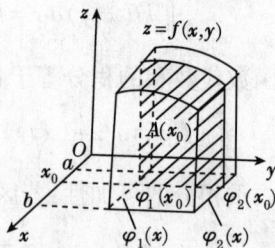

图 $7-31$　　　　　　　　　　　图 $7-32$

下面我们应用第六章中计算"平行截面面积为已知的立体的体积"的方法,来计算这个曲顶柱体的体积.

先计算截面面积. 为此,在区间 $[a,b]$ 上任意取定一点 x_0,作平行于 yOz 面的平面 $x=x_0$. 这平面截曲顶柱体所得截面是一个以区间 $[\varphi_1(x_0),\varphi_2(x_0)]$ 为底,曲线 $z=f(x_0,y)$ 为曲边的曲边梯形. 如图 $7-32$ 中的阴影部分. 所以这截面的面积为

$$A(x_0) = \int_{\varphi_1(x_0)}^{\varphi_2(x_0)} f(x_0,y)\,dy$$

一般地,过区间 $[a,b]$ 上任一点 x 且平行于 yOz 面的平面截曲顶柱体所得截面的面积为

$$A(x) = \int_{\varphi_1(x)}^{\varphi_2(x)} f(x,y)\,dy$$

于是,应用计算平行截面面积为已知的立体体积的方法,得曲顶柱体积为

$$V = \int_a^b A(x)\,dx = \int_a^b \Big[\int_{\varphi_1(x)}^{\varphi_2(x)} f(x,y)\,dy \Big]dx$$

这个体积也就是所求二重积分的值,所以有

$$\iint\limits_D f(x,y)\,d\sigma = \int_a^b \Big[\int_{\varphi_1(x)}^{\varphi_2(x)} f(x,y)\,dy \Big]dx$$

上边右端的积分叫做先对 y,后对 x 的二次积分. 就是说,先把 x 看做常数,把 $f(x,y)$ 只看做 y 的函数,并对 y 计算从 $\varphi_1(x)$ 到 $\varphi_2(x)$ 的定积分,然后把算得的结果(是 x 的函数)再对 x 计算在区间 $[a,b]$ 上的定积分. 这个先对 y,后对 x 的二次积分也常记作

$$\iint\limits_D f(x,y)\,d\sigma = \int_a^b dx \int_{\varphi_1(x)}^{\varphi_2(x)} f(x,y)\,dy$$

如果去掉上面讨论中的 $f(x,y) \geqslant 0$ 的限制,上式仍成立.

类似地,如果积分区域 D 是曲直线 $y=c,y=d$ 和曲线 $x=\psi_1(y)$,$x=\psi_2(y)$ 所围成. 如图 7-33,即

$$D = \big\{(x,y) \,\big|\, c\leqslant y\leqslant d,\psi_1(y)\leqslant x\leqslant\psi_2(y)\big\}$$

用平行于 xOz 面的平面去截曲顶柱体. 如图 7-34.

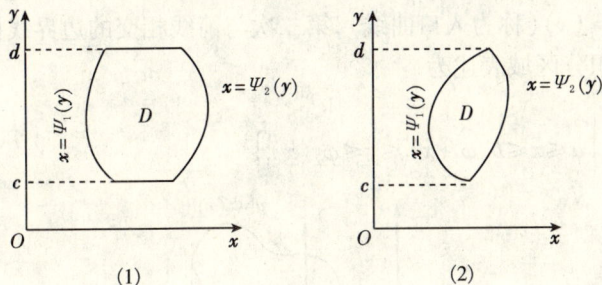

图 7-33

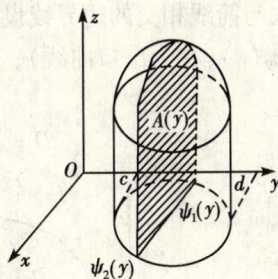

图 7-34

则可以得到

$$\iint\limits_D f(x,y)\,d\sigma = \iint\limits_c^d \Big[\int_{\psi_1(y)}^{\psi_2(y)} f(x,y)\,dx \Big]dy$$

通常写成

$$\iint\limits_D f(x,y)\,d\sigma = \int_c^d dy \int_{\psi_1(y)}^{\psi_2(y)} f(x,y)\,dx$$

这就是把二重积分化为先对 x 后对 y 的二次积分. 特别地,若区域 D 是一矩形,即

$$D = \big\{(x,y) \,|\, a\leqslant x\leqslant b,c\leqslant y\leqslant d\big\}$$

则有

$$\iint\limits_D f(x,y)\,dxdy = \int_a^b dx \int_c^d f(x,y)\,dy = \int_c^d dy \int_a^b f(x,y)\,dx$$

也可记为

$$\iint\limits_{D} f(x,y)\,dxdy = \int\limits_{c}^{d}\!\!\int\limits_{a}^{b} f(x,y)\,dxdy = \int\limits_{a}^{b}\!\!\int\limits_{c}^{d} f(x,y)\,dydx$$

如果 $D = \{(x,y)\,\big|\,a \leqslant x \leqslant b, c \leqslant y \leqslant d\}$ 且函数 $f(x,y) = f_1(x) \cdot f_2(y)$ 可积，
则

$$\iint\limits_{D} f(x,y)\,dxdy = \left(\int\limits_{a}^{b} f_1(x)\,dx\right)\!\left(\int\limits_{c}^{d} f_2(y)\,dy\right)$$

上面讲的积分区域的几种情况，其区域的边界与平行于坐标轴的直线至多交于两点，如果平行于坐标轴的直线与积分区域 D 的交点超过两点，如图 7 - 35 所示，则需要将 D 分成 n 个小区域，使每个小区域的边界线与平行于坐标轴的直线的交点不多于两个. 然后再应用积分对区域的可加性计算.

根据上述讨论，计算二重积分可归结为计算二次定积分，关键是如何根据积分区域确定积分的上下限和适当的选择积分次序. 一般地先要画出积分区域的图形，再写出区域 D 内的点所满足的不等式，即找出 x、y 在区域 D 上的变化范围，从而确定积分的上下限. 若以先对 y 后对 x 积分为例，具体做法是：先将 D 投影到 x 轴得到区间 $[a,b]$，端点 a、b 往往与 D 的边界曲线的交点有关，如图 7 - 36. 再在 $[a,b]$ 上任取一点作平行于 y 轴的箭头，第一次与箭线相交的边界线设为 $y = \varphi_1(x)$（称为入口曲线），第二次与箭线相交的边界线设为 $\varphi_2(x)$（称为出口曲线），于是把积分区域表述为

$$D = \left\{(x,y)\,\big|\,a \leqslant x \leqslant b, \varphi_1(x) \leqslant y \leqslant \varphi_2(x)\right\}$$

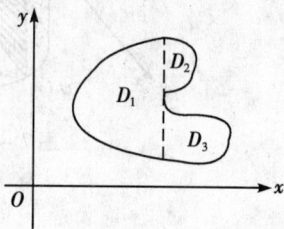

图 7 - 35

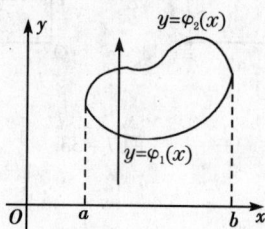

图 7 - 36

这样就得到了对 x 积分上下限是 b、a，对 y 积分上下限是 $\varphi_2(x)$、$\varphi_1(x)$. 在计算积分时，究竟是先对 x 积分还是先对 y 积分，这要由哪种顺序能简化运算来决定.

例1　计算 $\iint\limits_{D} e^{x+y}\,dxdy$

其中区域 D 是由 $x = 0, x = 2, y = 0, y = 1$ 围成的矩形，如图7 - 37.

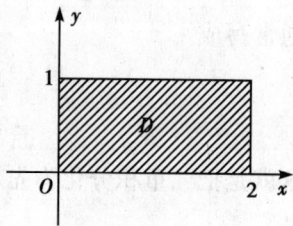

图 7 - 37

解一　因为 D 是矩形区域，有 $D = \{(x,y)\,\big|\,0 \leqslant x \leqslant 2, 0 \leqslant y \leqslant 1\}$，因此

$$\iint\limits_{D} e^{x+y} dxdy = \int_{0}^{2} dx \int_{0}^{1} e^{x+y} dy = \int_{0}^{2} e^{x+y} \bigg|_{0}^{1} dx = (e-1) \int_{0}^{2} e^{x} dx = (e+1)(e-1)^{2}$$

解二　因为 D 是矩形区域, 且 $e^{x+y} = e^x \cdot e^y$　所以

$$\iint\limits_{D} e^{x+y} dxdy = \left(\int_{0}^{2} e^{x} dx \right) \left(\int_{0}^{1} e^{y} dy \right) = (e^2 - 1)(e - 1) = (e+1)(e-1)^{2}$$

例 2　计算 $\iint\limits_{D} x^2 y dxdy$ 其中区域 D 是由 $y = x$ 与 $y = x^2$ 所围成的图形.

解一　$y = x$ 与 $y = x^2$ 的交点是 $(0,0)$ 与 $(1,1)$.

如果先对 y 后对 x 积分, 作平行于 y 轴的箭线, 由图 7-38, 则入口曲线是 $y = x^2$, 出口曲线是 $y = x$, 那么

$$D = \left\{ (x,y) \mid 0 \leqslant x \leqslant 1, x^2 \leqslant y \leqslant x \right\}$$

因此

$$\iint\limits_{D} x^2 y dxdy = \int_{0}^{1} dx \int_{x^2}^{x} x^2 y dy = \int_{0}^{1} \frac{1}{2} x^2 y^2 \bigg|_{x^2}^{x} dx = \frac{1}{2} \int_{0}^{1} (x^4 - x^6) dx = \frac{1}{35}$$

解二　如果先对 x 后对 y 积分, 作平行于 x 轴的箭线, 则入口曲线是 $x = y$, 出口曲线是 $x = \sqrt{y}$, 由图 7-39, 那么 $D = \left\{ (x,y) \mid 0 \leqslant y \leqslant 1, y \leqslant x \leqslant \sqrt{y} \right\}$

因此

$$\iint\limits_{D} x^2 y dxdy = \int_{0}^{1} dy \int_{y}^{\sqrt{y}} x^2 y dx = \int_{0}^{1} \frac{1}{3} x^3 y \bigg|_{y}^{\sqrt{y}} dy = \frac{1}{3} \int_{0}^{1} \left(y^{\frac{5}{2}} - y^4 \right) dy = \frac{1}{35}$$

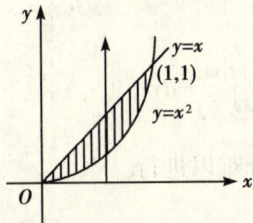
图 7-38

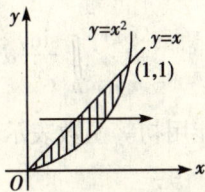
图 7-39

例 3　计算 $\iint\limits_{D} xy dxdy$, 其中区域 D 是由 $y = x - 4, y^2 = 2x$ 所围成的图形.

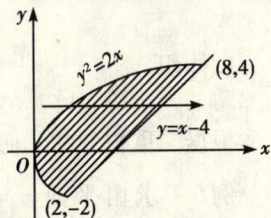
图 7-40

解　$y = x - 4$ 与 $y^2 = 2x$ 的交点为 $(8,4), (2,-2)$

先对 x 后对 y 积分, 则入口曲线为 $x = \dfrac{y^2}{2}$, 出口曲线为 $x = y + 4$, 如图 7-40.

那么　　　$D = \left\{ (x,y) \ \middle| \ -2 \leqslant y \leqslant 4, \frac{y^2}{2} \leqslant x \leqslant y+4 \right\}$

因此　　　$\displaystyle\iint\limits_{D} xy\,dxdy = \int_{-2}^{4} dy \int_{\frac{y^2}{2}}^{y+4} xy\,dx = \int_{-2}^{4} y \frac{x^2}{2} \Big|_{\frac{y^2}{2}}^{y+4} dy$

$$= \frac{1}{2} \int_{-2}^{4} (y^3 + 8y^2 + 16y - \frac{y^5}{4})\,dy = 90$$

如果先对 y 后对 x 积分,由于入口曲线由两条曲线组成,因此需要把积分区域 D 分成两小块,要做两个二次积分,计算量要比上述做法烦琐.

例 4　计算 $\displaystyle\iint\limits_{D} \frac{\sin y}{y}\,dxdy$,其中区域 D 是由 $y = x$ 与 $x = y^2$ 所围成的图形.

解　$y = x$ 与 $x = y^2$ 的交点为 $(0,0),(1,1)$

先对 x 后对 y 积分,则由图 7 - 41 可知 $D = \left\{ (x,y) \ \middle| \ 0 \leqslant y \leqslant 1, y^2 \leqslant x \leqslant y \right\}$

因此　　　$\displaystyle\iint\limits_{D} \frac{\sin y}{y}\,dxdy = \int_{0}^{1} dy \int_{y^2}^{y} \frac{\sin y}{y}\,dx$

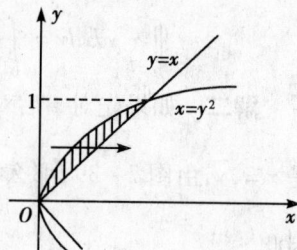

图 7 - 41

$$= \int_{0}^{1} \frac{\sin y}{y} x \ \Big|_{y^2}^{y} dy$$

$$= \int_{0}^{1} \sin y\,dy - \int_{0}^{1} y\sin y\,dy$$

$$= -\cos y \ \Big|_{0}^{1} - (-y\cos y + \sin y) \ \Big|_{0}^{1}$$

$$= 1 - \sin 1$$

如果先对 y 后对 x 积分,则有

$$\iint\limits_{D} \frac{\sin y}{y}\,dxdy = \int_{0}^{1} dx \int_{x}^{\sqrt{x}} \frac{\sin y}{y}\,dy$$

由于 $\frac{\sin y}{y}$ 的原函数不能用初等函数表示,所以积分难以进行.

三、二重积分的应用

1. 体积

根据二重积分的几何意义知,曲顶柱体的体积为 $V = \displaystyle\iint f(x,y)\,d\sigma$　　　$(f(x,y) \geqslant 0)$

例 5　求由平面 $x = 0, y = 0$ 及 $x + y = 1$ 所围成的柱体被平面 $z = 0$ 及抛物面 $x^2 + y^2 = 6 - z$ 截得的几何体的体积.

解　如图 7 - 42,该几何体可以看做以 $z = 6 - x^2 - y^2$ 为曲顶,以区域 $D:0 \leqslant y \leqslant 1 - x$,$0 \leqslant x \leqslant 1$ 为底的曲顶柱体. 所以

$$V = \iint\limits_{D} (6 - x^2 - y^2)\,dxdy$$

$$= \int_0^1 dx \int_0^{1-x} (6 - x^2 - y^2)\,dy$$

$$= \int_0^1 \left(6y - x^2 y - \frac{1}{3}y^3\right)\Big|_0^{1-x} dx$$

$$= \int_0^1 \left(\frac{4}{3}x^3 - 2x^2 - 5x + \frac{17}{3}\right) dx$$

$$= \left(\frac{1}{3}x^4 - \frac{2}{3}x^3 - \frac{5}{2}x^2 + \frac{17}{3}x\right)\Big|_0^1 = \frac{17}{6}$$

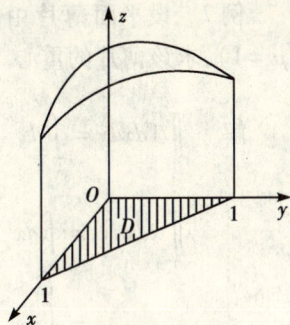

图 7 - 42

2. 平面薄片的质量

由二重积分的引例可知,质量不均匀分布的平面薄片的质量为

$$M = \iint\limits_{D} \mu(x,y)\,dxdy \quad (\mu(x,y) \text{ 为面密度})$$

例 6　一薄板被 $x^2 + 4y^2 = 12$ 及 $x = 4y^2$ 所围,面密度 $\mu(x,y) = 5x$,求薄板的质量.

解　画出 D 的图形,如图 7 - 43.

求出交点 $\begin{cases} x^2 + 4y^2 = 12 \\ x = 4y^2 \end{cases}$,　得 $\left(3, -\frac{\sqrt{3}}{2}\right), \left(3, \frac{\sqrt{3}}{2}\right)$.

$$M = \iint\limits_{D} 5x\,dxdy = \int_{-\frac{\sqrt{3}}{2}}^{\frac{\sqrt{3}}{2}} dy \int_{4y^2}^{\sqrt{12-4y^2}} 5x\,dx$$

$$= \int_{-\frac{\sqrt{3}}{2}}^{\frac{\sqrt{3}}{2}} \frac{5}{2}x^2 \Big|_{4y^2}^{\sqrt{12-4y^2}} dy$$

$$= \int_{-\frac{\sqrt{3}}{2}}^{\frac{\sqrt{3}}{2}} \frac{5}{2}(12 - 4y^2 - 16y^4)\,dy$$

$$= 10\left(6y - \frac{2}{3}y^3 - \frac{8}{5}y^5\right)\Big|_0^{\frac{\sqrt{3}}{2}} = 23\sqrt{3}$$

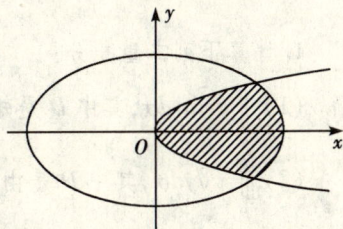

图 7 - 43

3. 平面薄片的重心

设一平面薄片 D,其上点 (x,y) 处的面密度为 $\mu(x,y)$,平面薄片的重心坐标公式为

$$\bar{x} = \frac{\iint\limits_{D} x\mu(x,y)\,dxdy}{\iint\limits_{D} \mu(x,y)\,dxdy}, \quad \bar{y} = \frac{\iint\limits_{D} y\mu(x,y)\,dxdy}{\iint\limits_{D} \mu(x,y)\,dxdy}$$

例7 设平面薄片由 $x^2+y^2=a^2(x\geqslant0,y\geqslant0)$ 围成,如图 7-44,质量均匀分布 $(\mu=1)$,求该薄片的重心.

解 $\iint\limits_D 1dxdy=\int_0^a dx\int_0^{\sqrt{a^2-x^2}}dy=\dfrac{\pi a^2}{4}$(圆面积的 $\dfrac{1}{4}$)

$$\iint\limits_D xdxdy=\int_0^a dx\int_0^{\sqrt{a^2-x^2}}xdy$$

$$=\int_0^a xy\Big|_0^{\sqrt{a^2-x^2}}dx=\int_0^a x\sqrt{a^2-x^2}dx$$

$$=-\frac{1}{2}\times\frac{2}{3}(a^2-x^2)^{\frac{3}{2}}\Big|_0^a=\frac{1}{3}a^3$$

同样 $\quad\iint\limits_D ydxdy=\dfrac{1}{3}a^3$

图 7-44

所以 $\quad\bar{x}=\dfrac{\iint\limits_D xdxdy}{\iint\limits_D dxdy}=\dfrac{4a}{3\pi},\quad\bar{y}=\dfrac{\iint\limits_D ydxdy}{\iint\limits_D dxdy}=\dfrac{4a}{3\pi}$

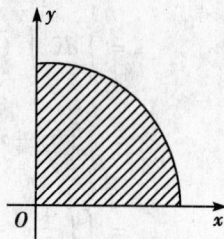

习题 7.5

1. 计算下列二重积分:

(1) $\iint\limits_D x\sin yd\sigma$,其中 D 是矩形区域: $1\leqslant x\leqslant2,0\leqslant y\leqslant\dfrac{\pi}{2}$.

(2) $\iint\limits_D x\sqrt{y}d\sigma$,其中 D 是由两条抛物线 $y=\sqrt{x}$、$y=x^2$ 所围成的区域.

(3) $\iint\limits_D xy^2d\sigma$,其中 D 是由圆周 $x^2+y^2=4$ 及 y 轴所围的右半区域.

(4) $\iint\limits_D (x^2+y^2-x)d\sigma$,其中 D 是由直线 $y=2$、$y=x$ 及 $y=2x$ 所围成的区域.

(5) $\iint\limits_D (x^2+y^2)d\sigma$,其中 D 是闭区域 $|x|\leqslant1,|y|\leqslant1$.

(6) $\iint\limits_D x\cos(x+y)d\sigma$,其中 D 是顶点为 $(0,0)$、$(\pi,0)$ 和 (π,π) 所围成的三角形.

2. 化二重积分, $I=\iint\limits_D f(x,y)d\sigma$ 为二次积分(分别列出对两个变量先后次序不同的两个二次积分),其中积分区域 D 为:

(1) 由直线 $y=x$ 及抛物线 $y^2=4x$ 所围成的区域.

(2) 由 x 轴及半圆周 $x^2+y^2=R^2(y>0)$ 所围成的区域.

(3) 由直线 $y=x$、$x=2$ 及双曲线 $y=\dfrac{1}{x}(x>0)$ 所围成的区域.

(4) 由直线 $y = 0$、$y = x$ 及 $y = 2 - x$ 所围成的区域.

3. 更换下列二次积分的积分次序：

(1) $\displaystyle\int_1^2 dx \int_x^{2x} f(x,y)\,dy$　　　　(2) $\displaystyle\int_1^e dx \int_0^{\ln x} f(x,y)\,dy$

(3) $\displaystyle\int_0^1 dy \int_{2y}^1 f(x,y)\,dx + \int_1^3 dy \int_0^{3-y} f(x,y)\,dx$

4. 应用二重积分，求在 xOy 平面上由 $y = x^2$ 与 $y = 4x - x^2$ 所围成的区域的面积.

5. 计算由曲面 $z = 1 - 4x^2 - y^2$ 与 xOy 坐标平面所围成的体积.

6. 求面密度 $\mu(x,y) = x^2 + y^2$，由 $x = 0, y = 0, x + y = 1$ 所围成的平面薄板的质量.

7. 设平面薄片所占的闭区域 D 由抛物线 $y = x^2$ 及直线 $y = x$ 所围成，它的面密度 $\mu(x,y) = x^2 y$，求此薄片的重心.

复习题七

（一）

1. 在 x 轴上与点 $(3,2,1)$ 的距离为 3 的所有点为 _____.

2. 过 y 轴上的点 $(0,1,0)$ 且平行于 zOx 平面的平面方程是 _____.

3. 设 $f(x+y, x-y) = x^2 - y^2$，则 $f(x,y) =$ _____.

4. 二元函数 $z = \arcsin(1-y) + \ln(x-y)$ 的定义域为 _____.

5. 设 $z = x^y$，则 $\dfrac{\partial z}{\partial y}\Big|_{\substack{x=e\\y=1}} =$ _____.

6. 设 $z = z(x,y)$ 是方程 $z = \ln \dfrac{z}{y}$ 确定的隐函数，则 $\dfrac{\partial z}{\partial x} =$ _____.

7. 设 $z = \ln \sqrt{x^2 + y^2 + z^2}$，则 $dz\Big|_{\substack{x=1\\y=1}} =$ _____.

8. 二元函数 $z = 2 - x^2 - y^2$ 的极大值点 $(x_0, y_0) =$ _____.

9. 如果区域 $D = \{(x,y) \mid 0 \leq x \leq 1, 0 \leq y \leq 1\}$，则有 $\displaystyle\iint_D xe^{-2y}\,dxdy =$ _____.

10. 设积分区域 D 是由 $|x| = \dfrac{1}{2}, |y| = \dfrac{1}{2}$ 所围成，则 $\displaystyle\iint_D xy\,dxdy$ _____.

（二）

1. 点 $(4,0,3)$ 在空间直角坐标系的位置是在（　　　）.

　　A. y 轴　　　　　B. xOy 平面上　　　　C. zOx 平面上　　　　D. 第一卦限内

2. 下列四点中，在球面 $(x-1)^2 + (y-2)^2 + z^2 = 1$ 上的点为（　　　）.

　　A. $(1,2,1)$　　　B. $(4,2,5)$　　　C. $(1,2,0)$　　　D. $(0,5,3)$

3. 若 $f(x,y) = \ln(x - \sqrt{x^2 - y^2})$, $(x > 0, y > 0)$,则 $f(x+y, x-y) = ($ 　　 $)$.

    A. $\ln(x-y)$ B. $\ln(x+y-2-\sqrt{xy})$

    C. $\dfrac{1}{2}(\ln x - \ln y)$ D. $2\ln(\sqrt{x} - \sqrt{y})$

4. 函数 $z = \dfrac{1}{\ln(x+y)}$ 的定义域是(　　).

    A. $x + y \neq 0$ B. $x + y > 0$

    C. $x + y \neq 1$ D. $x + y > 0$ 且 $x + y \neq 1$

5. 若 $f'_x(x_0, y_0)$, $f'_y(x_0, y_0)$ 存在,则 $f(x,y)$ 在点 $(x_0, y_0)($ 　　 $)$.

    A. 一定不可微   B. 一定可微   C. 有定义   D. 无定义

6. 设二元函数 $f(x,y)$ 在点 (x_0, y_0) 处的两个一阶偏导数 $f'_x(x_0, y_0) = f'_y(x_0, y_0) = 0$, 则点 (x_0, y_0) 一定是函数 $f(x,y)$ 的(　　).

    A. 极大值点   B. 极小值点   C. 极值点   D. 驻点

7. 已知当函数 $f(xy, x+y) = x^2 + y^2 + xy$,则 $\dfrac{\partial f(x,y)}{\partial x}$, $\dfrac{\partial f(x,y)}{\partial y}$ 分别为(　　).

    A. $-1, 2y$ B. $2y, -1$ C. $2x + 2y, 2y + x$ D. $2y, 2x$

8. 设区域 D 由 $y-x, y-2x, y-1$ 围成,则 $\iint\limits_{D} dxdy = ($ 　　 $)$.

    A. $\dfrac{1}{2}$ B. $\dfrac{1}{4}$ C. 1 D. $\dfrac{3}{2}$

9. 交换二重积分 $I = \displaystyle\int_0^1 dy \int_0^y f(x,y) dx$ 的积分次序,则 $I = ($ 　　 $)$.

    A. $\displaystyle\int_1^y dx \int_0^1 f(x,y) dy$ B. $\displaystyle\int_0^1 dx \int_x^1 f(x,y) dy$

    C. $\displaystyle\int_0^1 dx \int_0^1 f(x,y) dy$ D. $\displaystyle\int_0^1 dx \int_y^1 f(x,y) dy$

10. 设 $D = D_1 + D_2$,而 D_1 为以 $O(0,0)$, $A(2,1)$, $B(2,0)$ 为顶点的三角形; D_2 为以 $O(0,0)$, $B(2,0)$, $C(2,-1)$ 为顶点的三角形,则 $\iint\limits_{D} f(x,y) dxdy = ($ 　　 $)$.

    A. 0 B. $2\iint\limits_{D_1} f(x,y) dxdy$

    C. $2\iint\limits_{D_2} f(x,y) dxdy$ D. $\iint\limits_{D_1} f(x,y) dxdy + \iint\limits_{D_2} f(x,y) dxdy$

（三）

1. 求下列函数的定义域.

    (1) $z = \dfrac{1}{2x^2 + 3y^2}$ (2) $z = x + \sqrt{y}$

$(3) z = \sqrt{x^2 + 4y^2}$ $\qquad$ $(4) z = \dfrac{1}{\sqrt{1-x^2}} + \dfrac{1}{\sqrt{y^2-1}}$

$(5) z = \ln(x+y)$ $\qquad$ $(6) u = \arccos \dfrac{z}{\sqrt{x^2+y^2}}$

2. 求下列函数的偏导数:

$(1) z = x^2 y + \dfrac{x}{y}$ $\qquad$ $(2) z = \ln \dfrac{y}{x^2}$

$(3) z = e^{\sin x} \cos y;$ $\qquad$ $(4) z = \sqrt{\ln(xy)}$

$(5) z = \ln \cot \dfrac{x}{y}$ $\qquad$ $(6) z = \arcsin(y\sqrt{x})$

$(7) u = x^{\frac{y}{z}}$ $\qquad$ $(8) u = \arctan(x-y)^z$

3. 设 $z = \sin \dfrac{x}{y} \cos \dfrac{y}{x}$,求在点 $(2,\pi)$ 处的偏导数

4. 设 $z = e^{-(\frac{1}{x}+\frac{1}{y})}$,求证 $x^2 \dfrac{\partial z}{\partial x} + y^2 \dfrac{\partial z}{\partial y} = 2z$

5. 求下列函数的 $\dfrac{\partial^2 z}{\partial x^2}, \dfrac{\partial^2 z}{\partial y^2}, \dfrac{\partial^2 z}{\partial x \partial y}$

$(1) z = \arctan \dfrac{y}{x}$ $\qquad$ $(2) z = y^x$

6. (1)验证函数 $z = \ln \sqrt{x^2 + y^2}$ 满足 $\dfrac{\partial^2 z}{\partial x^2} + \dfrac{\partial^2 z}{\partial y^2} = 0$

$(2) z = f(x^2 + y^2)$,且 f 可微,证明 $y \dfrac{\partial z}{\partial x} - x \dfrac{\partial z}{\partial y} = 0$

7. 求下列函数的全微分:

$(1) z = \dfrac{x}{y} + xy$ $\qquad$ $(2) z = e^{\frac{x}{y}}$

$(3) z = \arcsin \dfrac{x}{y}$ $\qquad$ $(4) z = \ln\sqrt{x^2 + y^2}$

8. 求下列函数的导数:

$(1) z = u^2 \ln v$,而 $u = \dfrac{x}{y}, v = 3x - 2y$,求 $\dfrac{\partial z}{\partial x}, \dfrac{\partial z}{\partial y}$

(2) 求 $z = (x^2 + y^2)^{xy}$ 一阶偏导数

$(3) z = x^y$ 而 $x = \sin t, y = \cos t$,求 $\dfrac{dz}{dt}$

$(4) z = \arctan(xy)$,而 $y = e^x$,求 $\dfrac{dz}{dx}$

9. 求下列函数的导数或全微分:

$(1) xy + x + y + 1 = 0$,求 $\dfrac{dy}{dx}$

$(2) e^z - xyz = 0$,求 $\dfrac{\partial z}{\partial x}, \dfrac{\partial z}{\partial y}$

(3) $x = z\ln\dfrac{x}{y}$, 求 dz

(4) 求由 $2xz - 2xyz + \ln(xyz) = 0$ 所确定的隐函数 $z = z(x,y)$ 在点 $(1,1)$ 处的全微分

10. 求下列函数的极值:

(1) $z = x^3 - y^3 - 6xy$

(2) $z = x^3 - y^3 + 3x^2 + 3y^2 - 9x$

11. 要造一个容积 V 一定的长方体箱子, 问选择怎样的尺寸, 才能使所用的材料最少?

12. 设商品 A 的需求量为 x, 价格为 p, 需求函数为 $x = 26 - p$, 商品 B 的需求量为 y, 价格为 q, 需求函数为 $y = 10 - \dfrac{1}{4}q$, 生产两种商品的总成本函数 $c = x^2 + 2xy + y^2$. 问两种商品各生产多少时, 才能获得最大利润?

13. 两个相依的量 x 与 y 由 x 确定. 经 5 次测试, 得数据如下表:

x	0	20	40	60	80
y	35.2	35.9	36.7	37.4	38.4

试利用表中试验数据, 建立 y 依赖 x 的线性关系.

14. 计算下列二重积分:

(1) $\displaystyle\iint\limits_{D} \sin^2 x \sin^2 y \, d\sigma, D = \{(x,y) \mid 0 \le x \le \pi, 0 \le y \le \pi\}$

(2) $\displaystyle\iint\limits_{D} 3x^2 y^2 \, d\sigma, D$ 是由 x 轴、y 轴和抛物线 $y = 1 - x^2$ 所围成的第一象限的区域

(3) $\displaystyle\iint\limits_{D} x^2 y \, d\sigma, D$ 是由 $x = 0, y = 0$ 与 $x^2 + y^2 = 1$ 所围成的第一象限的区域

(4) $\displaystyle\iint\limits_{D} x^2 e^{-y^2} \, d\sigma, D$ 是由 $x = 0, y = 1$ 及直线 $y = x$ 所围成的区域

(5) $\displaystyle\iint\limits_{D} 6x^2 y^2 \, d\sigma, D$ 是由曲线 $y = |x|$ 与 $y = 2 - x^2$ 所围成的区域

第八章 无穷级数

同微分、积分一样,级数是高等数学的一个重要组成部分,它是表示函数,研究函数的性质以及进行数值计算的一种工具,本章先讨论数项级数,介绍无穷级数的一些基本内容,然后讨论函数项级数.

§8.1 数项级数的概念和性质

一、数项级数的概念

设已给数列 $u_1, u_2, \cdots, u_n, \cdots$ 则式子

$$u_1 + u_2 + \cdots + u_n + \cdots \tag{1}$$

称为无穷数项级数,记作 $\displaystyle\sum_{n=1}^{\infty} u_n$

即
$$\sum_{n=1}^{\infty} u_n = u_1 + u_2 + \cdots + u_n + \cdots$$

其中 u_n 称为一般项或通项.

作数项级数(1)的前 n 项的和

$$S_n = u_1 + u_2 + \cdots + u_n$$

称 S_n 为级数(1)的部分和.

一个级数的部分和 S_n 是一个数列

$$S_1, S_2, \cdots, S_n, \cdots$$

定义 8.1 如果当 $n \to \infty$ 时,级数(1)的部分和数列 S_n 的极限存在,即

$$\lim_{n\to\infty} S_n = S \quad (S \text{ 是有限常数})$$

那么称级数(1)收敛,称 S 为数项级数(1)的和,并记作

$$S = \sum_{n=1}^{\infty} u_n = u_1 + u_2 + \cdots + u_n + \cdots$$

如果 S_n 没有极限,则称级数(1)发散.

例 1　判定级数 $\displaystyle\sum_{n=1}^{\infty}\frac{1}{n(n+1)}$ 的敛散性.

解　因为 $\dfrac{1}{n(n+1)} = \dfrac{1}{n} - \dfrac{1}{n+1}$　$(n=1,2,\cdots)$

所以 $S_n = \dfrac{1}{1\cdot 2} + \dfrac{1}{2\cdot 3} + \dfrac{1}{3\cdot 4} + \cdots + \dfrac{1}{n(n+1)}$

$\qquad = \left(1 - \dfrac{1}{2}\right) + \left(\dfrac{1}{2} - \dfrac{1}{3}\right) + \left(\dfrac{1}{3} - \dfrac{1}{4}\right) + \cdots + \left(\dfrac{1}{n} - \dfrac{1}{n+1}\right)$

$\qquad = 1 - \dfrac{1}{n+1}$

所以　　$\displaystyle\lim_{n\to\infty} S_n = \lim_{n\to\infty}\left(1 - \dfrac{1}{n+1}\right) = 1$

可见,该级数收敛,其和是 1.

例 2　判断无穷级数 $\displaystyle\sum_{n=1}^{\infty} r^{n-1} = 1 + r + r^2 + \cdots + r^{n-1} + \cdots$ 的收敛性.

解　此级数为几何级数(或称等比级数).

若 $r = 1$,则所给几何级数转化为 $\displaystyle\sum_{n=1}^{\infty} 1 = 1 + 1 + \cdots + 1 + \cdots$,因为 $\displaystyle\lim_{n\to\infty} S_n = \lim_{n\to\infty} n = \infty$,可知其发散.

若 $r \neq 1$,所给级数前 n 项和

$$S_n = 1 + r + r^2 + \cdots + r^{n-1} = \frac{1-r^n}{1-r} = \frac{1}{1-r} - \frac{r^n}{1-r}$$

当 $|r| < 1$ 时,$\displaystyle\lim_{n\to\infty}\frac{r^n}{1-r} = 0$,因而 $\displaystyle\lim_{n\to\infty} S_n = \frac{1}{1-r}$,即级数 $\displaystyle\sum_{n=1}^{\infty} r^{n-1}$ 收敛,且其和为 $\dfrac{1}{1-r}$;

当 $|r| > 1$ 时,$\displaystyle\lim_{n\to\infty}\frac{r^n}{1-r} = \infty$,因而 $\displaystyle\lim_{n\to\infty} S_n$ 不存在,即级数 $\displaystyle\sum_{n=1}^{\infty} r^{n-1}$ 发散.

当 $r = -1$ 时,$S_n = 1 - 1 + 1 - 1 + \cdots + (-1)^{n-1} = \begin{cases} -1 & n \text{ 为偶数} \\ 1 & n \text{ 为奇数} \end{cases}$

可知 $\displaystyle\lim_{n\to\infty} S_n$ 不存在,因此 $\displaystyle\sum_{n=1}^{\infty} r^{n-1}$ 发散.

综合上述,可知 $\displaystyle\sum_{n=1}^{\infty} r^{n-1} = \begin{cases} \dfrac{1}{1-r} & |r| < 1 \\ \text{发散} & |r| \geqslant 1 \end{cases}$

几何级数的收敛性应该熟记,以后将作为标准级数使用.

例 3　判定级数 $\displaystyle\sum_{n=1}^{\infty} \ln\frac{n+1}{n}$ 的敛散性.

解　由于 $\ln\dfrac{n+1}{n} = \ln(n+1) - \ln n$　$(n=1,2,\cdots)$

得到 $S_n = \ln\dfrac{2}{1} + \ln\dfrac{3}{2} + \ln\dfrac{4}{3} + \cdots + \ln\dfrac{n+1}{n}$

$$= (\ln 2 - \ln 1) + (\ln 3 - \ln 2) + (\ln 4 - \ln 3) + \cdots + (\ln(n+1) - \ln n)$$

$$= \ln(n+1)$$

因此　$\lim\limits_{n\to\infty} S_n = \lim\limits_{n\to\infty} \ln(n+1) = \infty$

所以级数发散.

二、级数的基本性质

性质1　如果级数 $\sum\limits_{n=1}^{\infty} u_n$ 收敛,其和为 S,那么 $\sum\limits_{n=1}^{\infty} au_n$ 也收敛,和为 aS.

例4　判定无穷级数 $\sum\limits_{n=1}^{\infty} ar^{n-1}$ $(a \neq 0)$ 的敛散性.

解　由例2与性质1可知 $\sum\limits_{n=1}^{\infty} ar^{n-1} = \begin{cases} \dfrac{a}{1-r} & |r| < 1 \\ \text{发散} & |r| \geq 1 \end{cases}$

性质2　若 $\sum\limits_{n=1}^{\infty} u_n$ 收敛,其和为 S;$\sum\limits_{n=1}^{\infty} v_n$ 收敛,其和为 σ,则 $\sum\limits_{n=1}^{\infty} (u_n \pm v_n)$ 必收敛,其和为 $S \pm \sigma$.

例5　判定 $\sum\limits_{n=1}^{\infty} \left(\dfrac{1}{2^{n-1}} + \dfrac{5}{3^{n-1}} \right)$ 的收敛性.

解　注意到 $\sum\limits_{n=1}^{\infty} \dfrac{1}{2^{n-1}}$ 与 $\sum\limits_{n=1}^{\infty} \dfrac{5}{3^{n-1}}$ 皆为几何级数,其公比分别为 $r = \dfrac{1}{2}$ 与 $r = \dfrac{1}{3}$,由例4可知 $\sum\limits_{n=1}^{\infty} \dfrac{1}{2^{n-1}}$ 与 $\sum\limits_{n=1}^{\infty} \dfrac{5}{3^{n-1}}$ 皆收敛,且

$$\sum\limits_{n=1}^{\infty} \dfrac{1}{2^{n-1}} = \dfrac{1}{1 - \dfrac{1}{2}} = 2 \qquad \sum\limits_{n=1}^{\infty} \dfrac{5}{3^{n-1}} = \dfrac{5}{1 - \dfrac{1}{3}} = \dfrac{15}{2}$$

由性质2可知 $\sum\limits_{n=1}^{\infty} \left(\dfrac{1}{2^{n-1}} + \dfrac{5}{3^{n-1}} \right)$ 收敛,且其和为 $2 + \dfrac{15}{2} = \dfrac{19}{2}$.

性质3　在一个级数的前面加上(或去掉)有限项,级数的敛散性不变.

例6　判断 $\dfrac{1}{2^3} + \dfrac{1}{2^4} + \cdots + \dfrac{1}{2^n} + \cdots$ 收敛性.

解　$1 + \dfrac{1}{2} + \dfrac{1}{2^2} + \cdots + \dfrac{1}{2^{n-1}} + \cdots$ 为等比级数,公比 $r = \dfrac{1}{2}$,因此

$1 + \dfrac{1}{2} + \dfrac{1}{2^2} + \cdots + \dfrac{1}{2^{n-1}} + \cdots$ 收敛,由性质3可知 $\dfrac{1}{2^3} + \dfrac{1}{2^4} + \cdots + \dfrac{1}{2^n} + \cdots$ 收敛.

性质4　收敛级数添括号后所得的新级数仍收敛,其和不变. 即加括号之后所得新级数收敛,且其和不变.

注意　收敛级数去括号之后所得到的新级数不一定为收敛级数.

例如,级数 $(1-1) + (1-1) + \cdots + (1-1) + \cdots$ 收敛于0,但是去括号后可得新级数

$1 - 1 + 1 - 1 + \cdots + (-1)^{n-1} + \cdots$ 为发散级数. 这表明不能将有限项求和的所有代数性质随意用在无限项求和的运算之中.

以下几个命题请读者自己证明或举出反例.

(1)若 $\sum\limits_{n=1}^{\infty} u_n$ 收敛, $\sum\limits_{n=1}^{\infty} v_n$ 发散, 则 $\sum\limits_{n=1}^{\infty}(u_n \pm v_n)$ 必定发散;

(2)若 $\sum\limits_{n=1}^{\infty} u_n$ 发散, $\sum\limits_{n=1}^{\infty} v_n$ 也发散, 则 $\sum\limits_{n=1}^{\infty}(u_n \pm v_n)$ 不一定发散;

(3)若 $\sum\limits_{n=1}^{\infty}(u_n \pm v_n)$ 发散, 则 $\sum\limits_{n=1}^{\infty} u_n$ 与 $\sum\limits_{n=1}^{\infty} v_n$ 不一定都发散;

(4)若添括号之后的级数发散, 则原级数必定发散;

(5)若 $\sum\limits_{n=1}^{\infty} u_n$ 发散, 则添括号的新级数不一定发散.

性质5 (级数收敛的必要条件)若 $\sum\limits_{n=1}^{\infty} u_n$ 收敛, 则必有 $\lim\limits_{n \to \infty} u_n = 0$.

证明略.

有必要指出, 这个性质的逆命题不正确, 即级数的通项的极限为零, 并不一定能保证 $\sum\limits_{n=1}^{\infty} u_n$ 收敛, 因此上述性质为级数收敛的必要条件而不是充分条件.

例7 证明级数 $\sum\limits_{n=1}^{+\infty} \dfrac{1}{\sqrt{n}}$ 发散.

证明 该级数的部分和

$$S_n = 1 + \frac{1}{\sqrt{2}} + \frac{1}{\sqrt{3}} + \cdots + \frac{1}{\sqrt{n}} > \frac{1}{\sqrt{n}} + \frac{1}{\sqrt{n}} + \frac{1}{\sqrt{n}} + \cdots + \frac{1}{\sqrt{n}} = \frac{n}{\sqrt{n}} = \sqrt{n}$$

故　　$\lim\limits_{n \to \infty} S_n = +\infty$, 于是级数发散, 证毕.

若　　$\lim\limits_{n \to \infty} u_n \neq 0$ 或 $\lim\limits_{n \to \infty} u_n$ 不存在, 则 $\sum\limits_{n=1}^{\infty} u_n$ 必定发散.

这个性质可以作为判定级数发散的充分准则.

例8 判定级数 $\dfrac{2}{3} + \dfrac{3}{4} + \cdots + \dfrac{n+1}{n+2} + \cdots$ 的收敛性.

解 所给级数的通项 $u_n = \dfrac{n+1}{n+2}$. $\lim\limits_{n \to \infty} u_n = \lim\limits_{n \to \infty} \dfrac{n+1}{n+2} = 1 \neq 0$

可知 $\dfrac{2}{3} + \dfrac{3}{4} + \cdots + \dfrac{n+1}{n+2} + \cdots$ 为发散级数.

习题 8.1

1. $\lim\limits_{n \to \infty} u_n = 0$ 是 $\sum\limits_{n=1}^{\infty} u_n$ 收敛的(　　).

A. 充分而非必要条件　　　　　　　　　B. 必要而非充分条件

C. 充分必要条件　　　　　　　　　D. 既非充分也非必要条件

2. 若级数 $\sum\limits_{n=1}^{\infty} u_n$ 收敛,则下列命题(　)正确(其中 $S_n = \sum\limits_{n=1}^{\infty} u_n$).

　A. $\lim\limits_{n\to\infty} S_n = 0 = o$　　　　　　　B. $\lim\limits_{n\to\infty} S_n = 0$ 存在

　C. $\lim\limits_{n\to\infty} S_n = 0$ 可能不存在　　　　D. $\{S_n\}$ 为单调数列

3. 利用定义判定下列级数的收敛性:

(1) $\sum\limits_{n=1}^{\infty} (\sqrt{n+1} - \sqrt{n})$

(2) $\dfrac{1}{1\cdot 2} + \dfrac{1}{2\cdot 3} + \cdots + \dfrac{1}{n\cdot(n+1)} + \cdots$

(3) $1 - 1 + 1 - 1 + \cdots + (-1)^{n-1} + \cdots$

4. 利用级数的基本性质及标准级数(几何级数、调和级数)判定下列级数的收敛性:

(1) $-\dfrac{8}{9} + \dfrac{8^2}{9^2} - \dfrac{8^3}{9^3} + \cdots + (-1)^n \dfrac{8^n}{9^n} + \cdots$

(2) $\dfrac{1}{2} + \dfrac{1}{4} + \cdots + \dfrac{1}{2^n} + \cdots$

(3) $\left(\dfrac{1}{3} + \dfrac{3}{4}\right) + \left(\dfrac{1}{3^2} + \dfrac{3^2}{4^2}\right) + \cdots + \left(\dfrac{1}{3^n} + \dfrac{3^n}{4^n}\right) + \cdots$

§8.2　常数项级数的审敛法

在一般情况下,要判断一个级数的敛散性,只根据级数的收敛、发散的定义或性质,常常是很困难的. 因此需要建立判断级数敛散性的审敛法. 下面介绍几种常用的常数项级数的审敛法.

一、正项级数的审敛法

如果级数 $\sum\limits_{n=1}^{\infty} u_n$ 的每一项都是非负数,即 $u_n \geqslant 0 (n = 1, 2, 3, \cdots)$,则称该级数为正项级数.

下面给出正项级数的基本审敛法.

1. 比较审敛法

定理 8.1　设两个正项级数 $\sum\limits_{n=1}^{\infty} u_n$ 与 $\sum\limits_{n=1}^{\infty} v_n$,且 $u_n \leqslant v_n (n = 1, 2, 3, \cdots)$

(1)如果级数 $\sum\limits_{n=1}^{\infty} v_n$ 收敛,则级数 $\sum\limits_{n=1}^{\infty} u_n$ 也收敛;

(2)如果级数 $\sum\limits_{n=1}^{\infty} u_n$ 发散,则级数 $\sum\limits_{n=1}^{\infty} v_n$ 也发散.

例 1 判别级数 $1 + \dfrac{1}{2^2} + \dfrac{1}{3^2} + \cdots + \dfrac{1}{(n+1)^2} + \cdots$ 的敛散性.

解 因为 $\dfrac{1}{(n+1)^2} < \dfrac{1}{n(n+1)}$,而级数 $\sum\limits_{n=1}^{\infty} \dfrac{1}{n(n+1)}$ 在上节例 1 中已知它是收敛的,根据比较审敛法,级数 $\sum\limits_{n=1}^{\infty} \dfrac{1}{(n+1)^2} = \dfrac{1}{2^2} + \dfrac{1}{3^2} + \cdots + \dfrac{1}{(n+1)^2} + \cdots$ 也是收敛的.

再根据级数的基本性质 3,可知所给级数 $\sum\limits_{n=1}^{\infty} \dfrac{1}{n^2} = 1 + \dfrac{1}{2^2} + \dfrac{1}{3^2} + \cdots + \dfrac{1}{(n+1)^2} + \cdots$ 是收敛的.

例 2 讨论 $p-$ 级数 $\sum\limits_{n=1}^{\infty} \dfrac{1}{n^p} = 1 + \dfrac{1}{2^p} + \dfrac{1}{3^p} + \cdots + \dfrac{1}{(n+1)^p} + \cdots$ 的敛散性,其中常数 $p>0$.

解 (1)当 $p=1$ 时,级数

$$\sum_{n=1}^{\infty} \frac{1}{n^p} = 1 + \frac{1}{2} + \frac{1}{3} + \cdots + \frac{1}{n} + \cdots$$

为调和级数,由上节的证明知调和级数发散.

(2)当 $0<p<1$ 时,有 $n<n^p$,这时级数 $\sum\limits_{n=1}^{\infty} \dfrac{1}{n^p}$ 的每一项都大于调和级数的对应项,即 $\dfrac{1}{n^p} > \dfrac{1}{n}$,因调和级数发散,故 $0<p<1$ 时,$p-$ 级数发散.

(3)当 $p>1$ 时,顺次将级数 $\sum\limits_{n=1}^{\infty} \dfrac{1}{n^p}$ 的一项、两项、四项、八项······括在一起

$$1 + \left(\frac{1}{2^p} + \frac{1}{3^p} \right) + \left(\frac{1}{4^p} + \cdots + \frac{1}{7^p} \right) + \left(\frac{1}{8^p} + \cdots + \frac{1}{15^p} \right) + \cdots$$

显然级数的各项小于级数

$$1 + \left(\frac{1}{2^p} + \frac{1}{2^p} \right) + \left(\frac{1}{4^p} + \cdots + \frac{1}{4^p} \right) + \left(\frac{1}{8^p} + \cdots + \frac{1}{8^p} + \cdots \right) = 1 + \frac{1}{2^{p-1}} + \left(\frac{1}{2^{p-1}} \right)^2 + \left(\frac{1}{2^{p-1}} \right)^3 + \cdots$$

对应的各项,而后者为等比级数,且公比 $q = \dfrac{1}{2^{p-1}} < 1$,故收敛,由比较审敛法可知:$p>1$ 时,$p-$ 级数是收敛的.

综上所述,可知当 $0<p\leqslant 1$ 时,$p-$ 级数是发散的;$p>1$ 时,$p-$ 级数是收敛的.

例如,级数

$$1 + \frac{1}{\sqrt{2}} + \frac{1}{\sqrt{3}} + \cdots + \frac{1}{\sqrt{n}} + \cdots$$

是一个 $p = \dfrac{1}{2} < 1$ 的 $p-$ 级数,因此它发散;而级数

$$1 + \frac{1}{2\sqrt{2}} + \frac{1}{3\sqrt{3}} + \cdots + \frac{1}{n\sqrt{n}} + \cdots$$

为 $p = \frac{3}{2} > 1$ 的 p - 级数,因此它收敛.

例3　判定级数 $\sum\limits_{n=1}^{\infty} 2^n \sin\frac{a}{3^n}(0 < a < \pi)$ 的敛散性.

解　因为级数的一般项 $u_n = 2^n \sin\frac{a}{3^n} > 0$ 为正项级数,且有 $2^n \sin\frac{a}{3^n} < \frac{2^n}{3^n}a$,又级数

$\sum\limits_{n=1}^{\infty} \frac{2^n}{3^n}a$ 是公比为 $\frac{2}{3}$ 的等比级数,是收敛的,根据比较审敛法,$\sum\limits_{n=1}^{\infty} 2^n \sin\frac{a}{3^n}$ 也收敛.

在比较审敛法的基础上,利用无穷递缩等比级数还可得到一个较为方便的审敛法.

若有一个正项级数

$$\sum_{n=1}^{\infty} u_n = u_1 + u_2 + \cdots + u_n + u_{n+1} + \cdots$$

它不一定是等比级数,如果存在一个小于 1 的正数 q,对每一个 n 均有

$$\frac{u_{n+1}}{u_n} \leqslant q < 1$$

即

$$u_2 \leqslant qu_1$$
$$u_3 \leqslant qu_2 \leqslant q^2 u_1$$
$$u_n \leqslant qu_{n-1} \leqslant q^{n-1} u_1$$

也就是说正项级数 $\sum\limits_{n=1}^{\infty} u_n$ 的每一项,都不超过一个收敛的等比级数的对应项.根据比较审敛法,可知级数 $\sum\limits_{n=1}^{\infty} u_n$ 是收敛的.

类似地还可得到:

一个正项级数 $\sum\limits_{n=1}^{\infty} u_n$ 对于每一个 n 均有

$$\frac{u_{n+1}}{u_n} \geqslant q > 1$$

那么这个正项级数是发散的.

如果正项级数 $\sum\limits_{n=1}^{\infty} u_n$,比值 $\frac{u_{n+1}}{u_n}$ 的极限存在,那么根据以上分析,可推得下面的审敛法.

2. 比值审敛法

定理8.2　对于一个正项级数 $\sum\limits_{n=1}^{\infty} u_n (u_n > 0)$,如果 $\lim\limits_{n\to\infty} \frac{u_{n+1}}{u_n} = \rho$

则　(1)当 $\rho < 1$ 时,级数 $\sum\limits_{n=1}^{\infty} u_n$ 收敛;

（2）当 $\rho > 1$ 时，级数 $\sum\limits_{n=1}^{\infty} u_n$ 发散.

例4   判定级数 $\sum\limits_{n=1}^{\infty} \dfrac{n}{2^{n-1}}$ 的敛散性.

解   因为 $\lim\limits_{n\to\infty} \dfrac{u_{n+1}}{u_n} = \lim\limits_{n\to\infty} \dfrac{n+1}{2^n} \cdot \dfrac{2^{n-1}}{n} = \lim\limits_{n\to\infty} \dfrac{1}{2} \cdot \dfrac{n+1}{n} = \dfrac{1}{2} < 1$

由比值审敛法知，级数 $\sum\limits_{n=1}^{\infty} \dfrac{n}{2^{n-1}}$ 收敛.

例5   判定级数 $\sum\limits_{n=1}^{\infty} \dfrac{5^n}{n^5}$ 的敛散性.

解   因为 $\sum\limits_{n=1}^{\infty} \dfrac{u_{n+1}}{u_n} = \lim\limits_{n\to\infty} \dfrac{5^{n+1}}{(n+1)^5} \cdot \dfrac{n^5}{5^n} = \lim\limits_{n\to\infty} 5 \cdot \left(\dfrac{n}{n+1} \right)^5 = 5 > 1$

由此值审敛法知，级数 $\sum\limits_{n=1}^{\infty} \dfrac{5^n}{n^5}$ 发散.

例6   判定级数 $\sum\limits_{n=1}^{\infty} \dfrac{a^n}{n!} (a>0)$ 的敛散性.

解   因为 $\sum\limits_{n=1}^{\infty} \dfrac{u_{n+1}}{u_n} = \lim\limits_{n\to\infty} \dfrac{a^{n+1}}{(n+1)!} \cdot \dfrac{n!}{a^n} = \lim\limits_{n\to\infty} \dfrac{a}{n+1} = 0 < 1$

由比值审敛法知，级数 $\sum\limits_{n=1}^{\infty} \dfrac{a^n}{n!} (a>0)$ 收敛.

应该注意：当 $\lim\limits_{n\to\infty} \dfrac{u_{n+1}}{u_n} = 1$ 时，比值审敛法失效，此时级数可能收敛也可能发散.

例如 p - 级数中，$\lim\limits_{n\to\infty} \dfrac{u_{n+1}}{u_n} = \lim\limits_{n\to\infty} \left(\dfrac{n+1}{n} \right)^p = 1$，而 $0 < p \leqslant 1$ 时，p - 级数发散，$p > 1$ 时，p - 级数收敛.

二、交错级数的审敛法

正负相间的级数 $\sum\limits_{n=1}^{\infty} (-1)^{n-1} u_n = u_1 - u_2 + u_3 - u_4 \cdots (u_n > 0)$ 称为交错级数.

定理8.3   如果交错级数 $\sum\limits_{n=1}^{\infty} (-1)^{n-1} u_n$ 满足条件：

（1）$u_n \geqslant u_{n+1}$；

（2）$\lim\limits_{n\to\infty} u_n = 0$，则级数 $\sum\limits_{n=1}^{\infty} (-1)^{n-1} u_n$ 收敛，其和 $S \leqslant u_1$，且余项 R_n 的绝对

值 $\left| R_n \right| \leqslant u_{n+1}$.

证明略.

例7　判定级数 $\displaystyle\sum_{n=1}^{\infty}(-1)^{n-1}\dfrac{1}{n}$ 的敛散性.

解　因为所给级数为交错级数,且满足

$$u_n=\frac{1}{n}>\frac{1}{n+1}>u_{n+1}\ \text{及}\ \lim_{n\to\infty}u_n=\lim_{n\to\infty}\frac{1}{n}=0$$

由交错级数的审敛法知,级数 $\displaystyle\sum_{n=1}^{\infty}(-1)^{n-1}u_n$ 收敛.

三、任意项级数的审敛法

正负项可以任意出现的级数叫做任意项级数. 任意项级数审敛法较麻烦,这里只介绍一种绝对收敛审敛法.

定理8.4　如果级数

$$\sum_{n=1}^{\infty}|u_n|=|u_1|+|u_2|+\cdots+|u_n|+\cdots$$

收敛,则级数

$$\sum_{n=1}^{\infty}u_n=u_1+u_2+\cdots+u_n+\cdots$$

也收敛.

证明略.

此审敛法,将许多任意项级数收敛的判别问题,转化为正项级数收敛性的判别问题.

一般地,如果级数 $\displaystyle\sum_{n=1}^{\infty}|u_n|$ 收敛,则称级数 $\displaystyle\sum_{n=1}^{\infty}u_n$ 是绝对收敛的;如果级数 $\displaystyle\sum_{n=1}^{\infty}u_n$ 收敛,而级数 $\displaystyle\sum_{n=1}^{\infty}|u_n|$ 发散,则称级数 $\displaystyle\sum_{n=1}^{\infty}u_n$ 是条件收敛的.

例8　判定级数 $\displaystyle\sum_{n=1}^{\infty}\dfrac{\sin na}{2^n}$ 是否绝对收敛.

解　考虑级数 $\displaystyle\sum_{n=1}^{\infty}\left|\dfrac{\sin na}{2^n}\right|$

由于　$\left|\dfrac{\sin na}{2^n}\right|=\dfrac{|\sin na|}{2^n}\leqslant\dfrac{1}{2^n}$

而级数 $\displaystyle\sum_{n=1}^{\infty}\dfrac{1}{2^n}$ 为收敛的等比级数,由比较审敛法知级数 $\displaystyle\sum_{n=1}^{\infty}\dfrac{\sin na}{2^n}$ 绝对收敛.

必须注意,每一个绝对收敛的级数都是收敛的,但收敛的级数却不一定绝对收敛. 例如,级数 $\displaystyle\sum_{n=1}^{\infty}(-1)^{n-1}\dfrac{1}{n}$ 是收敛的,而各项的绝对值组成的级数为调和级数,却是发散的,所以级数 $\displaystyle\sum_{n=1}^{\infty}(-1)^{n-1}\dfrac{1}{n}$ 是条件收敛的.

习题 8.2

1. 用比较审敛法判别下列级数的敛散性：

(1) $\sum_{n=1}^{\infty} \dfrac{1}{2n-1}$

(2) $\sum_{n=1}^{\infty} \dfrac{1}{(n+1)(n+2)}$

(3) $\sum_{n=1}^{\infty} \dfrac{1+n}{1+n^2}$

(4) $\sum_{n=1}^{\infty} \sin \dfrac{\pi}{2^n}$

2. 用比值审敛法判别下列级数的敛散性：

(1) $\sum_{n=1}^{\infty} \dfrac{3^{n-1}}{n \times 2^n}$

(2) $\sum_{n=1}^{\infty} \dfrac{n^2}{3^n}$

(3) $\sum_{n=1}^{\infty} \dfrac{n+2}{n^n}$

(4) $\sum_{n=1}^{\infty} \dfrac{1}{n^n}$

(5) $\sum_{n=1}^{\infty} \dfrac{2^n n!}{n^n}$

(6) $\sum_{n=1}^{\infty} \dfrac{3n}{n^n}$

3. 判别下列级数的敛散性：

(1) $\sum_{n=1}^{\infty} \dfrac{1}{a+bn}$

(2) $\sum_{n=1}^{\infty} \dfrac{3^n n!}{n^n}$

(3) $\sum_{n=1}^{\infty} \dfrac{n+1}{n(n+2)}$

(4) $\sum_{n=1}^{\infty} n\left(\dfrac{3}{4}\right)^n$

(5) $\sum_{n=1}^{\infty} \sqrt{\dfrac{n+1}{n}}$

(6) $\sum_{n=1}^{\infty} \dfrac{1}{1+a^n}$　　$(a \geqslant 1)$

4. 判别下列级数的敛散性，是否绝对收敛.

(1) $\sum_{n=1}^{\infty} (-1)^{n-1} \dfrac{1}{\sqrt{n}}$

(2) $\sum_{n=1}^{\infty} (-1)^{n-1} \dfrac{n}{3^{n-1}}$

(3) $\sum_{n=1}^{\infty} (-1)^{n-1} \dfrac{1}{\ln(n+1)}$

(4) $\sum_{n=1}^{\infty} (-1)^{n-1} \dfrac{n^3}{2^{n!}}$

§8.3　幂级数

一、函数项级数

在级数部分中，还有一种常用的级数——函数项级数. 各项都是变量 x 的函数的级数

称为函数项级数,即为

$$\sum_{n=1}^{+\infty} u_n(x) = u_1(x) + u_2(x) + \cdots + u_n(x) + \cdots$$

对于每一固定点 $x = x_0$, $\sum_{n=1}^{+\infty} u_n(x_0)$ 就是一个数项级数,因此数项级数的收敛性是讨论函数项级数收敛性的基础. 函数项级数与数项级数在收敛性的提法上有些不同,数项级数要么收敛要么发散,而函数项级数中 x 是变量,同一个函数项级数,x 取某些值时可能收敛,而取另一些值时却可能发散. 因此,函数项级数收敛性的提法不能只是说它收敛还是发散,而是说它在 x 取什么值的时候收敛,取什么值的时候发散.

对于函数项级数 $\sum_{n=1}^{+\infty} u_n(x)$,若 $x = x_0$ 时级数 $\sum_{n=1}^{+\infty} u_n(x_0)$ 收敛,则称 $x = x_0$ 为函数项级数 $\sum_{n=1}^{+\infty} u_n(x)$ 的收敛点;若 $x = x_1$ 时级数 $\sum_{n=1}^{+\infty} u_n(x_1)$ 发散,则称 $x = x_1$ 为函数项级数 $\sum_{n=1}^{+\infty} u_n(x)$ 的发散点.

显然,在一个点上它或是收敛或是发散,二者必居其一,所有收敛点的集合称为收敛域,所有发散点的集合称为发散域.

若函数项级数 $\sum_{n=1}^{+\infty} u_n(x)$ 的收敛域为 X,对于每一个 $x \in X$,级数 $\sum_{n=1}^{+\infty} u_n(x)$ 收敛,也就有一个和数,因此和也是 x 的函数,记作 $S(x)$,称为和函数,即

$$\sum_{n=1}^{+\infty} u_n(x) = S(x) \quad x \in X$$

这里,我们不再讨论一般的函数项级数,只讨论两种最重要的函数项级数——幂级数和傅里叶级数,傅里叶级数将在下一节中讨论.

二、幂级数的概念

形如

$$\sum_{n=0}^{\infty} a_n(x - x_0)^n = a_0 + a_1(x - x_0) + a_2(x - x_0)^2 + \cdots + a_n(x - x_0)^n + \cdots$$

或
$$\sum_{n=0}^{\infty} a_n x^n = a_0 + a_1 x + a_2 x^2 + \cdots + a_n x^n + \cdots$$

(其中 $a_0, a_1, a_2, \cdots, a_n, \cdots$ 均是常数)的函数项级数,称为幂级数. 称 $a_0, a_1, a_2, \cdots, a_n, \cdots$ 为幂级数的系数. 又称它们为定义在 $(-\infty, +\infty)$ 内的幂级数. 前者又称为 $(x - x_0)$ 的幂级数,后者又称为 x 的幂级数.

将 $\sum_{n=0}^{\infty} a_n x^n$ 的各项取绝对值,得正项级数

$$\sum_{n=0}^{\infty} |a_n x^n| = |a_0| + |a_1 x| + |a_2 x^2| + \cdots + |a_n x^n| + \cdots$$

设 $\lim_{n \to \infty} \left| \dfrac{a_{n+1}}{a_n} \right| = l$,则 $\lim_{n \to \infty} \left| \dfrac{u_{n+1}}{u_n} \right| = \lim_{n \to \infty} \left| \dfrac{a_{n+1} x^{n+1}}{a_n x^n} \right| = l |x|$

于是,由比值判别法可知:

定理 8.5 幂级数 $\sum\limits_{n=0}^{\infty} a_n x^n$ 的收敛性必为下述情形之一:

(1)如果 $l|x| < 1(l \neq 0)$,即 $|x| < \dfrac{1}{l} = R$,则级数(1)绝对收敛;

(2)如果 $l|x| > 1(l \neq 0)$,即 $|x| > \dfrac{1}{l} = R$,则级数(1)发散;

(3)如果 $l|x| = 1(l \neq 0)$,即 $|x| = \dfrac{1}{l} = R$,则比值法失效;

(4)如果 $l = 0$,则 $l|x| = 0 < 1$,这时级数(1)对任何 x 都收敛.

从而,幂级数 $\sum\limits_{n=0}^{\infty} a_n x^n$ 收敛域是一个以原点为中心的 R 邻域,称为幂级数的收敛区间,其中 $R = \dfrac{1}{l}$ 叫做幂级数的收敛半径.

注意 若幂级数 $\sum\limits_{n=0}^{\infty} a_n x^n$ 除点 $x = 0$ 以外,对一切的 $x \neq 0$ 都发散,则 $R = 0$,收敛区间为点 $x = 0$;若幂级数 $\sum\limits_{n=0}^{\infty} a_n x^n$ 对任何的 x 都收敛,则 $R = +\infty$,收敛区间为 $(-\infty, +\infty)$;若 $0 < R < +\infty$,则须对点 $x = \pm R$ 时级数的敛散情况进行讨论,以决定级数确切的收敛区间.

定理 8.6 如果幂级数 $\sum\limits_{n=0}^{\infty} a_n x^n = a_0 + a_1 x + a_2 x^2 + \cdots + a_n x^n + \cdots$ 的系数满足条件

$$\lim_{n \to \infty} \left| \frac{a_{n+1}}{a_n} \right| = l$$

则 (1)当 $0 < l < +\infty$ 时,$R = \dfrac{1}{l}$;

(2)当 $l = 0$ 时,$R = +\infty$;

(3)当 $l = +\infty$,$R = 0$.

例 1 求级数 $\sum\limits_{n=1}^{\infty} (-1)^{n-1} \dfrac{x^n}{n}$ 的收敛半径和收敛区间.

解 由 $\lim\limits_{n \to \infty} \left| \dfrac{a_{n+1}}{a_n} \right| = \lim\limits_{n \to \infty} \dfrac{\dfrac{1}{n+1}}{\dfrac{1}{n}} = \lim\limits_{n \to \infty} \dfrac{n}{n+1} = 1$

得收敛半径为 $R = 1$.

当 $x = -1$ 时,它成为调和级数 $\sum\limits_{n=1}^{\infty} \dfrac{1}{n}$,发散,

当 $x = 1$ 时,它成为交错级数 $\sum\limits_{n=1}^{\infty} (-1)^{n-1} \dfrac{1}{n}$,收敛.

所以,收敛区间为 $(-1, 1]$.

例2 求级数 $\displaystyle\sum_{n=1}^{\infty} \frac{x^n}{n^n}$ 的收敛区间.

解 由 $\displaystyle\lim_{n\to\infty}\left|\frac{a_{n+1}}{a_n}\right| = \lim_{n\to\infty}\frac{\dfrac{1}{(n+1)^{n+1}}}{\dfrac{1}{n^n}} = \lim_{n\to\infty}\frac{1}{n+1}\frac{1}{\left(1+\dfrac{1}{n}\right)^n} = 0$

得收敛半径为 $R = +\infty$,收敛区间为 $(-\infty, +\infty)$.

三、幂级数的性质

性质1 如果幂级数 $\displaystyle\sum_{n=1}^{\infty} a_n x^n$ 和 $\displaystyle\sum_{n=1}^{\infty} b_n x^n$ 的收敛半径分别是 R_1 和 R_n,取

$R = \min\{R_1, R_2\}$,则在 $(-R, R)$ 内,幂级数 $\displaystyle\sum_{n=1}^{\infty}(a_n \pm b_n)x^n$ 收敛,且有

$$\sum_{n=1}^{\infty}(a_n \pm b_n)x^n = \sum_{n=1}^{\infty} a_n x^n \pm \sum_{n=1}^{\infty} b_n x^n$$

性质2 设幂级数 $\displaystyle\sum_{n=1}^{\infty} a_n x^n$ 的收敛半径为 R,则和函数 $S(x)$ 具有下列性质:

(1) $S(x)$ 在 $(-R, R)$ 内连续;

(2) $S(x)$ 在 $(-R, R)$ 内可导,且

$$S'(x) = \left(\sum_{n=0}^{\infty} a_n x^n\right)' = \sum_{n=0}^{\infty} n a_n x^{n-1} \quad (\text{逐项求导})$$

(3) $S(x)$ 在 $(-R, R)$ 内可积,且

$$\int_0^x S(x)dx = \int_0^x \left(\sum_{n=0}^{\infty} a_n x^n\right)dx = \sum_{n=0}^{\infty}\left(\int_0^x a_n x^n dx\right) = \sum_{n=0}^{\infty}\frac{a_n}{n+1}x^{n+1} \quad (\text{逐项积分})$$

例3 求幂级数 $\displaystyle\sum_{n=1}^{\infty} n x^{n-1}$ 的收敛区间及和函数,并求级数 $\displaystyle\sum_{n=1}^{\infty}\frac{n}{2^n}$ 的和.

解 由 $\displaystyle\lim_{n\to\infty}\left|\frac{a_{n+1}}{a_n}\right| = \lim_{n\to\infty}\frac{n+1}{n} = 1$

得收敛半径为 $R = 1$.

当 $x = -1$ 时,级数 $\displaystyle\sum_{n=1}^{\infty}(-1)^{n-1}n$ 发散(一般项不趋于零),

当 $x = 1$ 时,级数 $\displaystyle\sum_{n=1}^{\infty} n$ 发散.

所以,收敛区间为 $(-1, 1)$.

设和函数为

$$S(x) = 1 + 2x + 3x^2 + \cdots + n x^{n-1} + \cdots$$

两边积分得

$$\int_0^x S(x)\,dx = x + x^2 + x^3 + \cdots + x^n + \cdots$$

$$= x(1 + x + x^2 + x^3 + \cdots + x^n + \cdots)$$

$$= \frac{x}{1-x} = \frac{1}{1-x} - 1$$

两边求导得

$$S(x) = \frac{d}{dx}\int_0^x S(t)\,dt = \frac{1}{(1-x)^2}$$

取 $x = \dfrac{1}{2}$，则有

$$\sum_{n=1}^{\infty} n\left(\frac{1}{2}\right)^{n-1} = \frac{1}{\left(1 - \frac{1}{2}\right)^2} = 4$$

所以

$$\sum_{n=1}^{\infty} \frac{n}{2^n} = \sum_{n=1}^{\infty} n\left(\frac{1}{2}\right)^n = \frac{1}{2} \times 4 = 2$$

例 4　求幂级数 $\displaystyle\sum_{n=1}^{\infty} \frac{x^{n+1}}{n(n+1)}$ 的和函数.

解　已知级数的收敛区间为 $[-1,1]$，现令其和函数为 $S(x)$，即

$$S(x) = \sum_{n=1}^{\infty} \frac{x^{n+1}}{n(n+1)}$$

两边求导得

$$S'(x) = \sum_{n=1}^{\infty} \frac{x^n}{n}$$

再对上式两边求导得

$$S''(x) = \sum_{n=1}^{\infty} x^{n-1}$$

而

$$\sum_{n=1}^{\infty} x^{n-1} = \frac{1}{1-x}$$

所以对上式两边积分得　$S'(x) = -\ln(1-x)$

再对上式两边积分得　$S(x) = -x\ln(1-x) + x + \ln(1-x)$

四、函数展开为幂级数

1. 麦克劳林级数

由微分近似公式

$$f(x) \approx f(x_0) + f'(x_0)(x - x_0) \qquad (\text{当} |x - x_0| \text{很小时})$$

事实上，这个微分近似公式是略掉了一个比 $(x - x_0)$ 还高阶的无穷小量（$x \to x_0$ 时）. 即

$$f(x) = f(x_0) + f'(x_0)(x - x_0) + o(x - x_0)$$

而　$o(x - x_0) = a_2(x - x_0)^2 + o(x - x_0)^2$

依此下去可知,$f(x)$可以由

$$f(x_0) + f'(x_0)(x - x_0) + \frac{f''(x_0)}{2!}(x - x_0)^2 + \cdots + \frac{f^{(n)}(x_0)}{n!}(x - x_0)^n$$

近似地表示.

定理 8.7　若函数$f(x)$在点x_0的邻域内有1到$n+1$阶的连续导数,则对邻域内任意的点x,有

$$f(x) = f(x_0) + f'(x_0)(x - x_0) + \frac{f''(x_0)}{2!}(x - x_0)^2 + \cdots + \frac{f^{(n)}(x_0)}{n!}(x - x_0)^n + R_n(x)$$

其中$R_n(x) = \frac{f^{(n+1)}(\xi)}{(n+1)!}(x - x_0)^{n+1}$($\xi$在$x_0$与$x$之间)称为函数$f(x)$的泰勒公式,余项$R_n(x)$称为拉格朗日余项.

定义 8.2　当$x_0 = 0$时,公式

$$f(x) = f(x_0) + f'(x_0)(x - x_0) + \frac{f''(x_0)}{2!}(x - x_0)^2 + \cdots + \frac{f^{(n)}(x_0)}{n!}(x - x_0)^n + R_n(x)$$

成为

$$f(x) = f(0) + f'(0)x + \frac{f''(0)}{2!}x^2 + \cdots + \frac{f^{(n)}(0)}{n!}x^n + R_n(x)$$

其中$R_n(x) = \frac{f^{(n+1)}(\xi)}{(n+1)!}x^{n+1}$称为麦克劳林公式.

如果$f(x)$在泰勒公式中的余项$R_n(x) \to 0 (n \to 0)$,那么,$f(x)$可以展开成泰勒级数:

$$f(x) = f(x_0) + f'(x_0)(x - x_0) + \frac{f''(x_0)}{2!}(x - x_0)^2 + \cdots + \frac{f^{(n)}(x_0)}{n!}(x - x_0)^n + \cdots$$

当$x_0 = 0$时,上式成为

$$f(x) = f(0) + f'(0)x + \frac{f''(0)}{2!}x^2 + \cdots + \frac{f^{(n)}(0)}{n!}x^n + \cdots$$

称为$f(x)$的麦克劳林级数.

2. 几个初等函数展开式

(1)直接展开法

步骤:①求出$f(x)$的各阶导数$f'(x), f''(x), \cdots, f^{(n)}(x) \cdots$

②求出函数及其各阶导数在$x = 0$点处的值:

$$f(0), f'(0), f''(0), \cdots, f^{(n)}(0) \cdots$$

③写出幂级数

$$f(0) + f'(0)x + \frac{f''(0)}{2!}x^2 + \cdots + \frac{f^{(n)}(0)}{n!}x^n + \cdots$$

并求出收敛半径R.

④考查当x在区间$(-R, R)$内时,余项$R_n(x)$的极限

$$\lim_{n \to \infty} R_n(x) = \lim_{n \to \infty} \frac{f^{(n+1)}(\xi)}{(n+1)!}x^{n+1} \qquad (\xi 在 0 与 x 之间)$$

是否为零,如果为零,则函数 $f(x)$ 在区间 $(-R,R)$ 内的幂级数展开式为

$$f(x) = f(0) + f'(0) + \frac{f''(0)}{2!}x^2 + \cdots + \frac{f^{(n)}(0)}{n!}x^n + \cdots \quad (-R < x < R)$$

例5 将函数 $f(x) = e^x$ 展开成 x 的幂级数.

解 ① $f^{(n)}(x) = e^x$ $\qquad (n=1,2,\cdots)$

② $f^{(n)}(0) = 1$ $\qquad (n=1,2,\cdots)$

③ 于是得级数 $\qquad 1 + x + \frac{x^2}{2!} + \cdots + \frac{x^n}{n!} + \cdots$

它的收敛半径为 $R = +\infty$

④ 对任意的有限数 x

$$|R_n(x)| = \left| \frac{e^\xi}{(n+1)!}x^{n+1} \right| < e^{|x|}\frac{|x|^{n+1}}{(n+1)!} \qquad (\xi \text{ 在 } 0 \text{ 与 } x \text{ 之间})$$

所以 $\qquad \lim_{n\to\infty} = |R_n(x)| = \lim_{n\to\infty} e^{|x|}\frac{|x|^{n+1}}{(n+1)!} = 0$

于是得展开式

$$e^x = 1 + x + \frac{x^2}{2!} + \cdots + \frac{x^n}{n!} + \cdots \qquad (-\infty < x < +\infty)$$

例6 将 $f(x) = \sin x$ 展开成幂级数.

解 函数 $f(x) = \sin x$ 的各阶导数为 $f^n(x) = \sin\left(x + \frac{n\pi}{2}\right)$ $\quad (n=1,2,3\cdots)$

因此有 $\qquad f(0)=0, f'(0)=1, f''(0)=0, f'''(0)=-1, f^{(4)}(0)=0,\cdots$

可得幂级数

$$x - \frac{1}{3!}x^2 + \frac{1}{5!}x^5 - \cdots + (-1)^{n-1}\frac{x^{2n-1}}{(2n-1)!} + \cdots$$

其收敛区间为 $(-\infty, +\infty)$,因此 $\sin x$ 的幂级数展开式为

$$\sin x = x - \frac{1}{3!}x^3 + \frac{1}{5!}x^5 - \cdots + (-1)^{n-1}\frac{x^{2n-1}}{(2n-1)!} + \cdots \qquad (-\infty < x < +\infty)$$

(2)间接展开法

由几何级数知:

$$\frac{1}{1-x} = 1 + x + x^2 + \cdots + x^{n-1} + \cdots \quad (-1 < x < 1)$$

分别令 $x = -x, x^2$,得:

$$\frac{1}{1+x} = 1 - x + x^2 - \cdots + (-1)^{n-1}x^{n-1} + \cdots \quad (-1 < x < 1)$$

$$\frac{1}{1+x^2} = 1 - x^2 + x^4 \cdots + (-1)^{n-1}x^{2n-2} + \cdots \quad (-1 < x < 1)$$

将上列二式两边积分得:

$$\ln(1+x) = x - \frac{1}{2}x^2 + \frac{1}{3}x^3 - \cdots + (-1)^{n-1}\frac{x^n}{n} + \cdots \quad (-1 < x \leqslant 1)$$

$$\arctan x = x - \frac{1}{3}x^3 + \frac{1}{5}x^5 - \cdots + (-1)^{n-1}\frac{x^{2n-1}}{2n-1} + \cdots \quad (-1 \leqslant x \leqslant 1)$$

例 7 将函数 $f(x) = \cos x$ 展开成 x 的幂级数.

解 因为 $(\sin x)' = \cos x$,

所以
$$\cos x = (\sin x)' = \left[\sum_{n=0}^{\infty} (-1)^n \frac{x^{2n+1}}{(2n+1)!} \right]'$$

$$= \sum_{n=0}^{\infty} (-1)^n \frac{x^{2n}}{(2n)!}$$

$$= 1 - \frac{x^2}{2!} + \frac{x^4}{4} - \cdots + (-1)^n \frac{x^{2n}}{(2n)!} + \cdots \quad (-\infty < x < +\infty)$$

例 8 将函数 $f(x) = e^{-\frac{x}{3}}$ 展开成 x 的幂级数.

解 因为 $e^x = 1 + x + \frac{x^2}{2!} + \cdots + \frac{x^n}{n!} + \cdots \quad (-\infty < x < +\infty)$

所以
$$e^{-\frac{x}{3}} = \sum_{n=0}^{\infty} (-1)^n \frac{1}{n!} \left(\frac{x}{3} \right)^n$$

$$= 1 - \frac{x}{3} + \frac{1}{2!} \left(\frac{x}{3} \right)^2 - \cdots + (-1)^n \frac{1}{n!} \left(\frac{x}{3} \right)^n + \cdots \quad (-\infty < x < +\infty)$$

例 9 将函数 $f(x) = \frac{1}{3-x}$ 展开成 x 的幂级数.

解 因为
$$\frac{1}{1-x} = 1 + x + x^2 + \cdots + x^{n-1} + \cdots \quad (-1 < x < 1)$$

而
$$\frac{1}{1 - \frac{x}{3}} = 1 - \frac{x}{3} + \left(\frac{x}{3} \right)^2 - \cdots + (-1)^{n-1} \left(\frac{x}{3} \right)^{n-1} + \cdots \quad (-1 < x < 1)$$

所以
$$\frac{1}{3-x} = \frac{1}{3} \cdot \frac{1}{1 - \frac{x}{3}} = \frac{1}{3} - \frac{x}{3^2} + \frac{x^2}{3^3} + \cdots + (-1)^{n-1} \frac{x^{n-1}}{3^n} + \cdots \quad (-3 < x < 3)$$

习题 8.3

1. 求下列级数的收敛半径与收敛区间:

$(1) \sum_{n=1}^{\infty} n! \ x^n$

$(2) \dfrac{x}{2} + \dfrac{x^2}{2 \cdot 4} + \dfrac{x^3}{2 \cdot 4 \cdot 6} + \cdots$

$(3) 1 - x + \dfrac{x^2}{2^2} - \dfrac{x^3}{3^2} + \cdots$

$(4) \sum_{n=1}^{\infty} \dfrac{n^2}{n+1} x^n$

$(5) \sum_{n=1}^{\infty} (-1)^{n-1} \dfrac{(x+1)^n}{n}$

$(6) \sum_{n=1}^{\infty} (-1)^n \dfrac{1}{2n+1} x^{2n+1}$

2. 将下列函数展开为幂级数:

$(1) e^{-x^2}$

$(2) \dfrac{1}{2}(e^x - e^{-x})$

$(3) \dfrac{1}{2+x}$

$(4)\dfrac{1}{(1-x)^2}$ $\qquad$ $(5)\arctan x$ $\qquad$ $(6)\dfrac{1}{1-3x+2x^2}$

§8.4 傅立叶级数

函数项级数的各项由三角函数形式表示为：

$$\frac{a_0}{2}+\sum_{n=1}^{\infty}(a_n\cos nx+b_n\sin nx)$$

的级数,称为三角级数. 级数理论在数学本身及其他科学和技术中极其重要. 在声学、电动力学、光学、热力学中为了研究周期运动常借助于三角级数,在电气工程问题中,诸如开关元件的频率性态或脉冲的传输问题也可以借助于三角级数解决,潮汐预报和水文预报的仪器也是借助于三角级数理论而构造的.

一、傅里叶级数

傅里叶级数理论的基本思想是用三角级数表示一般的周期函数.

先考查三角级数：

$$\frac{a_0}{2}+\sum_{n=1}^{\infty}(a_n\cos nx+b_n\sin nx)$$

(其中 $a_0,a_1,b_1,\cdots$ 都是常数)的特点. 若其在长度为 2π 的区间上收敛,不妨设该级数在 $[-\pi,\pi]$ 上收敛,其和函数为 $f(x)$,即在 $[-\pi,\pi]$ 上有

$$f(x)=\frac{a_0}{2}+\sum_{n=1}^{\infty}(a_n\cos nx+b_n\sin nx)$$

研究三角级数在 $[-\pi,\pi]$ 上的性态,利用三角函数的周期性则可得知三角级数在整个数轴上的整体性态.

这里有两个反问题：

1. 在什么条件下函数 $f(x)$ 才能表示为三角级数?

2. 如果 $f(x)$ 可以表示为三角级数,又应该如何确定 $a_0,a_1,b_1,\cdots$

为了解决上述两个问题,先注意下列性质：

$$\int_{-\pi}^{\pi}\cos nx\,dx=0 \qquad (n=0,1,2,\cdots)$$

$$\int_{-\pi}^{\pi}\sin nx\,dx=0 \qquad (n=0,1,2,\cdots)$$

$$\int_{-\pi}^{\pi}\cos mx\sin nx\,dx=0 \qquad (m\neq n,n=0,1,2,\cdots)$$

$$\int_{-\pi}^{\pi} \sin mx \sin nx dx = 0 \qquad (m \neq n, n = 0, 1, 2, \cdots)$$

$$\int_{-\pi}^{\pi} \sin nx \cos nx dx = 0 \qquad (n = 0, 1, 2, \cdots)$$

通常称上述性质为三角函数族：$1, \cos x, \sin x. \cos 2x, \sin 2x, \cdots$，在区间 $[-\pi, \pi]$ 上的正交性，即上述三角函数族中任何不同的两个函数的乘积在区间 $[-\pi, \pi]$ 上的积分等于零. 上述性质读者可以通过计算定积分来验证.

另外，还可得：

$$\int_{-\pi}^{\pi} 1^2 dx = 2\pi$$

$$\int_{-\pi}^{\pi} \sin^2 nx dx = \pi, \qquad (n = 0, 1, 2, \cdots)$$

$$\int_{-\pi}^{\pi} \cos^2 nx dx = \pi \qquad (n = 0, 1, 2, \cdots)$$

再考查第二个问题的反问题，假定三角级数在 $[-\pi, \pi]$ 上收敛于和函数 $f(x)$，且假定积分与求和可交换顺序，若

$$f(x) = \frac{a_0}{2} + \sum_{n=1}^{\infty} (a_n \cos nx + b_n \sin nx) \qquad (*)$$

对 $(*)$ 式从 $-\pi$ 到 π 逐项积分，可得

$$\int_{-\pi}^{\pi} f(x) dx = \int_{-\pi}^{\pi} \left[\frac{a_0}{2} + \sum_{n=1}^{\infty} (a_n \cos nx + b_n \sin nx) \right] dx = \pi a_0$$

于是

$$a_0 = \frac{1}{\pi} \int_{-\pi}^{\pi} f(x) dx$$

相仿，用 $\cos nx$ 乘 $(*)$ 式两端，可得并从 $-\pi$ 到 π 逐项积分

$$\int_{-\pi}^{\pi} f(x) \cos nx dx$$

$$= \int_{-\pi}^{\pi} \left[\frac{a_0}{2} + \sum_{n=1}^{\infty} (a_n \cos nx + b_n \sin nx) \right] \cos nx dx = \int_{-\pi}^{\pi} a_n \cos^2 nx = a_n \pi$$

于是 $\qquad a_n = \frac{1}{\pi} \int_{-\pi}^{\pi} f(x) \cos nx dx \qquad (n = 1, 2, \cdots)$

同理，用 $\sin nx$ 乘 $(*)$ 式两端，可得并从 $-\pi$ 到 π 逐项积分，于是

$$b_n = \frac{1}{\pi} \int_{-\pi}^{\pi} f(x) \sin nx dx \qquad (n = 1, 2, \cdots)$$

上述的 $a_0, a_n, b_n (n = 1, 2, \cdots)$ 的表达式又称之欧拉—傅里叶公式.

由欧拉—傅里叶公式确定 $a_0, a_n, b_n (n = 1, 2, \cdots)$ 得到的三角级数

$$\frac{a_0}{2} + \sum_{n=1}^{\infty} (a_n \cos nx + b_n \sin nx)$$

称为 $f(x)$ 的傅里叶级数.

对傅里叶级数有以下结论:

定理 8.8　设 $f(x)$ 为周期等于 2π 的函数,$f(x)$ 在 $[-\pi,\pi]$ 上有定义且有界. 假定 $[-\pi,\pi]$ 可以分成有限个子区间,在每个子区间上 $f(x)$ 是连续且单调的,则由欧拉—傅里叶公式确定 $a_0,a_n,b_n(n=1,2,\cdots)$ 得到傅里叶级数

$$\frac{a_0}{2}+\sum_{n=1}^{\infty}(a_n\cos nx+b_n\sin nx)$$

在 $[-\pi,\pi]$ 上收敛,且其和满足:

1. 当 x 为 $f(x)$ 的连续点时,和等于 $f(x)$;

2. 当 x 为 $f(x)$ 的间断点时,和等于 $\dfrac{f(x^+)+f(x^-)}{2}$;

3. 当 x 为区间端点,即 $x=-\pi,x=\pi$ 时,和等于 $\dfrac{f(-\pi^+)+f(\pi^-)}{2}$.

上述区间换为 $(-\pi,\pi]$ 或 $[-\pi,\pi)$ 也正确.

二、在 $[-\pi,\pi]$ 上的傅里叶级数

如果 $f(x)$ 只是定义在 $(-\pi,\pi]$ 上的函数,可以将 $f(x)$ 延拓为周期函数 $F(x)$,使 $F(x)$ 在 $[-\pi,\pi]$ 上等于 $f(x)$,且 $F(x)$ 是以 2π 为周期的函数,由欧拉—傅里叶公式有

$$a_0=\frac{1}{\pi}\int_{-\pi}^{\pi}F(x)dx=\frac{1}{\pi}\int_{-\pi}^{\pi}f(x)dx$$

$$a_n=\frac{1}{\pi}\int_{-\pi}^{\pi}F(x)\cos nxdx=\frac{1}{\pi}\int_{-\pi}^{\pi}f(x)\cos nxdx\quad(n=1,2,\cdots)$$

$$b_n=\frac{1}{\pi}\int_{-\pi}^{\pi}F(x)\sin nxdx=\frac{1}{\pi}\int_{-\pi}^{\pi}f(x)\sin nxdx\quad(n=1,2,\cdots)$$

由此得到定义在 $[-\pi,\pi]$ 上的 $f(x)$ 的傅里叶级数

$$\frac{a_0}{2}+\sum_{n=1}^{\infty}(a_n\cos nx+b_n\sin nx)$$

此级数也满足前述傅里叶级数的收敛定理.

实际计算时,不必经过 $F(x)$ 这一道手续,只要直接使用傅里叶公式计算 $a_0,a_n,b_n(n=1,2,\cdots)$ 即可.

例 1　将 $f(x)=\begin{cases}x & -\pi\leqslant x\leqslant 0\\0 & 0<x<\pi\end{cases}$ 展开为傅里叶级数.

解　由欧拉—傅里叶公式有

$$a_0=\frac{1}{\pi}\int_{-\pi}^{\pi}f(x)dx=\frac{1}{\pi}\int_{-\pi}^{0}xdx=-\frac{\pi}{2}$$

$$a_n=\frac{1}{\pi}\int_{-\pi}^{\pi}f(x)\cos nxdx=\frac{1}{\pi}\int_{-\pi}^{0}x\cos nxdx$$

$$= \frac{1}{n^2 \pi} \left[1 - (-1)^n \right] \quad (n = 1, 2, \cdots)$$

$$b_n = \frac{1}{\pi} \int_{-\pi}^{\pi} f(x) \sin nx dx = \frac{1}{\pi} \int_{-\pi}^{0} x \sin nx dx$$

$$= \frac{(-1)^{n+1}}{n} \quad (n = 1, 2, \cdots)$$

可以得到 $f(x)$ 的傅里叶级数

$$-\frac{\pi}{4} + \frac{2}{\pi} \left[\frac{1}{1^2} \cos x + \frac{1}{3^2} \cos 3x + \frac{1}{5^2} \cos 5x + \cdots \right] + \left[\sin x - \frac{1}{2} \sin 2x + \frac{1}{3} \sin 3x - \cdots \right] \quad (*)$$

由于 $f(x)$ 在 $(-\pi, \pi)$ 内连续，因此在 $(-\pi, \pi)$ 内，$(*)$ 所给出的傅里叶级数收敛于 $f(x)$.
在 $x = -\pi, x = \pi$ 处，$(*)$ 所给出的傅里叶级数收敛于 $\dfrac{f(-\pi^+) + f(\pi^-)}{2} = \dfrac{-\pi + 0}{2} = -\dfrac{\pi}{2}$.

例 2 将 $f(x) = \begin{cases} -1 & -\pi < x \leq 0 \\ 1 & 0 < x \leq \pi \end{cases}$ 展开为傅里叶级数.

解 由欧拉—傅里叶公式有

$$a_0 = \frac{1}{\pi} \int_{-\pi}^{\pi} f(x) dx = 0 \quad （因为 f(x) 为奇函数）$$

$$a_n = \frac{1}{\pi} \int_{-\pi}^{\pi} f(x) \cos nx dx = 0 \quad （n = 1, 2, \cdots，因为 f(x) \cos nx 为奇函数）$$

$$b_n = \frac{1}{\pi} \int_{-\pi}^{\pi} f(x) \sin nx dx = \frac{2}{\pi} \int_{0}^{\pi} \sin nx dx = \frac{2}{n\pi} \left[1 - (-1)^n \right] \quad (n = 1, 2, \cdots)$$

因此 $f(x)$ 的傅里叶级数为

$$\frac{4}{\pi} \left[\sin x + \frac{1}{3} \sin 3x + \cdots + \frac{1}{(2k+1)} \sin(2k+1)x + \cdots \right]$$

由于 $f(x)$ 在 $-\pi < x < 0, 0 < x < \pi$ 内连续，因此由傅里叶级数的收敛定理可知，在 $-\pi < x < 0, 0 < x < \pi$ 内有

$$f(x) = \frac{4}{\pi} \left[\sin x + \frac{1}{3} \sin 3x + \cdots + \frac{1}{(2k+1)} \sin(2k+1)x + \cdots \right]$$

由于 $x = 0$ 为 $f(x)$ 的间断点，因此上述傅里叶级数在 $x = 0$ 处收敛于

$$\frac{f(-0^+) + f(0^-)}{2} = \frac{-1 + 1}{2} = 0$$

当 $x = \pm \pi$ 时，上述傅里叶级数收敛于 $\dfrac{f(-\pi^+) + f(\pi^-)}{2} = \dfrac{-1 + 1}{2} = 0$

三、在 $[0, \pi]$ 上的傅里叶级数

如果 $f(x)$ 为定义在 $0 \leq x < \pi$ 上的函数，可以仿二的处理方法，先将 $f(x)$ 进行延拓，即构造 $F(x)$ 在 $[0, \pi]$ 上与 $f(x)$ 相等，而在 $[-\pi, 0]$ 内可以随意定义. 如果构造 $F(x)$ 使其为

$[-\pi,\pi]$ 上的奇函数,则称此延拓为奇延拓. 由此可以推得欧拉—傅里叶级数的系数

$$a_n = 0 \quad (n = 0,1,2\cdots) \quad （因为 F(x) 和 F(x)\cos nx 为奇函数）$$

$$b_n = \frac{1}{\pi}\int_{-\pi}^{\pi} f(x)\sin nx dx = \frac{2}{\pi}\int_0^{\pi} f(x)\sin nx dx, \quad (n = 1,2,\cdots)$$

（因为 $F(x)\sin nx$ 为偶函数）

此时相应的傅里叶级数为 $\sum\limits_{n=1}^{\infty} b_n \sin nx$. 此级数也满足前述收敛定理. 通常称上述工作为将 $f(x)$ 在 $[0,\pi]$ 上展开成正弦级数.

如果将 $F(x)$ 构造为 $[-\pi,\pi]$ 上的偶函数,使其在 $[-\pi,0]$ 上等于 $f(x)$,则可称之将 $f(x)$ 在 $[-\pi,0]$ 上偶延拓,由此可以推得

$$b_n = 0 \quad (n = 1,2,\cdots)$$

$$a_0 = \frac{2}{\pi}\int_0^{\pi} f(x)dx$$

$$a_n = \frac{2}{\pi}\int_0^{\pi} f(x)\cos nx dx \quad (n = 1,2,\cdots)$$

可得傅里叶级数 $\qquad \dfrac{a_0}{2} + \sum\limits_{n=1}^{\infty} a_n \cos nx$

此级数也满足前述收敛定理,通常称上述工作为将 $f(x)$ 在 $[-\pi,0]$ 上展开为余弦级数.

实际计算也不必构造上述 $F(x)$,只要直接使用上述得出的 a_0, a_n, b_n 计算即可.

例 3 将 $f(x) = x \quad (x \leqslant x \leqslant \pi)$ 展开为正弦级数.

解 由于 $\qquad a_n = 0 \quad (n = 0,1,2,\cdots)$

$$b_n = \frac{2}{\pi}\int_0^{\pi} f(x)\sin nx dx = \frac{2}{\pi}\int_0^{\pi} x\sin nx dx = \frac{2}{n}(-1)^{n-1} \quad (n = 1,2,\cdots)$$

因此可得正弦级数 $\qquad 2\left[\sin x - \dfrac{1}{2}\sin 2x + \dfrac{1}{3}\sin 3x - \cdots\right]$

由于 $f(x) = x$ 为 $0 \leqslant x \leqslant \pi$ 内的连续函数,因此在 $0 < x < \pi$ 内有

$$x = 2\left[\sin x - \frac{1}{2}\sin 2x + \frac{1}{3}\sin 3x - \cdots\right]$$

在 $x = 0, x = \pi$ 处,上述正弦级数分别收敛于

$$\frac{f(-0^+) + f(0^-)}{2} = 0 \ 和 \ \frac{f(-\pi^+) + f(\pi^-)}{2} = \frac{-\pi + \pi}{2} = 0$$

例 4 将 $f(x) = x \quad (0 \leqslant x \leqslant \pi)$ 展开为余弦级数.

解 由于

$$b_n = 0 \quad (n = 1,2,\cdots)$$

$$a_0 = \frac{2}{\pi}\int_0^{\pi} f(x)dx = \frac{2}{\pi}\int_0^{\pi} x dx = \pi$$

$$a_n = \frac{2}{\pi}\int_0^{\pi} f(x)\cos nx dx = \frac{2}{\pi}\int_0^{\pi} x\cos nx dx = \frac{2}{n^2\pi}\left[(-1)^n - 1\right] \quad (n = 1,2,\cdots)$$

因此 $f(x)$ 的余弦级数为

$$\frac{\pi}{2} - \frac{4}{\pi}\left[\cos x + \frac{1}{3^2}\cos 3x + \frac{1}{5^2}\cos 5x + \cdots\right]$$

由于在 $0 < x < \pi$ 内 $f(x) = x$ 为连续函数,因此在 $0 < x < \pi$ 内有

$$x = \frac{\pi}{2} - \frac{4}{\pi}\left[\cos x + \frac{1}{3^2}\cos 3x + \frac{1}{5^2}\cos 5x + \cdots\right]$$

当 $x = 0$ 时,上述余弦级数收敛于 $\quad \dfrac{f(-0^+) + f(0^-)}{2} = 0$

当 $x = \pi$ 时,上述余弦级数收敛于 $\quad \dfrac{f(-\pi^+) + f(\pi^-)}{2} = \dfrac{\pi + \pi}{2} = \pi$

四、在 $[-l, l]$ 上的傅里叶级数

将定义在 $[-l, l]$ 上的 $f(x)$ 展开为傅里叶级数的问题也包含两重意思:

1. 展开成什么形式的傅里叶级数?

2. 怎样展开?

若令 $z = \dfrac{\pi x}{l}$,则当 $x = -l$ 时,$z = -\pi$;当 $x = l$ 时,$z = \pi$. 而 $f(x) = f(\dfrac{l}{\pi}z)$. 这样就把定

义在 $[-l, l]$ 上的 $f(x)$ 的展开问题转化为定义在 $[-\pi, \pi]$ 上的 $f(\dfrac{l}{\pi}z)$ 的展开问题.

记 $F(z) = f(\dfrac{l}{\pi}z)$,由欧拉—傅里叶公式确定其展开式的系数,由定积分的换元法则,

令
$$x = \frac{l}{\pi}z$$

即
$$z = \frac{\pi x}{l}$$

于是
$$F(z) = f(\frac{l}{\pi}z) = f(x)$$

$$dz = \frac{\pi}{l}dx$$

从而可得
$$a_0 = \frac{1}{\pi}\int_{-\pi}^{\pi} F(z)\,dz = \frac{1}{l}\int_{-l}^{l} f(x)\,dx$$

$$a_n = \frac{1}{\pi}\int_{-\pi}^{\pi} F(z)\cos nz\,dz = \frac{1}{l}\int_{-l}^{l} f(x)\cos\frac{n\pi x}{l}dx \quad (n = 1, 2, \cdots)$$

$$b_n = \frac{1}{\pi}\int_{-\pi}^{\pi} F(z)\sin nz\,dz = \frac{1}{l}\int_{-l}^{l} f(x)\sin\frac{n\pi x}{l}dx \quad (n = 1, 2, \cdots)$$

由此可确定傅里叶级数

$$\frac{a_0}{2} + \sum_{n=1}^{\infty}\left(a_n\cos\frac{n\pi x}{l} + b_n\sin\frac{n\pi x}{l}\right)$$

对于傅里叶级数有收敛定理:

定理8.9　在区间$[-l,l]$上,若$f(x)$满足本节收敛定理8.8相对应的条件,则$f(x)$可以在$[-l,l]$上展开为下列形式的傅里叶级数

$$\frac{a_0}{2} + \sum_{n=1}^{\infty} \left(a_n \cos \frac{n\pi x}{l} + b_n \sin \frac{n\pi x}{l} \right)$$

其中　　　　$a_0 = \frac{1}{l} \int_{-l}^{l} f(x) dx$

$$a_n = \frac{1}{l} \int_{-l}^{l} f(x) \cos \frac{n\pi x}{l} dx \quad (n=1,2,\cdots)$$

$$b_n = \frac{1}{l} \int_{-l}^{l} f(x) \sin \frac{n\pi x}{l} dx \quad (n=1,2,\cdots)$$

此级数收敛,它的和满足:

(1)当x为$f(x)$的连续点时,和等于$f(x)$;

(2)当x为$f(x)$的间断点时,和等于　$\dfrac{f(-x^+) + f(x^-)}{2}$;

(3)当$x = -l$或l时,和等于　$\dfrac{f(-l^+) + f(l^-)}{2}$.

例5　将$f(x) = x \quad (-2 \leqslant x < 2)$展开为傅里叶级数.

解　由于$f(x) = x$在$-2 \leqslant x < 2$上展开,因此$l = 2$.

$$a_0 = \frac{1}{l} \int_{-l}^{l} f(x) dx = \frac{1}{2} \int_{-2}^{2} x dx = 0 \quad (对称区间上奇函数的积分等于0)$$

$$a_n = \frac{1}{l} \int_{-l}^{l} f(x) \cos \frac{n\pi x}{l} dx = \frac{1}{2} \int_{-2}^{2} f(x) \cos \frac{n\pi x}{2} dx = 0 \quad (n=1,2,\cdots)$$

$$(对称区间上奇函数的积分等于0)$$

$$b_n = \frac{1}{l} \int_{-l}^{l} f(x) \sin \frac{n\pi x}{l} dx = \frac{1}{2} \int_{-2}^{2} f(x) \sin \frac{n\pi x}{2} dx$$

$$= \int_{0}^{2} f(x) \sin \frac{n\pi x}{2} dx \quad (对称区间上偶函数积分性质)$$

$$= \left[x \left(\frac{-2}{n\pi} \cos \frac{n\pi}{2} - \frac{-4}{n^2\pi^2} \sin \frac{n\pi}{2} \right) \right] \Big|_{0}^{2}$$

$$= \frac{-4}{n\pi} \cos n\pi = \frac{4(-1)^{n+1}}{n\pi}, (n=1,2,\cdots)$$

由此可得傅里叶级数　　　$\dfrac{4}{\pi} \sum_{n=1}^{\infty} \dfrac{(-1)^{n+1}}{n} \sin \dfrac{n\pi x}{2}$

由于$f(x) = x$为$-2 < x < 2$内的连续函数,因此在$-2 < x < 2$内有

$$x = \frac{4}{\pi} \sum_{n=1}^{\infty} \frac{(-1)^{n+1}}{n} \sin \frac{n\pi x}{2}$$

在 $x=-2, x=2$ 处,上述傅里叶级数收敛于 $\dfrac{f(-2^{+})+f(2^{-})}{2}=\dfrac{-2+2}{2}=0$

相仿,如果 $f(x)$ 只定义在 $[0,l]$ 上,也可以将 $f(x)$ 在 $[0,l]$ 上展开为正弦级数

$$\sum_{n=1}^{\infty} b_n \sin \frac{n\pi x}{l}$$

其中 $b_n = \dfrac{1}{l}\int_{-l}^{l} f(x) \sin \dfrac{n\pi x}{l} dx, (n=1,2,\cdots)$

或将 $f(x)$ 在 $[0,l]$ 上展开为余弦级数

$$\frac{a_0}{2} + \sum_{n=1}^{\infty} a_n \cos \frac{n\pi x}{l}$$

其中 $\qquad a_n = \dfrac{1}{l}\int_{-l}^{l} f(x) \cos \dfrac{n\pi x}{l} dx \quad (n=0,1,2\cdots)$

习题 8.4

1. 将下列函数展开为傅里叶级数:

(1) $f(x)=2x^2 \quad (-\pi \leqslant x \leqslant \pi)$
(2) $f(x)=x \quad (-\pi < x \leqslant \pi)$

(3) $f(x)=\begin{cases} -x & -\pi \leqslant x < 0 \\ x & 0 \leqslant x \leqslant \pi \end{cases}$

2. 将下列函数展开为正弦级数:

(1) $f(x)=2x^2 \quad (0 \leqslant x \leqslant \pi)$
(2) $f(x)=\dfrac{\pi-x}{2} \quad (0 \leqslant x < \pi)$

3. 将下列函数展开为余弦级数:

(1) $f(x)=2x+3 \quad (0 \leqslant x < \pi)$
(2) $f(x)=\begin{cases} 1 & 0 \leqslant x < h \\ 0 & h < x \leqslant \pi \end{cases}$

复习题八

(一)

1. 用"收敛"或"发散"填空:

(1) 级数 $\sum_{n=1}^{\infty} u_n$ 收敛,则 $\sum_{n=1}^{\infty}(u_n+0.001)$ _____.

(2) 级数 $\sum_{n=1}^{\infty} \dfrac{2}{n\sqrt{n+1}}$ _____.

(3) 当 $0 < a < 1$ 时, 级数 $\displaystyle\sum_{n=1}^{\infty} \frac{a^{n-1}}{1+a^n}$ _____.

(4) 级数 $\displaystyle\sum_{n=1}^{\infty} \frac{(-1)^n}{\sqrt{n^3+1}}$ _____.

(5) 级数 $\displaystyle\sum_{n=1}^{\infty} \frac{1}{\sqrt{n+1}+\sqrt{n}}$ _____.

2. $\displaystyle\sum_{n=1}^{\infty} n! \, x^n$ 的收敛半径为 _____.

3. $\displaystyle\sum_{n=1}^{\infty} \frac{x^n}{n!}$ 的收敛区间为 _____.

4. $\displaystyle\sum_{n=1}^{\infty} \frac{1}{3^n}(x-1)^n$ 的收敛区间为 _____.

5. $\displaystyle\sum_{n=1}^{\infty} \frac{x^{2n-1}}{2^n}$ 的收敛区间为 _____.

6. $\displaystyle\sum_{n=1}^{\infty} \frac{x^{2n}}{3^n}$ 的收敛半径为 _____.

(二)

1. 下列命题(　　)正确.

    A. 若 $\displaystyle\sum_{n=1}^{\infty} u_n$ 收敛, 则必有 $\displaystyle\lim_{n\to\infty} u_n = 0$ B. 若 $\displaystyle\lim_{n\to\infty} u_n = 0$, 则 $\displaystyle\sum_{n=1}^{\infty} u_n$ 必收敛

    C. 若 $\displaystyle\sum_{n=1}^{\infty} u_n$ 发散, 则必有 $\displaystyle\lim_{n\to\infty} u_n \neq 0$ D. 若 $\displaystyle\lim_{n\to\infty} u_n \neq 0$, 则 $\displaystyle\sum_{n=1}^{\infty} u_n$ 必定发散

2. 下列命题(　　)正确.

    A. 若 $\displaystyle\sum_{n=1}^{\infty} u_n$ 与 $\displaystyle\sum_{n=1}^{\infty} v_n$ 都收敛, 则 $\displaystyle\sum_{n=1}^{\infty} (u_n + v_n)$ 必收敛

    B. 若 $\displaystyle\sum_{n=1}^{\infty} u_n$ 与 $\displaystyle\sum_{n=1}^{\infty} v_n$ 都发散, 则 $\displaystyle\sum_{n=1}^{\infty} (u_n + v_n)$ 必发散

    C. 若 $\displaystyle\sum_{n=1}^{\infty} u_n$ 收敛, $\displaystyle\sum_{n=1}^{\infty} v_n$ 发散, 则 $\displaystyle\sum_{n=1}^{\infty} (u_n + v_n)$ 必发散

    D. 若 $\displaystyle\sum_{n=1}^{\infty} (u_n + v_n)$ 收敛, 则 $\displaystyle\sum_{n=1}^{\infty} u_n$ 与 $\displaystyle\sum_{n=1}^{\infty} v_n$ 都收敛

3. 下列级数中绝对收敛的有(　　).

    A. $\displaystyle\sum_{n=1}^{\infty} (-1)^n \frac{n}{n+2}$ B. $\displaystyle\sum_{n=1}^{\infty} (-1)^n \frac{1}{\sqrt{n}}$

C. $\sum_{n=1}^{\infty} (-1)^n \dfrac{1}{n^2}$ \qquad\qquad D. $\sum_{n=1}^{\infty} (-1)^n \sqrt{n}$

4. 若幂级数 $\sum_{n=1}^{\infty} a_n x^n$ 在 $x=3$ 处收敛,则该级数在 $x=1$ 处必定(　　).

　A. 发散 \qquad\qquad\qquad B. 条件收敛

　C. 绝对收敛 \qquad\qquad\qquad D. 收敛性不能确定

5. 下列命题(　　)正确.

　A. 若 $\sum_{n=1}^{\infty} |u_n|$ 收敛,则 $\sum_{n=1}^{\infty} u_n$ 必定收敛

　B. 若 $\sum_{n=1}^{\infty} |u_n|$ 发散,则 $\sum_{n=1}^{\infty} u_n$ 必定发散

　C. 若 $\sum_{n=1}^{\infty} u_n$ 收敛,则 $\sum_{n=1}^{\infty} |u_n|$ 必定收敛

　D. 若 $\sum_{n=1}^{\infty} u_n$ 发散,则 $\sum_{n=1}^{\infty} |u_n|$ 必定发散

（三）

1. 判定下列级数的收敛性:

(1) $\sum_{n=1}^{\infty} \dfrac{n^n}{n!}$ \qquad\qquad (2) $\sum_{n=1}^{\infty} \dfrac{n}{4n^2-3}$

(3) $\sum_{n=1}^{\infty} \dfrac{n}{\left(1+\dfrac{1}{n}\right)^n}$ \qquad\qquad (4) $\sum_{n=1}^{\infty} \dfrac{3n-1}{2^n}$

2. 判定下列级数的收敛性,如果收敛,是绝对收敛,还是条件收敛?

(1) $1 - \dfrac{1}{\sqrt{2}} + \dfrac{1}{\sqrt{3}} - \dfrac{1}{\sqrt{4}} + (-1)^{n-1}\dfrac{1}{\sqrt{n}} + \cdots$

(2) $-1 + \dfrac{1}{2^2} - \dfrac{1}{4^2} + \dfrac{1}{6^2} - \cdots$

(3) $\sum_{n=1}^{\infty} (-1)^n \dfrac{n}{(n+1)^2}$

(4) $\sum_{n=1}^{\infty} (-1)^n \dfrac{n}{(n+1)^{\frac{5}{2}}}$

3. 求下列级数的收敛半径与收敛区间:

(1) $\sum_{n=1}^{\infty} \dfrac{n^2+1}{n} x^n$

(2) $\sum_{n=1}^{\infty} \dfrac{n+1}{n!} x^n$

4. 将下列给定函数在指定点展开为幂级数.

(1) 将 $f(x) = \dfrac{1}{2 + x - x^2}$ 展开为 x 的幂级数.

(2) 将 $f(x) = \ln \dfrac{x}{1 + x}$ 展开为 $(x - 1)$ 的幂级数.

附录 I

初等函数

一、基本初等函数

首先讨论基本初等函数,它共有六大类:即常量函数、幂函数、指数函数、对数函数、三角函数及反三角函数.

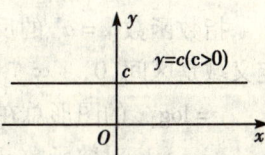

图 I-1

1. 常量函数

$y = c$(c 为常数)为常量函数.

常量函数的定义域:$D = (-\infty, +\infty)$,图形都是与 x 轴平行或重合的直线. 如图 I-1 为 $y = c(c > 0)$ 的图像.

2. 幂函数

函数 $y = x^\alpha$(α 为实数)叫做幂函数.

它的定义域随 α 的值而定. 但无论 α 取什么值,幂函数在 $(0, +\infty)$ 内总有定义,而且图形都经过 $(1,1)$ 点.

例如,$\alpha = 1$ 时,$y = x$ 的定义域是 $(-\infty, +\infty)$;

$\alpha = \dfrac{1}{2}$ 时,$y = x^{\frac{1}{2}}$ 的定义域是 $[0, +\infty)$;

$\alpha = 2$ 时,$y = x^2$ 的定义域是 $(-\infty, +\infty)$;

$\alpha = -1$ 时,$y = x^{-1}$ 的定义域是 $(-\infty, 0) \cup (0, +\infty)$;

$\alpha = 3$ 时,$y = x^3$ 的定义域是 $(-\infty, +\infty)$;

$\alpha = \dfrac{1}{3}$ 时,$y = x^{\frac{1}{3}}$ 的定义域是 $(-\infty, +\infty)$.

它们的图像如图 I-2,图 I-3,图 I-4 所示.

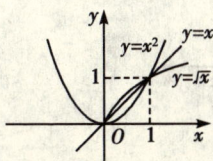

图 I-2

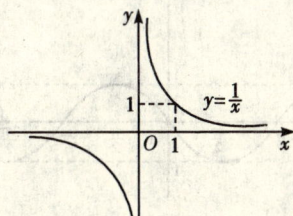

图 I-3

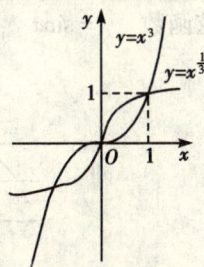

图 I-4

3. 指数函数

函数 $y = a^x$（a 是常数，且 $a > 0$，$a \neq 1$，）叫做指数函数，它的定义域是区间 $(-\infty, +\infty)$.

无论 x 取任何实数值，总有 $a^x > 0$，即 $y = a^x$ 的值域是 $(0, +\infty)$. 又由于 $a^0 = 1$，因此 $y = a^x$ 的图像过 $(0,1)$ 点.

若 $a > 1$，指数函数 $y = a^x$ 是单调增加的；若 $0 < a < 1$，指数函数 $y = a^x$ 是单调减少的. 它们的图像如图 I–5.

以常数 $e = 2.7182818\cdots$ 为底的指数函数

$$y = e^x$$

是科技中常用的函数.

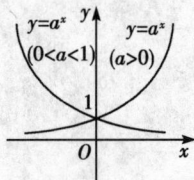

图 I–5

4. 对数函数

指数函数 $y = a^x$ 的反函数 $y = \log_a x$　（a 是常数，且 $a > 0$，$a \neq 1$）称为对数函数，它的定义域是区间 $(0, +\infty)$.

$y = \log_a x$ 的图形总在 y 轴的右方，且过点 $(1,0)$.

若 $a > 1$，对数函数 $y = \log_a x$ 是单调增加的，在开区间 $(0,1)$ 内函数值为负，而在区间 $(1, +\infty)$ 内函数值为正.

若 $0 < a < 1$，对数函数 $y = \log_a x$ 是单调减少的，在开区间 $(0,1)$ 内函数值为正，而在区间 $(1, +\infty)$ 内函数值为负.

对数函数 $y = \log_a x$ 的图像如图 I–6

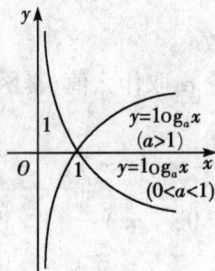

图 I–6

以常数 e 为底的对数函数 $y = \log_e x$ 称为自然对数函数，简记作 $y = \ln x$.

5. 三角函数

常用的三角函数有

正弦函数　$y = \sin x$　（图 I–7）

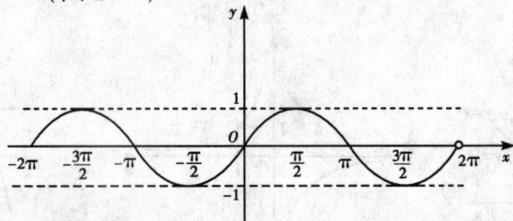

图 I–7

余弦函数 $y = \cos x$（图Ⅰ-8）

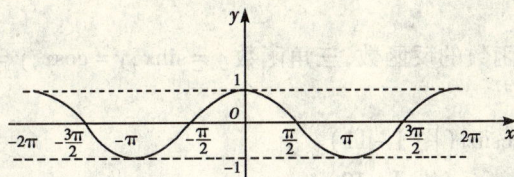

图Ⅰ-8

正切函数 $y = \tan x$（图Ⅰ-9）

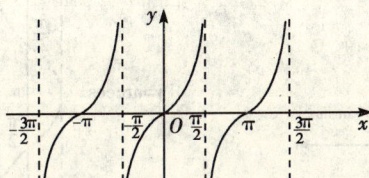

图Ⅰ-9

余切函数 $y = \cot x$（图Ⅰ-10）

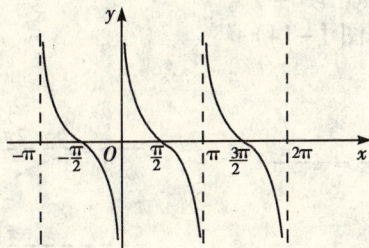

图Ⅰ-10

其中自变量都是以弧度作单位来表示.

正弦函数 $y = \sin x$,定义域为 $(-\infty, +\infty)$,值域为 $[-1,1]$,并且是以 2π 为周期的周期函数,是奇函数.

余弦函数 $y = \cos x$,定义域为 $(-\infty, +\infty)$,值域为 $[-1,1]$,并且是以 2π 为周期的周期函数,是偶函数.

正切函数 $y = \tan x$ 的定义域为 $x \neq (n + \dfrac{1}{2})\pi, n \in Z, x \in R$,其值域为 $(-\infty, +\infty)$,并且是以 π 为周期的周期函数,它是奇函数.

余切函数 $y = \cot x$ 的定义域为 $x \neq n\pi, n \in Z, x \in R$,其值域为 $(-\infty, +\infty)$,并且是以 π 为周期的周期函数,它是奇函数.

此外,还有两个三角函数,正割函数 $y = \sec x$,它是余弦函数的倒数,即 $\sec x = \dfrac{1}{\cos x}$;余

割函数 $y = \csc x$,它是正弦函数的倒数,即 $\csc x = \dfrac{1}{\sin x}$,它们都是以 2π 为周期的周期函数.

6. 反三角函数

反三角函数是三角函数的反函数,三角函数 $y = \sin x$, $y = \cos x$, $y = \tan x$, $y = \cot x$ 的反函数依次为

　　反正弦函数　$y = \arcsin x$(图 Ⅰ-11)
　　反余弦函数　$y = \arccos x$(图 Ⅰ-12)

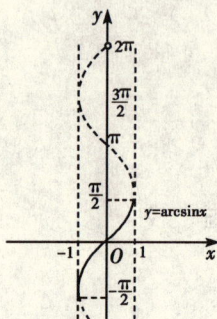
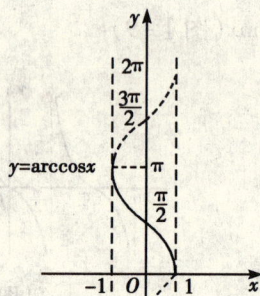

图 Ⅰ-11　　　　　　　　　　图 Ⅰ-12

　　反正切函数　$y = \arctan x$(图 Ⅰ-13)
　　反余切函数　$y = \text{arccot}\, x$(图 Ⅰ-14)

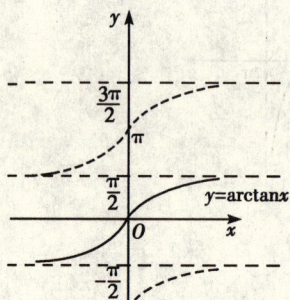
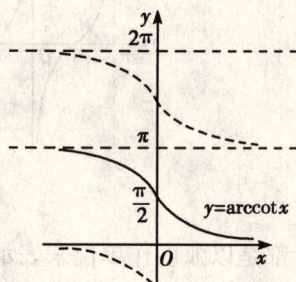

图 Ⅰ-13　　　　　　　　　　图 Ⅰ-14

这四个反三角函数都是多值函数. 但是,我们可以选取这些函数的单值分支即主值区间. 反正弦函数的主值区间为 $\left[-\dfrac{\pi}{2}, \dfrac{\pi}{2} \right]$,作 $y = \arcsin x$. 于是 $y = \arcsin x$ 是定义在 $[-1,1]$ 上的单值函数,且有

$$-\frac{\pi}{2} \leqslant \arcsin x \leqslant \frac{\pi}{2}$$

它在 $[-1,1]$ 上单调增加.

同理,反正弦函数 $y = \arccos x$ 的定义域为 $[-1,1]$,值域为 $[0,\pi]$,它在 $[-1,1]$ 上单调减少.

反正切函数 $y = \arctan x$ 的定义域为 $(-\infty, +\infty)$，值域为 $\left(-\dfrac{\pi}{2}, \dfrac{\pi}{2}\right)$，它在 $(-\infty, +\infty)$ 内单调增加.

反余切函数 $y = \text{arccot} x$ 的定义域为 $(-\infty, +\infty)$，值域为 $(0, \pi)$，它在 $(-\infty, +\infty)$ 内单调减少.

二、函数的几种性质

1. 函数的有界性

定义Ⅰ.1 设函数 $f(x)$ 的定义域为 D，数集 $(a, b) \subset D$，如果存在正数 M，使得与任意 $x \in (a, b)$ 所对应的函数值都满足不等式 $|f(x)| \leqslant M$，那么称函数 $f(x)$ 在 (a, b) 上有界. 如果这样的 M 不存在，那么称函数 $f(x)$ 在 (a, b) 上无界.

例1 判断 $f(x) = \sin x$ 在定义域 $D = (-\infty, +\infty)$ 内的有界性.

解 在定义域 $D = (-\infty, +\infty)$ 时，不论角度 x 取何值，总有 $|\sin x| \leqslant 1$，所以 $f(x) = \sin x$ 在定义域 $D = (-\infty, +\infty)$ 内是有界函数.

例2 判断 $f(x) = \dfrac{1}{x}$ 在 $(0, 1]$ 上的有界性.

解 在 $(0, 1]$ 上，分母 x 取值可以与零无限接近，使得 $\left|\dfrac{1}{x}\right|$ 可以无限增大. 所以 $f(x) = \dfrac{1}{x}$ 是 $(0, 1]$ 上的无界函数.

但 $f(x) = \dfrac{1}{x}$ 在 $(1, 2)$ 内是有界的，例如可取 $M = 1$，而使 $\left|\dfrac{1}{x}\right| < 1$，对于 $(1, 2)$ 内的一切 x 值都成立.

2. 函数的单调性

定义Ⅰ.2 设函数 $f(x)$ 的定义域为 D，区间 $(a, b) \subset D$，如果对于区间 (a, b) 内的任意两点 x_1 和 x_2，当 $x_1 < x_2$ 时，恒有 $f(x_1) < f(x_2)$，那么称函数 $f(x)$ 在区间 (a, b) 内是单调增加的（图Ⅰ-15）；区间 (a, b) 为单调增加区间；如果对于区间 (a, b) 内任意两点 x_1 和 x_2，当 $x_1 < x_2$ 时，恒有 $f(x_1) > f(x_2)$，那么称函数 $f(x)$ 在区间 (a, b) 内是单调减少的（图Ⅰ-16），区间 (a, b) 称为单调减少区间.

单调增加与单调减少的函数统称为单调函数，单调增加区间与单调减少区间统称为单调区间.

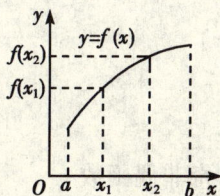

图Ⅰ-15

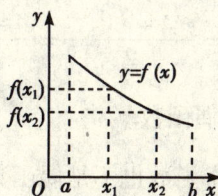

图Ⅰ-16

同一个函数在不同开区间内的单调性可以是不一样的.

例如,函数 $f(x) = x^2$ 在区间 $(0, +\infty)$ 上是单调增加的;在区间 $(-\infty, 0)$ 上是单调减少的;在 $(-\infty, +\infty)$ 内,函数 $f(x) = x^2$ 不是单调函数(图 I-17).

又例如,函数 $f(x) = x^3$ 在区间 $(-\infty, +\infty)$ 内是单调增加的(图 I-18).

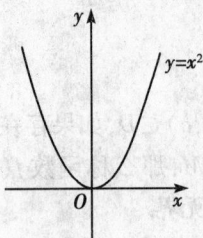

图 I-17

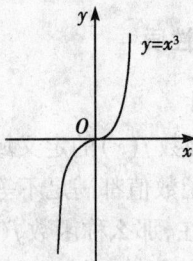

图 I-18

3. 函数的奇偶性

定义 I.3 设函数 $f(x)$ 的定义域 D 关于原点对称(即若 $x \in D$,则必有 $-x \in D$),如果对于任意的 $x \in D, f(-x) = f(x)$ 恒成立,那么称 $f(x)$ 为偶函数. 如果对于任意 $x \in D$, $f(-x) = -f(x)$ 恒成立,那么称 $f(x)$ 为奇函数.

偶函数的图像是关于 y 轴对称的;奇函数的图像是关于原点对称的.

例如 $f(x) = x^2$ 是偶函数. 因为 $f(-x) = (-x)^2 = x^2 = f(x)$,如图 I-17, $f(x) = x^2$ 是关于 y 轴对称的.

又如 $f(x) = x^3$ 是奇函数. 因为 $f(-x) = (-x)^3 = -x^3 = -f(x)$,如图 I-18, $f(x) = x^3$ 是关于原点对称的.

例 3 判断 $f(x) = \ln \dfrac{1+x}{1-x}$ 的奇偶性.

解 因为 $f(-x) = \ln \dfrac{1+(-x)}{1-(-x)} = \ln \dfrac{1-x}{1+x}$

$$= \ln \left(\dfrac{1+x}{1-x}\right)^{-1} = -\ln \dfrac{1+x}{1-x} = -f(x)$$

所以 $f(x) = \ln \dfrac{1+x}{1-x}$ 为奇函数.

例 4 判断 $f(x) = \dfrac{e^x + e^{-x}}{2}$ 的奇偶性.

解 因为 $f(-x) = \dfrac{e^{-x} + e^{-(-x)}}{2} = \dfrac{e^x + e^{-x}}{2} = f(x)$

所以 $f(x) = \dfrac{e^x + e^{-x}}{2}$ 为偶函数.

许多函数既不是奇函数也不是偶函数,称为非奇非偶函数.

例 5 判断 $f(x) = 2^x$ 的奇偶性.

解 函数定义域 $D = (-\infty, +\infty)$,因为 $f(-x) = 2^{-x}$ 既不等于 $f(x)$,也不等于

$-f(x)$，所以 $f(x) = 2^x$ 为非奇非偶函数.

4. 函数的周期性

定义 I.4 对于函数 $y = f(x)$，如果存在正的常数 a，使得 $f(x) = f(x + a)$ 恒成立，那么称此函数为周期函数，满足这个等式的最小正数 a，称为函数的周期.

例如，函数 $\sin x$，$\cos x$ 都是以 2π 为周期的周期函数；$\tan x$，$\cot x$ 都是以 π 为周期的周期函数.

三、复合函数与初等函数

1. 复合函数

若函数 $y = f(u)$ 的定义域为 D_1，函数 $u = \varphi(x)$ 的定义域为 D_2，值域为 W_2，并且 $W_2 \subset D_1$，那么对于每个数值 $x \in D_2$，有确定的数值 $u \in W_2$ 与之对应. 由于 $W_2 \subset D_1$，也有 $u \in D_1$，因此有确定的 y 与 u 对应. 这样，对于每一个 $x \in D_2$，通过 u 有确定的数值，y 与之对应，从而得到一个以 x 为自变量，y 为因变量的函数，这个函数称为由函数 $y = f(u)$ 及 $u = \varphi(x)$ 复合而成的复合函数，记作 $y = f[\varphi(x)]$，而 u 称为中间变量.

例如 函数 $y = e^{\sqrt{x}}$ 可以看成是由 $y = e^u$，$u = x^{\frac{1}{2}}$ 复合而成的.

注意 不是任何两个函数都可以复合成一个复合函数的. 例如 $y = \arcsin u$ 及 $u = x^2 + 2$ 就不能复合成一个复合函数. 因为对于 $u = x^2 + 2$ 的定义域 $(-\infty, +\infty)$ 内任何 x 值所对应的 u 值，都不能使 $y = \arcsin u$ 有意义.

例 6 分解复合函数 $y = \sqrt{1 - x}$.

解 这个复合函数中最后的数学运算是表达式 $1 - x$ 开平方，令 $u = 1 - x$，这样，$y = \sqrt{1 - x}$ 分解为 $y = \sqrt{u}$，$u = 1 - x$.

例 7 分解复合函数 $y = 3^{\frac{1}{x}}$.

解 这个复合函数是以 $\frac{1}{x}$ 为指数的指数函数，于是令 $u = \frac{1}{x}$，这样，$y = 3^{\frac{1}{x}}$ 分解为 $y = 3^u$，$u = \frac{1}{x}$.

例 8 分解复合函数 $y = \lg\lg x$.

解 这个复合函数是 $\lg x$ 为真数的对数函数，于是令 $u = \lg x$，这样 $y = \lg\lg x$ 是由 $y = \lg u$，$u = \lg x$ 复合而成.

例 9 分解复合函数 $y = \sin^4 5x$.

解 令 $u = \sin 5x$，u 又是复合函数，令 $v = 5x$，于是 $y = \sin^4 5x$ 是由 $y = u^4$，$u = \sin v$，$v = 5x$ 复合而成.

2. 初等函数

（1）基本初等函数：常量函数、幂函数、指数函数、对数函数、三角函数和反三角函数统称为基本初等函数.

（2）初等函数：由基本初等函数经过有限次四则运算和有限次的函数复合步骤所构成并可用一个式子表示的函数称为初等函数.

四、分段函数

微积分主要研究初等函数,但也要研究用几个函数表达式表示一个函数的分段函数. 如

$$f(x)=\begin{cases} x & x\geqslant 0 \\ -x & x<0 \end{cases};\quad f(x)=\begin{cases} x^2\sin\dfrac{1}{x} & x\neq 0 \\ 0 & x=0 \end{cases};\quad f(x)=\begin{cases} 2\sqrt{x} & 0\leqslant x\leqslant 1 \\ 1+x & x>1 \end{cases}$$

均为分段函数. 其中定义域所分成的有限个区间称为分段区间,分段区间的公共端点称为分界点.

分段函数是一个函数,不是几个函数. 考查自变量的取值范围,就可确定分段函数的定义域. 在计算分段函数的函数值时,应首先观察自变量的取值属于哪个分段区间,然后用该分段区间上的数学表达式来计算函数值.

例如函数 $f(x)=\begin{cases} x^2\sin\dfrac{1}{x} & x\neq 0 \\ 0 & x=0 \end{cases}$

当 $x\in(-\infty,0)\cup(0,+\infty)$ 时, $f(x)=x^2\sin\dfrac{1}{x}$ 有意义,当 $x=0$ 时, $f(0)=0$,于是 $f(x)$ 的定义域为 $(-\infty,+\infty)$,且 $f(1)=\sin 1$.

附录 Ⅱ

拉普拉斯变换简介

一、拉普拉斯变换的概念

拉普拉斯变换是数学中的一种积分变换,在讨论常系数线性微分方程的初值问题的解法时,拉普拉斯变换是一个有利的工具,在线性控制系统的分析与设计及其他工程技术领域中也有广泛的应用.

拉氏变换类似于对数运算,也是一种把复杂运算转化为另一领域内简单运算的一种手段.

定义 Ⅱ.1 设函数 $f(t)$ 定义在 $t \geqslant 0$ 上,若广义积分

$$\int_0^{+\infty} f(t) e^{-pt} dt$$

在 p 的某一区域内收敛,则此积分就确定了一个以参变量 p(只讨论 p 是实数)为自变量的函数,记作 $F(p)$,即

$$F(p) = \int_0^{+\infty} f(t) e^{-pt} dt \tag{1}$$

称式(1)为函数 $f(t)$ 的拉普拉斯变换式,简称 $f(t)$ 的拉氏变换式,记为

$$L[f(t)] = F(p) = \int_0^{+\infty} f(t) e^{-pt} dt$$

$F(p)$ 称为 $f(t)$ 的拉氏变换(或称为象函数).

若 $F(p)$ 是 $f(t)$ 的拉氏变换,则称 $f(t)$ 为 $F(p)$ 的拉氏逆变换(或称为象原函数),记作 $L^{-1}[F(p)] = f(t)$.

在许多有关物理与无线电技术的问题里,一般总是从时间 $t = 0$ 开始研究过程,当 $t < 0$ 时无意义或者不需要去考虑它.因此,在拉氏变换的定义中,只要求 $f(t)$ 在 $t \geqslant 0$ 时有定义,并假定当 $t < 0$ 时,$f(t) = 0$.

例1 求指数函数 $f(t) = e^{at}$(a 为常数)的拉氏变换.

解 根据(1)式,有 $L(e^{at}) = \int_0^{+\infty} e^{at} e^{-pt} dt = \int_0^{+\infty} e^{-(p-a)t} dt$

这个积分在 $p > a$ 时收敛，而且有 $\int_0^{+\infty} e^{at} e^{-pt} dt = \dfrac{1}{p-a}$ 　$(p > a)$

所以 $L[e^{at}] = \dfrac{1}{p-a}$ 　$(p > a)$

在自动控制系统中，经常会用到下面两个函数：

（1）单位阶梯函数 $\mu(t) = \begin{cases} 0 & t < 0 \\ 1 & t \geq 0 \end{cases}$

例2　求单位阶梯函数 $\mu(t) = \begin{cases} 0 & t < 0 \\ 1 & t \geq 0 \end{cases}$ 的拉普拉斯变换.

解　$L[\mu(t)] = \int_0^{+\infty} \mu(t) e^{-pt} dt = \int_0^{+\infty} e^{-pt} dt = \dfrac{1}{p}$ 　$(p > 0)$

（2）δ - 函数（单位脉冲函数）

在物理和工程技术中，常常遇到具有冲击性质的量，也就是集中在某一瞬时内作用的量，例如，在机械系统中要研究在冲力作用后的运动状态，在线性电路中要研究它在接受脉冲电压后所产生的电流分布等. 研究此类问题都会涉及 δ - 函数.

由物理学动量定律知，一个质量为 m 的物体以速度 v_0 撞击一固定的钢板时，若在时间 $[0, \tau]$（τ 是一个很小的正数）内，物体的速度由 v_0 变为 0，则钢板所受的冲击力为

$$F = \frac{mv_0}{\tau}$$

且作用时间越短（即 τ 的值越小），冲击力就越大，因而钢板所受的冲击力 F 与时间 t 的函数关系为

$$F_\tau = \begin{cases} 0 & t < 0 \\ \dfrac{mv_0}{\tau} & 0 \leq t \leq \tau \\ 0 & t > \tau \end{cases}$$

于是，当 $\tau \to 0$ 时，钢板在时间 $[0, \tau]$ 内受到一个强度很大的冲击力，这种状态须用如下广泛意义下的函数描述它.

定义 II.2　设

$$\delta_\tau(t) = \begin{cases} 0 & t < 0 \\ \dfrac{1}{\tau} & 0 \leq t \leq \tau \\ 0 & t > \tau \end{cases}$$

并认为当 $\tau \to 0$ 时，$\delta_\tau(t)$ 有极限，且称此极限为 δ - 函数或 $\delta_\tau(t)$ 单位脉冲函数，记作 $\delta(t)$. 即

$$\lim_{\tau \to 0} \delta_\tau(t) = \delta(t)$$

注意　上述极限不是通常意义下的极限，因为通常意义下 $\lim_{x \to 0} \delta_\tau(t)$ 是不存在的，只有广义下极限才有效.

显然，对任何 $\tau > 0$，有

$$\int_{-\infty}^{+\infty} \delta_\tau(t)\,dt = \int_{-\infty}^{0} \delta_\tau(t)\,dt + \int_{0}^{\tau} \delta_\tau(t)\,dt + \int_{\tau}^{+\infty} \delta_\tau(t)\,dt = \int_{0}^{\tau} \frac{1}{\tau}\,dt = 1$$

于是
$$\int_{-\infty}^{+\infty} \delta_\tau(t)\,dt = \int_{-\infty}^{+\infty} \lim_{\tau\to 0}\delta_\tau(t)\,dt = \lim_{\tau\to 0}\int_{-\infty}^{+\infty} \delta_\tau(t)\,dt = 1$$

此积分的物理意义是,在 $t = 0$ 时刻出现宽度无限小,幅度无限大,面积为 1 的脉冲.在工程技术中,δ - 函数被称为单位脉冲函数,常用长度等于 1 的有向线段表示.

另外,δ - 函数有一个重要性质:

筛选性质:若 $f(t)$ 为无穷次可微函数,则有

$$\int_{-\infty}^{+\infty} f(t)\delta(t)\,dt = f(0)$$

例 3 求 δ - 函数的拉普拉斯变换.

解 $L[\delta(t)] = \int_{0}^{+\infty} \delta(t)e^{-pt}\,dt = \int_{-\infty}^{+\infty} \delta(t)e^{-pt}\,dt = e^{-pt}\Big|_{t=0} = 1$

二、拉氏变换的性质

拉氏变换有一系列重要的性质,这里我们只介绍最基本的几个,利用这些性质可以求得一些比较复杂的函数的拉氏变换.

	设 $L[f(t)] = F(p)$
线性性质	$L[\alpha_1 f_1(t) + \alpha_2 f_2(t)] = \alpha_1 L[f_1(t)] + \alpha_2 L[f_2(t)]$
平移性质	$L[e^{at}f(t)] = F(p-a)$
滞后性质	$L[f(t-\tau)] = e^{-\tau p}F(p) \quad (\tau > 0)$
微分性质	$L[f'(t)] = pF(p) - f(0)$ $L[f^{(n)}(t)] = p^n F(p) - [p^{n-1}f(0) + p^{n-2}f'(0) + \cdots + f^{(n-1)}(0)]$
积分性质	$L\left[\int_{0}^{t} f(t)\,dt\right] = \dfrac{1}{p}F(p)$
相似性质	$L[f(at)] = \dfrac{1}{a}F\left(\dfrac{p}{a}\right) \quad (a > 0)$
象函数的微分性质	$L[t^n f(t)] = (-1)^n F^{(n)}(p)$
象函数的积分性质	$L\left[\dfrac{f(t)}{t}\right] = \int_{p}^{+\infty} F(p)\,dp$

例 4 求函数 $f(t) = 2 + 3e^{2t}$ 的拉氏变换.

解 由平移性质

$$L[2+3e^{2t}] = 2L[1] + 3L[e^{2t}] = \frac{2}{p} + \frac{3}{p-2} \quad (p>2)$$

三、常用拉普拉斯变换

为以后应用方便起见,特将一些经常遇到的函数的拉氏变换列表如下:

序号	$f(t)$	$F(p)$	序号	$f(t)$	$F(p)$
1	1	$\dfrac{1}{p}$ $(p>0)$	11	$\sin(\omega t+\varphi)$	$\dfrac{p\sin\varphi+\omega\cos\varphi}{p^2+\omega^2}$ $(p>0)$
2	t	$\dfrac{1}{p^2}$ $(p>0)$	12	$\cos(\omega t+\varphi)$	$\dfrac{p\cos\varphi-\omega\sin\varphi}{p^2+\omega^2}$ $(p>0)$
3	t^n	$\dfrac{n!}{p^{n+1}}$ $(p>0)$	13	$t\sin\omega t$	$\dfrac{2\omega p}{(p^2+\omega^2)^2}$ $(p>0)$
4	$\delta(t)$	1	14	$t\cos\omega t$	$\dfrac{p^2-\omega^2}{(p^2+\omega^2)^2}$ $(p>0)$
5	$\mu(t)$	$\dfrac{1}{p}$	15	$e^{at}\sin\omega t$	$\dfrac{\omega}{(p-a)^2+\omega^2}$ $(p>a)$
6	e^{at}	$\dfrac{1}{p-a}$ $(p>a)$	16	$e^{at}\cos\omega t$	$\dfrac{p-a}{(p-a)^2+\omega^2}$ $(p>a)$
7	te^{at}	$\dfrac{1}{(p-a)^2}$ $(p>a)$	17	$\mathrm{sh}\,\omega t$	$\dfrac{\omega}{p^2-\omega^2}$ $(p>\lvert a\rvert)$
8	$t^n e^{at}$	$\dfrac{n!}{(p-a)^{n+1}}$ $(p>a)$	18	$\mathrm{ch}\,\omega t$	$\dfrac{p}{p^2-\omega^2}$ $(p>\lvert a\rvert)$
9	$\sin\omega t$	$\dfrac{\omega}{p^2+\omega^2}$ $(p>0)$	19	$2\sqrt{\dfrac{2}{\pi}}$	$\dfrac{1}{p\sqrt{p}}$ $(p>0)$
10	$\cos\omega t$	$\dfrac{p}{p^2+\omega^2}$ $(p>0)$	20	$\dfrac{1}{\sqrt{\pi t}}$	$\dfrac{1}{\sqrt{p}}$ $(p>0)$

以上拉氏变化可由拉氏变换的定义及其性质推导出来.

四、拉氏变换的应用

拉普拉斯变换是一种计算方法,学习的目的在于应用这种计算方法解决工程计算问题. 而在对一个工程实际问题进行分析和研究时,首先要建立这个实际问题的数学模型,也就是通过对这个问题的条件的理解和要求计算的结果建立符合实际情况的数学表达式. 本节主要讲述如何应用拉氏变换求解线性微分方程和建立线性系统的传递函数的问题.

拉普拉斯变换是一种计算方法,学习的目的在于应用这种计算方法解决工程计算问题. 而在对一个工程实际问题进行分析和研究时,首先要建立这个实际问题的数学模型,也就是通过对这个问题的条件的理解和要求计算的结果建立符合实际情况的数学表达式.

附录Ⅲ

数学软件 Mathematica 简介

一、使用方法

Mathematica 可称为"应答式"系统,当用户确认输入后,系统立即给出对本次输入进行处理的结果以及部分过程. 使用 Mathematica 首先需弄清如何输入,以及如何确认系统给你的结果.

系统自动按用户输入顺序确定一输入号. 用户在确认输入后,系统自动进行计算处理,并输出"In[输入号]:="(作为输入关键字)和其后紧跟的输入内容,以及"Out[输入号]:="(作为输出关键字)和其后的对应结果.

Mathematica 系统里还提供了一套引用前面结果的方法,在表达式里用%表示前面倒数第一个输出结果,用%%表示前面倒数第二个输出结果,%n 表示前面第 n 个输出结果.

二、数

Mathematica 的最主要功能是进行数学处理. 因此应当了解这个系统关于数的表示、常用的各种函数、一般的代数表达式的书写等问题.

1. Mathematica 的数直接用数字(和小数点)表示

Mathematica 的算术运算符包括加减乘除和乘方,分别用字符 + 、− 、* 、/和^表示.

2. 数学常数

记号	含义
Degree	几何的角度 $1°$ 或 $\dfrac{\pi}{180}$
E	自然对数的底 $e \approx 2.71828$
Indeterminate	不定值
Infinity	无穷
Pi	圆周率 $\pi \approx 3.1415926$
I	$\sqrt{-1}$
Binomial[n,m]	$C_n^m = \dfrac{n!}{m!\ (n-m)!}$

三、表达式

在 Mathematica 系统里,所有的东西都是表达式,表达式都有一种统一的结果形式,可以用统一的方法处理表达式形式方面的问题.

1. 与表达式有关的判断

Mathematica 中对表达式做操作时经常牵涉到一些判断,例如,辨别数的大小、表达式的类型、表达式之间的关系等. 系统提供了一批表达式类型辨别函数,这些函数在表达式符合类型时给出值 True,否则给出值 False. 这些函数包括:

NumberQ［表达式］　　　　　　表达式是否一个数

IntegerQ［表达式］　　　　　　是否整数

EvenQ［表达式］　　　　　　　偶数

OddQ［表达式］　　　　　　　奇数

这些函数名字的特点是都以 Q 结尾,Mathematica 系统里凡是以 Q 结尾的函数如果不能得到值 True 时就返回值 False.

2. 关系判断和逻辑表达式

（1）关系运算符

等于	==	例:$x == y + 1$
不等于	!=	$x != a$
大于	>	$a + 1 > b$
小于	<	$x - y < d - 2$
大于等于	>=	$x\^2 >= n + 1$
小于等于	<=	$x <= a + b$

这些运算符还可以连续使用,例如:$x >= a >= b, x == y == z, a != b != c$ 等等.

（2）逻辑运算符

否定	!	例:$!(x > 5)$
并且	&&	$x = 0 \&\& y > 3$
或者	||	$x == 0 \| \| y == 0$
异或	Xor	Xor［$x == 0, y == 0$］
隐含	Implies	Implies［$x > 0, y > 0$］

四、常用的函数

1. 常用的数学函数

Mathematica 里定义了许多常用的数学函数,有:

绝对值函数	Abs［x］
x 的整数部分	Round［x］
三角函数	Sin［x］,Cos［x］,Tan［x］,Cot［x］,Sec［x］,Csc［x］
反三角函数	ArcSin［x］,ArcCos［x］,ArcTan［x］,
	ArcCot［x］,ArcSec［x］,AreCse［x］

指数函数　　　　　　　　$\text{Exp}[x]$（求 e^x）

对数函数　　　　　　　　$\text{Log}[a,x]$（求以 a 为底的 x 的对数）或 $\text{Log}[X]$（求 x 的自然对数）

最大函数　　　　　　　　$\text{Max}[x1,x2,\cdots]$（求 $x1,x2,\cdots$ 中的最大值）

最小函数　　　　　　　　$\text{Min}[x1,x2,\cdots]$（求 $x1,x2,\cdots$ 中的最小值）

算术平方根　　　　　　　$\text{Sqrt}[n]$（求 $\sqrt{n}$）

阶乘　　　　　　　　　　$n!$（求 n 的阶乘）

求近似值函数　　　　　　$\text{N}[expr,n]$（以 n 为精确位数来取 $expr$ 的值）

　　　　　　　　　　　　例：$\text{In}[1]:=\text{N}[Pi,5]$

　　　　　　　　　　　　　　$\text{Out}[1]:=3.1416$

在 Mathematica 里，把一个函数作用于一个（或几个）表达式的方法是一致的，都是把表达式写在函数名后的方括号里，例如：

$\text{In}[1]:=\text{Sqrt}[64]$

$\text{In}[2]:=\text{Exp}[3.18]$

函数的书写有一定的规矩：

①它们都以大写字母开头，后面用小写字母. 当函数名可以分成几个段时，每一个段的头一个字母用大写，后面的字母用小写.

②函数的名字是一个字符串，其中不能有空格.

③函数的参数表用方括号括起来，不能用圆括号.

④有多个参数的函数，参数之间用逗号分隔.

2. 代数式变换

Mathematica 提供了许多进行代数式变换的函数，如：

函数形式	功能
$\text{Expand}[expr]$	展开 $expr$
$\text{ExpandAll}[expr]$	展开 $expr$ 的分子、分母
$\text{Factor}[expr]$	对 $expr$ 进行因式分解
$\text{Together}[expr]$	对 $expr$ 进行通分
$\text{Apart}[expr]$	将 $expr$ 分解为简单分式
$\text{Cancel}[expr]$	消去 $expr$ 的分子、分母的公因式
$\text{Simplify}[expr]$	把 $expr$ 化为最少项形式

例：

$\text{In}[1]:=t=(x-1)\char94 2(2+x)/(1+x)(x-3)\char94 2$

$\text{Out}[1]:=\dfrac{(-1+x)^2(2+x)}{(-3+x)^2(1+x)}$

$\text{In}[2]:=\text{Expand}[t]$

$\text{Out}[2]:=\dfrac{2}{(-3+x)^2(1+x)}-\dfrac{3x}{(-3+x)^2(1+x)}+\dfrac{x^2}{(-3+x)^2(1+x)}$

$\text{In}[3]:=\text{ExpandAll}[t]$

$\text{Out}[3]:=\dfrac{2}{9+3x-5x^2+x^3}-\dfrac{3x}{9+3x-5x^2+x^3}+\dfrac{x^2}{9+3x-5x^2+x^3}$

$\text{In}[4]:=\text{Together}[\%]$

$\text{Out}[4]:=\dfrac{2-3x+x^2}{9+3x-5x^2+x^3}$

$\text{In}[5]:=\text{Apart}[\%]$

$\text{Out}[5]:=1+\dfrac{5}{(-3+x)^2}+\dfrac{19}{4(-3+x)}+\dfrac{1}{4(1+x)}$

$\text{In}[6]:=\text{Factor}[\%]$

$\text{Out}[6]:=\dfrac{(-1+x)^2(2+x)}{(-3+x)^2(1+x)}$

$\text{In}[7]:=\text{Simplify}[\%5]$

$\text{Out}[7]:\dfrac{(-1+x)^2(2+x)}{9+3x-5x^2+x^3}$

3. 解方程

Mathematica 可以用多种方法求解符号方程,主要解法有:

函数形式	功能
Solve[equ, vars]	求方程的一般解
Reduce[equ, vars]	求方程的全部解
Nsolve[equ, vars]	求方程的数值解
FindRoot[equ, {x, a}]	求方程在 a 附近的数值解

其中 equ 是待求解方程,vars 是未知量.

例:$\text{In}[1]:=\text{Solve}[a*x+b==0,x]$

$\text{Out}[1]:=\{\{x->-(\dfrac{b}{a})\}\}$

4. 自定义函数

定义函数使用的符号是": =",定义符号的左边是函数名和方括号里说明的自变量,右边是函数的定义表达式,说明函数值应当如何从函数自变量的值计算出来. 特别地,定义式左边方括号里自变量后面的"_"(下划线符号),在 Mathematica 系统里这个符号叫做"空白",自变量后面的空白符号是必须的,它应紧跟在自变量名的后面,中间不能有空格.

形式	功能
f[x_] : = expr	定义函数 f
f[x_, y_] : = expr	定义多变量函数 f
? f	显示函数的定义
Clear[f]	消除 f 的定义
X = value	给变量 x 赋值
X = .	消除变量 x 的值

例　$\text{In}[1]:=f[x\_]:=x\text{^}5;$

In[2] : = g[x,y] : = Sqrt[x^2 + y^2];

In[3] : = z = 3;

其中输入语句后的分号";"表示不显示输出结果;定义了函数、变量以后,便可以在运算中使用.

In[4] : = f[2]

Out[4] = 32

In[5] : = f[1 + b]

Out[5] = $(1 + b)^5$

In[6] = 5

如果忘记了已定义函数的内容,可以使用?f 查询 f 的定义. 当函数或变量使用完后,最好将其清除,以免带来麻烦.

五、变量

1. Mathematica 关于标识符的规定

标识符应当是由字母开头的字母数字串,可以包含任意多的字母数字,但是不能包含空格或标点符号.

Mathematica 对于空格的使用规定:①两个子表达式(表达式中的数、变量、函数式等都是子表达式)之间的空格(一个或多个都一样)或换行符总表示子表达式相乘;②在系统(和我们)能判断是相乘的地方可以省略空格,例如在数的后面有数以外的其他表达式,以及在圆括号的前面、后面与其他表达式之间可以不写空格,等等;③在许多地方,如在算术运算符的前后,有没有空格,有几个空格都不改变表达式的意义.

2. 变量的赋值和替换

Mathematica 不仅可以把一个常数赋给一个符号,还可以把一个表达式赋给一个符号. 其规则如下:

P1 = $5 + 6x^2 + x^3 + x^4 y$	将多项式作为值赋给变量 p1
Expr/. x–> value	用 value 替换 Expr 中的 x
Expr/. $\{x$–> xvalue, y–> yvalue$\}$	用 xvalue、yvalue 替换 Expr 中的 x、y

例　In[1] : = t = 1 + x

Out[1] = 1 + x

In[2] : = 1 − t^2.

Out[2] = $1 - (1 + x)^2$

In[3] : = t = .

In[4] : = 1 − t^2

Out[4] = $1 - t^2$

In[5] : = %2/. x − >2

Out[5] = − 8

六、微积分及求和、求积函数

函数形式	功能
Limit[$f,x->x0$]	求 $\lim f(x)$
	例：In[1]: = Limit[Sin[x]/x,x→0]
	Out[1]: = 1
Limit[$f,x->x0$,Direction->1]	求 $\lim\limits_{x\to x_0^+} f(x)$
Limit[$f,x->x0$,Direction->-1]	求 $\lim\limits_{x\to x_0^-} f(x)$
D[f,x]	求 f 对于变量 x 的偏导
D[$f,x1,x2,\cdots$]	分别按顺序求 f 对于变量 $x1,x2,\cdots$ 的偏导
D[$f,\{x,n\}$]	求 f 对于变量 x 的 n 阶偏导
Dt[f]	求 f 的全微分
Integrate[f,变量]	求 f 的不定积分
	例：求不定积分 $\int(x^2+3x+6)dx$
	In[1]: = Integrate[x^2+3x+6,x]
Integrate[$f,\{x,x0,x1\}$]	求 f 的定积分
	例：求定积分 $\int_0^e \dfrac{xe^{ax}}{b}dx$
	In[1]: = Integrate[x Exp[ax]/b,$\{x,0,e\}$]
Sum[f,{变量x,初值$x0$,终值$x1$}]	求和 $\sum\limits_{x=x_0}^{x=x_1} f(x)$

例1 用 Mathematica 求极限 $\lim\limits_{x\to1}(x^3+\sqrt{1+2x^2})$.

解 用命令

Limit[x^3+Sqrt[1+2*x^2],x->1]

得极限值为 1 + Sqrt[3],即 $1+\sqrt{3}$.

例2 用 Mathematica 求极限 $\lim\limits_{x\to0}\dfrac{\tan x-\sin x}{\sin^3 x}$.

解 用命令

Limit[(Tan[x]-Sin[x])/(Sin[x]^3),x->0]

得极限值为 $\dfrac{1}{2}$.

例3 用 Mathematica 求极限 $\lim\limits_{x\to\infty}\dfrac{2x+5}{\sqrt{x^2+1}}$

解 在 Mathematica 中，符号 ∞ 用 Infinity 表示，因此，$x\to\infty$ 用 x- > Infinity 表示.
用命令

Limit[(2*x+5)/(Sqrt[x^2+1],x- > Infinity)]

得极限值为 0.

例 4　求函数 $y = \sin x$ 的导数.

解　运行命令: $D[\sin[x],x]$ 即可.

例 5　求函数 $y = \sin x$ 的三阶导数.

解　运行命令: $D[\sin[x],\{x,3\}]$ 即可.

例 6　求不定积分 $\int x\sin 2x dx.$

解　运行命令: $\text{Integrate}[x*\sin[2*x],x]$ 得到: $-\dfrac{1}{2}\cos[2x] + \dfrac{1}{4}\sin[2x]$

注意　结果中不含常数 C, 同学可自行添加.

例 7　求定积分 $\displaystyle\int_1^2 \dfrac{1}{x + x^3} dx.$

解　运行命令 $\text{Integrate}[1/(x + x\hat{\ }3),\{x,1,2\}]$ 得到: $\dfrac{1}{2}(3\log[2] - \log[5])$

七、图形功能

Mathematica 图形功能的最重要特点之一是支持做各种函数的图形. 图形可以着色、加光照、任意旋转等. 系统的作图函数还有许多可选的参数项(称为可选项), 使它们可以在作图时指明各种特殊的要求. 这里我们只讨论图形.

函数形式	功能
$\text{Plot}[f,\{x,\min,\max\}]$	画出函数 $f(x)$ 随 x 从 min 到 max 的图形
$\text{Plot}[\{f1,f2,\cdots\},\{x,\min,\max\}]$	在一起画出 $f1,f2,\cdots$ 的图形
$\text{ParametricPlot}[\{fx,fy\},\{t,\min,\max\}]$	画出参数方程的图形
$\text{Show}[\%n,\%m]$	将第 n 个、第 m 个图形重叠在一起

例 8　在一个坐标系下画出函数 $y = \sin 2x, y = \cos 3x$ 在区间 $[0,\pi]$ 上的图形.

解　运行命令 $\text{In}[1]:= \text{Plot}[\{\sin[2x],\cos[3x]\},\{x,0,\text{Pi}\}]$

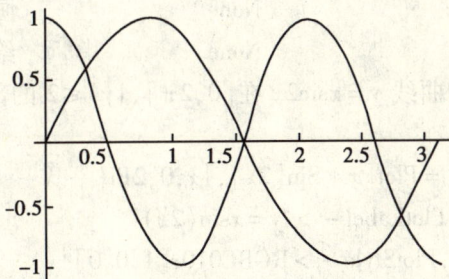

例 9　画出参数方程 $x = \cos^3 t, y = \sin^3 t$ 的图形.

解　运行命令 $\text{In}[2]:= \text{ParametricPlot}[\{\cos[t]\hat{\ }3,\sin[t]\hat{\ }3\},\{t,0,2\text{Pi}\}]$

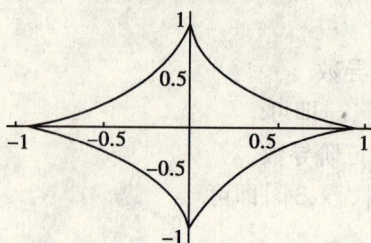

In[3]：= Show[%1,%2]

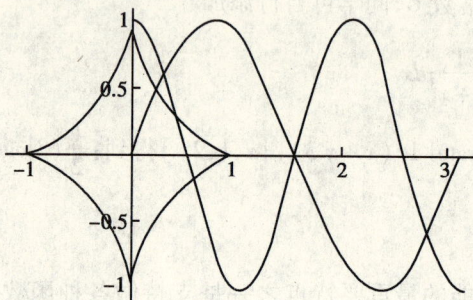

为了使图形输出满足人们的需要，Mathematica 在 Plot 中提供了一个可选项. 通过给定可选项的值，确定图形输出格式.

输入形式	缺少值	说明
PlotRange -> {min, max}	Automatic	确定函数值的取值范围
AspectRatio -> 数字	1/GoldRadio	图形的宽、高比
AxesLabel -> {"xLabel", "yLabel"}	None	给坐标轴加名字
PlotStyle -> RGBColor[r,g,b]	RGBColor[0,0,0]	产生彩色图 r,g,b 取值 0 或 1
Framed -> true	False	给图形加图框
GridLines -> Automatic	None	画出坐标方格
PlotLabel -> "Label"	None	给图形加上标签

例 10   用红颜色画出曲线 $y = x\sin 2x$ 在 $[0, 2\pi]$，$|y| \leqslant 2$ 的部分，并给图形加上标签 $y = x\sin 2x$.

解   运行命令 In[1]：= Plot[$x * \text{Sin}[2x]$, {x, 0, 2Pi}

PlotLabel - > "$y = x\sin(2x)$"

PlotRange -> {-2, 2}, PlotStyle - > RGBC010r[1, 0, 0]

y=xsin{2x}

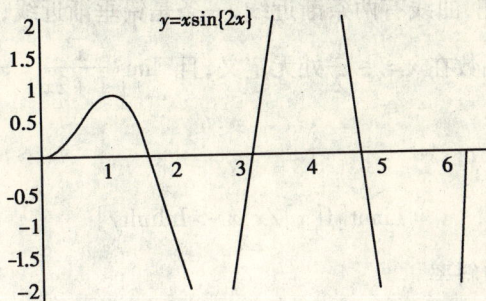

例11　分析函数 $f(x) = 2\cos x + \sin 2x$ 在 $[0, 2\pi]$ 内的单调性、极值、凹向、拐点.

解　(1)自定义函数 $f(x)$:

$$f[x-] := 2 * \text{Cos}[x] + \text{Sin}[2 * x]$$

(2)画出 $f(x)$、$f'(x)$、$f''(x)$ 的图形:

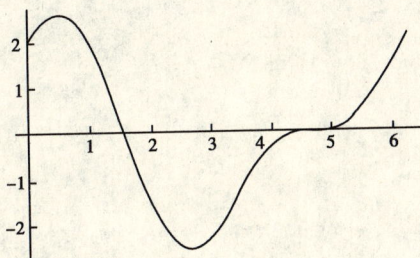

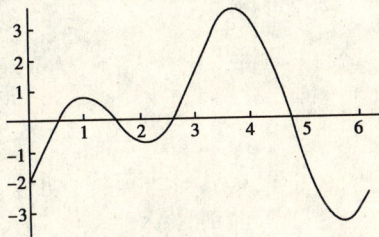

例12　分析函数 $y = \dfrac{x^2}{1 + 2x}$ 的渐近线.

解　(1)用 Plot 命令画出 $f(x)$ 的图形.

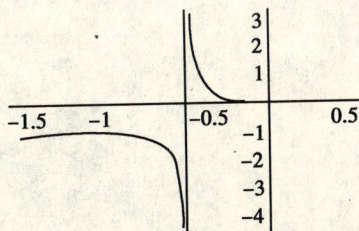

(2)由图形观察猜测,曲线有两条渐近线,一条是铅垂渐近线,一条是斜渐近线. 分析

函数表达式发现,函数在 $x = -\dfrac{1}{2}$ 处无定义,且 $\lim\limits_{x \to -\frac{1}{2}} \dfrac{x^2}{1 + 2x} = \infty$,因此 $x = -\dfrac{1}{2}$ 是一条

铅垂渐近线.

求 $x \to \infty$ 的极限

$$\text{Limit}\big[\,f[\,x\,]\,/x\,,x \to \text{Infinity}\,\big]$$

结果是 $\dfrac{1}{2}$,此是渐近线的斜率

再求极限 $\text{Limit}\big[\,f[\,x\,] - x/2\,,x \to \text{Infinity}\,\big]$

结果是 $-\dfrac{1}{4}$,此是渐近线的截距,于是得出斜渐近线的方程是:

$$y = \frac{1}{2}x - \frac{1}{4}$$

验证了猜测是正确的,并得到了准确的结果.

习题答案

习题 1.1

1. (1)不存在　(2)$\lim\limits_{x \to 0} f(x) = 0$　2. 不存在

习题 1.2

1. $\lim\limits_{x \to \infty} \dfrac{1}{(x-1)^2}$ 为无穷小量；$\lim\limits_{x \to 1} \dfrac{1}{(x-1)^2}$ 为无穷大量

2. $2x, \sqrt{x}, \dfrac{x^2}{x}, 2^x - 1, \ln(1+x)$

习题 1.3

1. 1　2. $\dfrac{2}{3}$　3. ∞　4. 6　5. $-\dfrac{\sqrt{2}}{4}$　6. 2　7. ∞　8. 0

习题 1.4

1. 3　2. $\dfrac{1}{2}$　3. $\dfrac{3}{2}$　4. $\dfrac{2}{3}$　5. e^2　6. e^3　7. $e^{-\frac{3}{2}}$　8. e^{-3}　9. $e^{\frac{3}{2}}$　10. e^{-2}

习题 1.5

1. (1)$x = -1$　(2)$x = \pm 1$　(3)$x = 0, x = 1$　(4)$x = 1$

2. 连续

复习题一

(一)

1. $-\dfrac{1}{2}$　2. $\dfrac{1}{2}$　3. 0　4. 0　5. $\dfrac{1}{2}$　6. $\dfrac{3}{2}$　7. e^4　8. $-\dfrac{3}{2}$　9. 1　10. 3

（二）

1. D　　2. B　　3. D　　4. D　　5. D　　6. B　　7. B　　8. C　　9. D　　10. A

（三）

1. (1)$\dfrac{1}{2}$　　(2)5　　(3)∞　　(4)0　　(5)0　　(6)$\dfrac{1}{2}$

2. (1)3　　(2)$\dfrac{3}{2}$　　(3)2　　(4)1　　(5)e^2

　　(6)$e^{-\frac{3}{2}}$　　(7)e^{-2}　　(8)$e^{-\frac{3}{4}}$　　(9)e^3　　(10)e^{-2}

3. 连续　　4. $k=2$　　5. $k=1$

习题 2.1

1. (1)a　　(2)$-3x^2$　　2. 连续,不可导　　3. $\dfrac{1}{2}$　　4. $x-ey=0$

习题 2.2

1. (1)$-\dfrac{1}{2\sqrt{x^3}}+\dfrac{3}{x^4}$　　　　(2)$x-\dfrac{4}{x^3}$　　　　　　(3)$6x^2+2x+2$

　　(4)$5\sqrt{x^3}-2x$　　　　　(5)$\dfrac{3}{2}\sqrt{x}-\dfrac{1}{\sqrt{x}}-\dfrac{1}{2\sqrt{x^3}}$　　(6)$ex^{e-1}-e^x$

　　(7)$x\cdot 2^x(x\ln 2+2)$　　(8)$\dfrac{1}{2x\ln 10}+\dfrac{1}{\sqrt{x}}$　　(9)$x^2(3\ln x+1)+2^x\ln 2$

　　(10)$-\dfrac{1+2\ln x}{x^3}$

2. (1)$-x\sin x$　　　　　　　　　(2)$\tan x+x\sec^2 x+\csc^2 x$

　　(3)$\sec^2 x+\sec x+x\sec x\cdot\tan x$　　(4)$x^2(8x-3)\cos x-x^3(2x-1)\sin x$

　　(5)$\dfrac{-3}{1+\sin x}$　　　　　　　(6)0

　　(7)$\arcsin x+\dfrac{x}{\sqrt{1-x^2}}+\dfrac{1}{2\sqrt{x}}$　　(8)$2x\arctan x+1$

　　(9)$\cos x\arcsin x+\dfrac{\sin x}{\sqrt{1-x^2}}$　　(10)$-\dfrac{1+\sqrt{1-x^2}\arccos x}{e^x\sqrt{1-x^2}}$

习题 2.3

1. (1)$20(1+2x)^9$　　(2)$-\dfrac{1}{x^2}e^{\frac{1}{x}}$　　(3)$\dfrac{1}{2\sqrt{x}}3^{\sqrt{x}}\ln 3$　　(4)$-\tan x$　　(5)$\dfrac{2x}{(x^2+1)\ln 2}$

(6) $-\dfrac{3}{2\sqrt{2-3x}}$　　(7) $-\dfrac{2}{(2x+1)^2}$　　(8) $2\sin(1-2x)$　　(9) $3\sec^2 3x$　　(10) $\dfrac{1}{2\sqrt{x}\sqrt{1-x}}$

(11) $-\dfrac{1}{x^2+1}$　　(12) $\dfrac{1}{x\ln x}+\dfrac{2\ln x}{x}$

2. (1) $-\dfrac{2x+y}{x+2y}$　　(2) $\dfrac{1}{1-e^y}$　　(3) $\dfrac{y}{y-1}$　　(4) $\dfrac{2x^3 y}{y^2+1}$　　(5) $\dfrac{e^y}{1-xe^y}$　　(6) $\dfrac{y+y\ln y}{y-x}$

3. (1) $(1+x^2)^{\sin x}\left[\cos x\ln(1+x^2)+\dfrac{2x\sin x}{1+x^2}\right]$

(2) $(\sin x)^{\frac{1}{x}}\left(\dfrac{\cot x}{x}-\dfrac{\ln\sin x}{x^2}\right)$

(3) $\dfrac{1}{2}\sqrt{\dfrac{(1+x)(x^2-1)}{2x^2+1}}\left(\dfrac{1}{x+1}+\dfrac{2x}{x^2-1}-\dfrac{4x}{2x^2+1}\right)$

(4) $x\sqrt{\dfrac{x+2}{x-1}}\left[\dfrac{1}{x}+\dfrac{1}{2(x+2)}-\dfrac{1}{2(x-1)}\right]$

习题 2.4

1. (1) $6(x+1)$　　(2) $2+\dfrac{1}{x^2}$　　(3) $-\dfrac{1}{\cos^2 x}$　　(4) $-2\cos 2x$

2. (1) $\dfrac{4}{e}$　　(2) $(2-\alpha)(1-\alpha)$　　(3) -1　　(4) $\dfrac{16}{25}$

习题 2.5

1. (1) $e^{\tan x}\sec^2 x\,dx$　　(2) $(2x\arctan x+1)dx$　　(3) $e^{\frac{x}{2}}(\dfrac{1}{2}\ln x+\dfrac{1}{x})dx$

(4) $\left[2x\ln(1+x^2)+\dfrac{2x^3}{1+x^2}\right]dx$　　(5) $\dfrac{1+e^y}{1-xe^y}dx$　　(6) $\dfrac{y\ln y}{y-x}dx$

2. (1) 0.99　　(2) 1.05　　(3) 0.001

复习题二

(一)

1. $-\dfrac{1}{4}$　　2. $x-3y+2=0$　　3. $\dfrac{1}{16}$　　4. $2f'(x)$　　5. $-\dfrac{1}{2}$

6. 对　　7. $\dfrac{e^x}{1+e^{2x}}dx$　　8. $2x-1$　　9. -1　　10. Δx 的高阶无穷小

(二)

1. A　　2. D　　3. C　　4. A　　5. C　　6. C　　7. D　　8. B　　9. D　　10. B

（三）

1. $(1)\, x=2$　$(2)\, 4x-y-3=0$

2. $a=2;\, b=-1$

3. $(1)\, \dfrac{2}{(1-x)^2}$　$(2)\, \dfrac{3-2x}{(x^2-3x+2)^2}$　$(3)\, -\dfrac{1}{x^2}\cdot 2^{\tan\frac{1}{x}}\ln 2\cdot\sec^2\dfrac{1}{x}$

$(4)\, e^{2x}(2\cos 3x-3\sin 3x)$　$(5)\, \dfrac{1}{1+x^2}$　$(6)\, \dfrac{1}{x^2-1}$　$(7)\, -\dfrac{y(1+xe^{xy})}{x(xe^{xy}+\ln x)}$

$(8)\, -\dfrac{y(2x^2+1)}{x(y+1)}$　$(9)\, \dfrac{xy\ln x-y^2}{xy\ln x-x^2}$

$(10)\, \dfrac{1}{5}\sqrt[5]{\dfrac{(x-1)(x-2)}{(x-3)(x-4)}}\left(\dfrac{1}{x-1}+\dfrac{1}{x-2}-\dfrac{1}{x-3}-\dfrac{1}{x-4}\right)$

4. $(1)\, 0$　$(2)\, e$　$(3)\, -1$　$(4)\, -2$　$(5)\, 4$　$(6)\, 2$

5. $(1)\, \dfrac{e^x(2+x+2e^x)}{(1+e^x)^2}$　$(2)\, 0$　$(3)\, \dfrac{1}{x^2}[f''(\ln x)-f'(\ln x)]$　$(4)\, 2^x\ln^n 2$

6. $(1)\, \dfrac{x}{x^2-1}dx$　$(2)\, 2(e^{2x}-e^{-2x})dx$

$(3)\, \dfrac{ye^y}{1-xye^y}dx$　$(4)\, \dfrac{2x-\cos(x+y)}{2y+\cos(x+y)}dx$

7. $\pi\ \text{cm}^2$

8. $1800\pi\ \text{cm}^2$

习题 3.1

1. $\xi=0$　　2. $\xi=1$

习题 3.2

1. ∞　　2. 7　　3. $\dfrac{2}{3}$　　4. $\dfrac{3}{2}$　　5. $\dfrac{5}{3}$　　6. 0

7. 0　　8. 0　　9. 1　　10. 1　　11. $\dfrac{e}{2}$　　12. 0

习题 3.3

1. (1) 在 $(-\infty,+\infty)$ 上单调增加　　(2) 在 $(-\infty,+\infty)$ 上单调减少

(3) 在 $(0,+\infty)$ 上单调增加　　(4) 在 $(-\infty,+\infty)$ 上单调增加

(5) 在 $(-\infty,+\infty)$ 上单调增加

2. 在 $(-\infty,-1)$ 与 $(3,+\infty)$ 内单调增加,在 $(-1,3)$ 内单调减少

习题 3.4

1. 极大值 $f(1)=1$, 极小值 $f(3)=-3$

2. 极小值 $f\left(\dfrac{1}{2}\right)=-\dfrac{27}{16}$

习题 3.5

1. (1) 最小值为 2, 最大值为 32

   (2) 最小值为 -47, 最大值为 17

2. 边长为 $\sqrt{A}$ 的正方形

3. 9975   199.5   199

习题 3.6

1. (1) 在 $\left(-\infty,-\dfrac{\sqrt{2}}{2}\right)\cup\left(\dfrac{\sqrt{2}}{2},+\infty\right)$ 内上凹, 在 $\left(-\dfrac{\sqrt{2}}{2},\dfrac{\sqrt{2}}{2}\right)$ 内下凹, 拐点为 $\left(-\dfrac{\sqrt{2}}{2},-\dfrac{5}{2}\right)$、

   $\left(\dfrac{\sqrt{2}}{2},-\dfrac{5}{2}\right)$

  (2) 在 $(-\infty,-\sqrt{3})\cup(0,\sqrt{3})$ 内下凹, 在 $(-\sqrt{3},0)\cup(\sqrt{3},+\infty)$ 内上凹, 拐点为

   $\left(-\sqrt{3},-\dfrac{\sqrt{3}}{2}\right)$、$(0,0)$ 和 $\left(\sqrt{3},\dfrac{\sqrt{3}}{2}\right)$

2. (1) 水平渐近线 $y=0$, 铅直渐近线 $x=-1$

  (2) 水平渐近线 $y=0$, 铅直渐近线 $x=1,x=-3$

复习题三

(一)

1. $\xi=4$ 2. $\xi=\dfrac{\sqrt{3}}{3}$ 3. 极小值   4. -6 5. $f(a)$ 6. $(0,+\infty)$ 7. $x=-1$

8. $(0,0)$ 9. $-2P\ln 2$ 10. 1 元

(二)

1. B   2. B   3. D   4. C   5. D   6. A   7. C   8. C   9. B   10. B

(三)

1. (1) ∞ (2) 1   (3) -2 (4) 1   (5) $\dfrac{1}{2}$ (6) e^{-1}

2. (1) 在 $(-\infty,-\frac{1}{2}\ln2)$ 内单调减少, 在 $(-\frac{1}{2}\ln2,+\infty)$ 内单调增加, 极小值

$$f(-\frac{1}{2}\ln2)=2\sqrt{2}$$

(2) 在 $(-\infty,0)\cup(\frac{2}{5},+\infty)$ 内单调增加, 在 $(0,\frac{2}{5})$ 内单调减少, 极大值 $f(0)=0$, 极小

值 $f(\frac{2}{5})=-\frac{3}{5}\cdot(\frac{2}{5})^{\frac{2}{3}}$

3. $a=0,b=-3,f(1)=-2$ 为极小值

4. 底边为 6m, 高 3m

5. (1) 56 元　　　　　(2) $x=140$

6. (1) 41 元　　　　　(2) $x=400$

7. $Q=300$ 件

8. $Q=300$ 单位

9. $x=465$ 件

习题 4.1

1. $\sin x$ 是 $\cos x$ 的原函数, $\cos x$ 是 $-\sin x$ 的原函数

2. $\sin2x$ 的一个原函数是 $-\frac{1}{2}\cos2x$, $\cos2x$ 的一个原函数是 $\frac{1}{2}\sin2x$

3. $y=x^2-3$

4. $s=\frac{3}{2}t^2-2t+5$

习题 4.2

1. $x-x^3+C$　　　　　　　2. $\sqrt{2}x-\frac{2}{3}x^{\frac{3}{2}}+C$

3. $\ln|x|-\frac{1}{x}-\frac{1}{x^2}+C$　　　　4. $\frac{2}{3}\sqrt{x^3}-2\sqrt{x}+C$

5. $\frac{2}{5}x^{\frac{5}{2}}-2x^{\frac{3}{2}}+C$　　　　　6. $\frac{1}{2}x^2+3x+2\ln|x|+C$

7. $\frac{1}{3}x^3-\frac{2^x}{\ln2}+C$　　　　　8. $e^x+3\cos x+C$

9. $x-\arctan x+C$　　　　　10. e^t-t+C

11. $\frac{1}{2}x-\frac{1}{2}\sin x+C$　　　　12. $-\cot x-x+C$

习题 4.3

1. $\dfrac{1}{10}(x-1)^{10}+C$

2. $-\dfrac{1}{x+2}+C$

3. $-\dfrac{2}{3}\sqrt{2-3x}+C$

4. $\dfrac{1}{2}\ln\left|1+2x\right|+C$

5. $\dfrac{1}{2}e^{2x}+C$

6. $-\dfrac{10^{-x}}{\ln 10}+C$

7. $-\dfrac{3}{2}\cos\dfrac{2}{3}x+C$

8. $\dfrac{1}{5}\sin(5x-3)+C$

9. $\arcsin\dfrac{x}{3}+C$

10. $\dfrac{1}{2}\arctan\dfrac{x}{2}+C$

11. $\ln(1+x^2)+C$

12. $\dfrac{1}{3}(x^2-5)^{\frac{3}{2}}+C$

13. $\ln\left|x^2+x\right|+C$

14. $\ln(1+e^x)+C$

15. $-2\sqrt{1-e^x}+C$

16. $\dfrac{1}{3}\ln^3 x+C$

17. $-\dfrac{1}{\ln x}+C$

18. $-\dfrac{3^{\frac{1}{x}}}{\ln 3}+C$

19. $\dfrac{1}{2}\ln\left|1+2x\right|+C$

20. $2e^{\sqrt{x}}+C$

21. $2\tan\sqrt{x}+C$

22. $\dfrac{1}{6}\arctan\dfrac{3}{2}x+C$

23. $\dfrac{1}{3}\arcsin\dfrac{3}{2}x+C$

24. $\dfrac{1}{12}\ln\left|\dfrac{2+3x}{2-3x}\right|+C$

25. $\ln\left|\sin x\right|+C$

26. $e^{\sin x}+C$

习题 4.4

1. $2\ln(1+\sqrt{x})+C$

2. $\sqrt{2x+1}-\ln(\sqrt{2x+1}+1)+C$

3. $3\sqrt[3]{x}-6\sqrt[6]{x}+6\ln(1+\sqrt[6]{x})+C$

4. $\dfrac{1}{2}(\arcsin x-x\sqrt{1-x^2})+C$

5. $\arccos\dfrac{1}{x}+C$

6. $\dfrac{1}{2}\left(\arctan x+\dfrac{x}{x^2+1}\right)+C$

习题 4.5

1. $-(x+1)e^{-x}+C$

2. $\dfrac{1}{2}x^2\ln x-\dfrac{1}{4}x^2+C$

3. $-x\cos x + \sin x + C$

4. $x\ln\left|x+1\right| - x + \ln\left|x+1\right| + C$

5. $xe^x + C$

6. $-\dfrac{1}{x}(\ln x + 1) + C$

7. $2\sqrt{x}(\ln x - 2) + C$

8. $x\,\text{arctan}x - \dfrac{1}{2}\ln(1+x^2) + C$

复习题四

（一）

1. $F(x) + C$

2. $2\cos 2x$

3. $\dfrac{2}{\pi}\sin\dfrac{\pi}{2}x$

4. $-\cos x$

5. $f(x)$

6. $\sin x + C$

7. $\sin x dx$

8. $\sin x + C$

9. $F(\tan x) + C$

10. $-\dfrac{1}{2}(1-x^2)^2 + C$

（二）

1. D　　2. D　　3. A　　4. D　　5. B　6. A　　7. A　　8. B　　9. C　　10. C

（三）

1. $s = \dfrac{1}{12}t^4 + \dfrac{1}{2}t^2 + t$

2. $P(t) = \dfrac{1}{2}at^2 + bt$

3. （1）$\sin x + \cos x + C$

（2）$-\dfrac{1}{x} - \text{arctan}x + C$

（3）$\tan x - \sec x + C$

（4）$x - \ln(1+e^x) + C$

（5）$2\arcsin\sqrt{x} + C$

（6）$\dfrac{1}{4}\text{arctan}\dfrac{2x+1}{2} + C$

（7）$\dfrac{1}{5}\ln\left|\dfrac{x-3}{x+2}\right| + C$

（8）$\arcsin\dfrac{x+1}{\sqrt{6}} + C$

（9）$\dfrac{1}{2}x - \dfrac{1}{8}\sin 4x + C$

（10）$\sin x - \dfrac{2}{3}\sin^3 x + \dfrac{1}{5}\sin^5 x + C$

（11）$\dfrac{1}{2}\tan^2 x + \ln|\cos x| + C$

（12）$\ln|\ln\sin x| + C$

（13）$\ln\dfrac{\sqrt{1+e^x}-1}{\sqrt{1+e^x}+1} + C$

（14）$2e^{\sqrt{x}}(\sqrt{x}-1) + C$

（15）$\dfrac{f(ax+b)}{a} + C$

（16）$xf'(x) - f(x) + C$

习题 5.1

1. $b-a$ 2. 0   3. 2π

习题 5.2

1. (1) <   (2) >   (3) >   (4) >

2. $1 \leqslant \int_0^1 e^x dx \leqslant e$

习题 5.3

1. (1) 0   (2) $\sin x^2$ (3) $-\sin x^2$ (4) $\dfrac{\sin x}{2\sqrt{x}}$ (5) $2x\sin x^4$

2. $\dfrac{2x}{1+x^2}$

3. (1) 1   (2) 1   (3) 1   (4) 0

4. (1) $\dfrac{3}{8}$ (2) 1   (3) $\dfrac{1}{11}$ (4) $2(\sqrt{2}-1)$

   (5) $\dfrac{1}{3}\ln 7$ (6) $1-e^{-2}$ (7) 0   (8) $\dfrac{\pi}{6}$

   (9) $\dfrac{1}{15}$ (10) $\dfrac{1}{4}$ (11) $\dfrac{3}{16}$ (12) $\dfrac{2}{3}\sqrt{(1-e^{-1})^3}$

   (13) $e-e^{\frac{1}{2}}$ (14) 0   (15) 1   (16) $\sin e - \sin 1$

习题 5.4

1. $\dfrac{12}{5}$ 2. $\dfrac{9}{2}+6\ln 2$ 3. $2\ln\dfrac{3}{2}$ 4. $2(\sqrt{3}-\dfrac{\pi}{3})$

习题 5.5

1. 1   2. $1-2e^{-1}$ 3. 1   4. $\dfrac{1}{9}(2e^3+1)$

习题 5.6

1. $-\dfrac{1}{2}$ 2. 发散   3. $\dfrac{1}{6}$ 4. $\dfrac{1}{3}e^3$

5. $\ln 2$　　　　　　6. $\dfrac{1}{2}$　　　　　7. 2

习题 5.7

1. (1) $\dfrac{4}{3}$　　　　(2) $\dfrac{3}{2} - \ln 2$　　(3) 18

2. $\dfrac{8}{3}\pi$

3. 49 焦耳

4. $C(Q) = 3Q + \dfrac{1}{6}Q^2 + 1$（万元）　　　$R(Q) = 7Q - \dfrac{1}{2}Q^2$（万元）

复习题五

（一）

1. 0　　　　　　2. 0　　　　　3. 0　　　　　4. $\dfrac{1}{1+x^2}$

5. $\ln^2(4x+2)$　　6. 奇函数　　7. $e^x \sin x\,dx$　　8. $e^{-x}\cos x$

9. $\dfrac{1}{2}$　　　　　10. $\dfrac{1}{3}$

（二）

1. C　　2. D　　3. C　　4. B　　5. B　　6. D　　7. C　　8. B　　9. C　　10. B

（三）

1. (1) $\dfrac{\pi}{2}$　　　　(2) $\dfrac{\pi}{3}$　　　　(3) $\dfrac{\pi}{6}$　　　　(4) $\dfrac{\pi}{8}$

(5) $\dfrac{\pi}{2}$　　　　(6) 0　　　　(7) $\dfrac{1}{4}$　　　　(8) $\dfrac{2}{3}$

(9) $\dfrac{\sqrt{3}}{3}$　　　(10) $\dfrac{\pi}{8} - \dfrac{1}{4}$　　(11) -2π　　(12) $e - 2$

(13) $\dfrac{\pi}{4} - \dfrac{1}{2}$　　(14) $\pi - 2$

2. 提示：作代换 $x = \dfrac{\pi}{2} - t$ 或作代换 $\sin x = u, \cos x = t$

3. (1) π　　　　(2) $\dfrac{1}{2}$　　　　(3) e^{-1}　　　　(4) 0

4. (1) $\dfrac{5}{2}$　　　　(2) 4　　　　(3) e　　　　(4) $\dfrac{17}{6}$

5. (1) $e + e^{-1} - 2$　　(2) $\dfrac{28}{3}$　　　(3) $b - a$　　　(4) 4

6. (1) $V_x = \dfrac{\pi^2}{4}, V_y = 2\pi$

   (2) $V_x = \dfrac{19}{48}\pi, V_y = \dfrac{7\sqrt{3}}{10}\pi$

7. 3.46×10^6 焦耳

8. 9960π 焦耳

9. 21000×9.8 牛顿

10. (1) $\dfrac{500}{3}ah^2 \times 9.8$ 牛顿

    (2) $\dfrac{1000}{3}ah^2 \times 9.8$ 牛顿,增大 1 倍

11. 400 件

12. (1) $L(x) = -2x^2 + 26x - 50$ 百元

    (2) 12 百元

13. (1) $C(x) = 0.2x^2 + 2x + 20$ 元

    (2) $L(x) = -0.2x^2 + 16x - 20$ 元,每天生产 $x = 40$ 单位时利润最大

习题 6.1

1. (1) 是,二阶   (2) 不是

   (3) 是,一阶   (4) 是,一阶

2. (1) 是通解   (2) 是特解

   (3) 不是解   (4) 是通解

3. $y = (1 - 2x)e^{2x}$

4. $y = x^2 + x$

5. $s = v_o t - \dfrac{1}{2}gt^2$

习题 6.2

1. (1) $y = -\dfrac{1}{x^2 + C}$ (2) $y = \ln\left(\dfrac{1}{2}e^{2x} + C\right)$

   (3) $1 + y^2 = C(1 - x^2)$ (4) $\tan x \cdot \cot y = C$

2. (1) $\arcsin y - \arcsin x = \dfrac{\pi}{2}$

   (2) $y = \arccos\left(\dfrac{\sqrt{2}}{2}\cos x\right)$

   (3) $y^2 = 2\ln(1 + e^x) + 1$

习 题 6.3

1. (1) $y = e^{-3x}(e^x + C)$

   (2) $y = Cx + x^2\left(\dfrac{x}{2} + 1\right)$

   (3) $y = \dfrac{\sin x + C}{x^2 - 1}$

   (4) $y = (x + C)e^{-\sin x}$

   (5) $y = (x^3 + C)\ln x$

   (6) $x = Ce^{\frac{y}{2}} + y + 2$

2. (1) $y = \dfrac{1}{x}(\pi - 1 - \cos x)$

   (2) $y = \dfrac{x^2 - 1}{4\sqrt{1 + x^2}}$

3. 证明略

4. 证明略

习 题 6.4

1. (1) $y = x\arctan x - \ln\sqrt{1 + x^2} + C_1 x + C_2$

   (2) $y = \dfrac{1}{12}x^4 + \sin x + C_1 x^2 + C_2 x + C_3$

   (3) $y = -\ln|\cos x + C_1| + C_2$

   (4) $y = (x - 1)e^x + C_1 x^2 + C_2$

2. (1) $y = \dfrac{1}{6}x^3\ln x - \dfrac{11}{36}(x^3 - 1)$

   (2) $y = -\dfrac{1}{a}\ln|ax + 1|$

习 题 6.5

1. (1) $y = C_1 e^x + C_2 e^{-2x}$

   (2) $y = C_1 e^{3x} + C_2 e^{-3x}$

   (3) $y = C_1 + C_2 e^{4x}$

   (4) $y = C_1 \sin x + C_2 \cos x$

   (5) $y = e^{-3x}(C_1 \sin 2x + C_2 \cos 2x)$

   (6) $y = e^x(C_1 + C_2 x)$

   (7) $y = C_1 e^{(1-a)x} + C_2 e^{(1+a)x}$

   (8) $y = e^{2x}(C_1 \sin x + C_2 \cos x)$

2. (1) $y = 9e^x - 3e^{3x}$

   (2) $y = e^{-\frac{1}{2}x}(2 + x)$

   (3) $y = 3e^{-2x}\sin 5x$

   (4) $y = e^{-x} - C_2 e^{4x}$

   (5) $y = 2e^{-t}(\sin 2t + 2\cos 2t)$

习 题 6.6

1. (1) $\bar{y} = x$

   (2) $\bar{y} = \sin x$

   (3) $\bar{y} = \dfrac{7}{6}$

   (4) $\bar{y} = x^3 - 3x^2 + 7x$

$(5)\overline{y}=e^{-3x}\left(-\dfrac{4}{25}\cos2x-\dfrac{3}{25}\sin2x\right)$

2. $(1)y=C_1e^{3x}+C_2e^{-x}-x+\dfrac{1}{3}$ 　　$(2)y=e^{3t}(C_1\sin2t+C_2\cos2t)+3$

$(3)s=C_1e^{-t}+C_2e^{-2t}+\dfrac{t}{4}-\dfrac{3}{8}$ 　　$(4)x=-\sin2t+C_1t+C_2$

3. $(1)y=-\dfrac{1}{3}\sin x-\cos x+\dfrac{1}{3}\sin2x$ 　　$(2)y=-\dfrac{7}{6}e^{-2x}+\dfrac{5}{3}e^x-x-\dfrac{1}{2}$

$(3)s=t\sin t+2\cos t$ 　　$(4)y=2-e^{-\frac{1}{4}x}\left(\dfrac{\sqrt{7}}{7}\sin\dfrac{\sqrt{7}}{4}x+\cos\dfrac{\sqrt{7}}{4}x\right)$

4. $y=\dfrac{1}{3}\sin x-\dfrac{1}{6}\sin2x+\cos2x$

习 题 6.7

1. $x^2+y^2=25$

2. $(1)T=30+1120e^{-0.014t}$ 　　(2)大约 $t\leqslant31.56(s)$

3. $v=\dfrac{k_1}{k_2}t-\dfrac{mk_1}{k_2^2}(1-e^{-\frac{k_2}{m}t})$ 　　4. $i=\sqrt{2}\sin(5t-\dfrac{\pi}{4})+e^{-5t}(A)$

5. $x=\dfrac{a}{b}+(x_0-\dfrac{a}{b})e^{-bt}$ 　　6. $i=\dfrac{u_0}{R}e^{-\frac{t}{RC}}$

复习题六

(一)

1. 变量分离 　　2. 一阶线性非齐次，$y=x(-\cos x+C)$

3. $y=Ce^{-x^2}$ 　　4. $\dfrac{y^2}{2}=\ln|x|-\dfrac{x^2}{2}+C$

5. $y=(C_1\cos\sqrt{2}x+C_2\sin\sqrt{2}x)$ 　　6. $y=C_1e^{-2x}+C_2e^x$

7. $y=(C_1+C_2x)e^{-3x}$ 　　8. $y=e^{-2x}(C_1\cos x+C_2\sin x)$

9. $y=3\left(1-\dfrac{1}{x}\right)$ 　　10. $x(ax^2+bx+c)$

11. $x^2(ax+b)e^{-2x}$ 　　12. $a\cos x+b\sin x$

(二)

1. B　2. B　3. C　4. A　5. B　6. C　7. C　8. B　9. D　10. C

11. B　12. C　13. C

(三)

1. $(1)x(1+y^2)e^{\frac{x^2}{2}}=C$ 　　$(2)y=x(\ln|x|+C)$

$(3)x=Ce^y+y^2+2y+2$ 　　$(4)y=C(x+1)^2+2(x+1)^{\frac{5}{2}}$

(5) $y = e^x(C_1\cos x + C_2\sin x)$ 　　　　　(6) $y = C_1e^{-\frac{x}{\sqrt{3}}} + C_2e^{\frac{x}{\sqrt{3}}}$

(7) $y = (C_1 + C_2x)e^{2x} + \frac{3}{2}x^2e^{2x}$ 　　　(8) $y = C_1 + C_2e^{-\frac{5}{2}x} - 2\cos x + 5\sin x$

2. (1) $y = 2\arctan\frac{\pi}{2x} - x$ 　　　　　(2) $y = x\sec x$

(3) $y = \frac{1}{3}(2x - 1)^{\frac{3}{2}} - \frac{1}{3}$ 　　　　(4) $y = e^{-2x} + 3e^x$

(5) $y = -\cos x - \frac{1}{3}\sin x + \frac{1}{3}\sin 2x$

3. $y = 2e^x - e^{-x}$

4. $s = v_0t - \frac{1}{2}kt^2$，物体能滑的距离为$\frac{v_0^2}{2k}$

5. $v\Big|_{t=15} = 4(\text{m/min})$

6. $t = 30(\text{min})$

7. $y = \frac{1}{2}(1 - x^2)$

8. $v = -\frac{mg}{k} + \left(\frac{mg}{k} + v_0\right)e^{-\frac{k}{m}t}$，　$t = \frac{m}{k}\ln\left(1 + \frac{kv_0}{mg}\right)$

习题 7.1

1. $3x^2 + 3y^2 + 3z^2 - 48x - 26y + 8z + 123 = 0$

2. 略

3. $5\sqrt{2}$；$\sqrt{34}$；$\sqrt{41}$

4. $(0, 6, 0)$

5. 证明略

6. (1) 平面平行 z 轴 　　　　　(2) 平面过点$\left(0, \frac{8}{3}, 0\right)$且平行于$xOy$

(3) 平面过 y 轴 　　　　　　(4) 平面过 x 轴

(5) 平面在 x、y、z 轴上的截距分别是 2、-3、3

(6) 平面过坐标原点

7. $(x - 1)^2 + (y - 3)^2 + (z - 2)^2 = 14$

8. $\frac{y^2}{a^2} + \frac{x^2 + z^2}{a^2 - c^2} = 1$

9. $(2, 1, -2)$，3

10. (1) $x^2 = \frac{1}{9}(y^2 + z^2)$，$z^2 = 9(x^2 + y^2)$ 　　(2) $x^2 + z^2 = 4y$

(3) $x^2 + y^2 + z^2 = 16$ 　　　　　　(4) $9x^2 + 4(y^2 + z^2) = 36$

11. (1) 球面　　　　　　　　　(2) 旋转双曲面
　　(3) 圆柱面　　　　　　　　(4) 抛物柱面
　　(5) 球面　　　　　　　　　(6) 上半圆锥面
　　(7) 上半球面　　　　　　　(8) 旋转椭球面
　　(9) 双曲柱面　　　　　　　(10) 球面

12. (1) 圆　　　　　　　　　　(2) 椭圆
　　(3) 抛物线　　　　　　　　(4) 双曲线

13. 略

14. $5x^2 - 3y^2 = 1$

15. $\begin{cases} y^2 - 2x + 9 = 0 \\ z = 0 \end{cases}$

16. $\begin{cases} x^2 + 2y^2 - 2y = 0 \\ z = 0 \end{cases}$

习题 7.2

1. (1) $12 - \sqrt{3}\pi$　　$t^2 f(x, y)$　　　　(2) $1 + x - x^4$

　　(3) $\sqrt{1 + \dfrac{1}{x^2}}$

2. (1) $x^2 + y^2 < 1, y^2 \leqslant 4x$ 且 $x^2 + y^2 \neq 0$　　(2) $x \geqslant 0$ 且 $x^2 \geqslant y \geqslant 0$

　　(3) $\begin{cases} |x| \leqslant 1 \\ |y| \leqslant 1 \end{cases}$ 及 $\begin{cases} |x| > 1 \\ |y| > 1 \end{cases}$　　(4) $|y| \leqslant 1$

　　(5) $x^2 + y^2 < 1, x \geqslant 0$ 且 $y > x$

3. (1) 1　　　(2) $-\dfrac{1}{4}$　　　(3) $\dfrac{1}{2}$　　　(4) $\dfrac{1}{2}$　　　(5) e^3

4. (1) 连续　　　　　　　　　(2) 不连续

5. (1) $x = y$　　　　　　　　(2) $y^2 = 2x$

习题 7.3

1. (1) $\dfrac{\partial z}{\partial x} = \dfrac{1}{\sqrt{x^2 + y^2}}$　　　　$\dfrac{\partial z}{\partial y} = \dfrac{y}{x\sqrt{x^2 + y^2} + x^2 + y^2}$

　　(2) $\dfrac{\partial z}{\partial x} = y(1 + x)^{y-1}$　　　　$\dfrac{\partial z}{\partial y} = (1 + x)^y \ln(1 + x)$

　　(3) $\dfrac{\partial z}{\partial x} = \dfrac{\sqrt{y}}{\sqrt{1 - x^2 y}}$　　　　$\dfrac{\partial z}{\partial y} = \dfrac{x}{2\sqrt{y - x^2 y^2}}$

　　(4) $\dfrac{\partial u}{\partial x} = \dfrac{y}{z} x^{\frac{y}{z} - 1}$　　　$\dfrac{\partial u}{\partial y} = \dfrac{1}{z} x^{\frac{y}{z}} \ln x$　　　$\dfrac{\partial u}{\partial z} = -\dfrac{y}{z^2} x^{\frac{y}{z}} \ln x$

(5) $\dfrac{\partial S}{\partial u} = \dfrac{u^2 - v^2}{vu^2}$　　　　　　　　$\dfrac{\partial S}{\partial v} = \dfrac{v^2 - u^2}{uv^2}$

(6) $\dfrac{\partial z}{\partial x} = e^z \left(\cos \dfrac{x}{y} - \dfrac{1}{y} \sin \dfrac{x}{y} \right)$　　　$\dfrac{\partial z}{\partial y} = \dfrac{x}{y^2} e^z \sin \dfrac{x}{y}$

2.　$\dfrac{2}{5}$　　$\dfrac{1}{5}$

3.　1　　-1

4.　(1) $\dfrac{\partial^2 z}{\partial x^2} = 12x^2 - 8y^2$　　　$\dfrac{\partial^2 z}{\partial y^2} = 12y^2 - 8x^2$　　　$\dfrac{\partial^2 z}{\partial x \partial y} = \dfrac{\partial^2 z}{\partial y \partial x} = -16xy$

(2) $\dfrac{\partial^2 z}{\partial x^2} = \dfrac{-y^2}{(y^2 + 2xy)^{3/2}}$　　$\dfrac{\partial^2 z}{\partial y^2} = \dfrac{-x^2}{(y^2 + 2xy)^{3/2}}$　　$\dfrac{\partial^2 z}{\partial x \partial y} = \dfrac{\partial^2 z}{\partial y \partial x} = \dfrac{xy}{(y^2 + 2xy)^{3/2}}$

(3) $\dfrac{\partial^2 z}{\partial x^2} = 2a^2 \cos 2(ax + by)$　　　$\dfrac{\partial^2 z}{\partial y^2} = 2b^2 \cos 2(ax + by)$

(4) $\dfrac{\partial^2 z}{\partial x \partial y} = \dfrac{\partial^2 z}{\partial y \partial x} = 2ab \cos 2(ax + by)$　　　$\dfrac{\partial^2 z}{\partial x^2} = y^{\ln z} \dfrac{\ln y(\ln y - 1)}{xy}$

$\dfrac{\partial^2 z}{\partial y^2} = y^{\ln z} \dfrac{\ln x(\ln x - 1)}{y^2}$　　　$\dfrac{\partial^2 z}{\partial x \partial y} = \dfrac{\partial^2 z}{\partial y \partial x} = y^{\ln z} \dfrac{\ln x \ln y + 1}{xy}$

5.　(1) $dz = \dfrac{y^2 dx - xy dy}{(x^2 + y^2)^{3/2}}$　　　　　　(2) $dz = yx^{y-1} dx + x^y \ln y \, dy$

(3) $dz = e^{xy}(y dx + x dy)$

(4) $dz = [\sin(x^2 + y^2) + 2x^2 \cos(x^2 + y^2)] dx + 2xy \cos(x^2 + y^2) dy$

6.　$\dfrac{\partial z}{\partial x} = 3x^2 \sin y \cos y(\cos y - \sin y)$

$\dfrac{\partial z}{\partial y} = -x^3 \sin 2y(\sin y + \cos y) + x^3(\sin^3 y + \cos^3 y)$

7.　$\dfrac{\partial z}{\partial x} = \dfrac{2x}{y^2} \ln(x \sin y) + \dfrac{x}{y^2}$　　$\dfrac{\partial z}{\partial y} = -\dfrac{2x^2}{y^3} \ln(x \sin y) + \dfrac{x^2}{y^2} \cot y$

8.　(1) $\dfrac{\partial u}{\partial x} = 2xf'$　　$\dfrac{\partial u}{\partial y} = 2xf'$　　$\dfrac{\partial u}{\partial z} = -2nf'$

(2) $\dfrac{\partial u}{\partial x} = f_1^1 + yf_2^1 + yzf_3^1$　　$\dfrac{\partial u}{\partial y} = xf_2^1 + xzf_3^1$　　$\dfrac{\partial u}{\partial z} = xyf_3^1$

（其中 $f_1^1 = \dfrac{\partial f}{\partial x}$　$f_2^1 = \dfrac{\partial f}{\partial s}(s = xy)$　$f_3^1 = \dfrac{\partial f}{\partial t}(t = xyz)$）

9.　(1) $\dfrac{\partial z}{\partial x} = \dfrac{z}{y}$　$\dfrac{\partial z}{\partial y} = \dfrac{z(y - x)}{y^3}$

(2) $\dfrac{\partial z}{\partial x} = \dfrac{zax + \sin y + yz}{\sin x + 2z + xy}$　　$\dfrac{\partial z}{\partial y} = -\dfrac{xay + xz}{\sin x + 2z + xy}$

习题 7.4

1.　(1) $f(2, -2) = 8$ 为极大值　　　　　　(2) $f(4, -2) = -10$ 为极小值

(3)$f(5,6) = -86$ 为极小值　　　　　(4)$f\left(\dfrac{1}{2}, -1\right) = -\dfrac{e}{2}$ 为极小值

2. 正三角形,三内角均为 $60°$

3. 其长,宽,高分别为 $6\mathrm{m}, 6\mathrm{m}, 3\mathrm{m}$

4. 边长均为 $\dfrac{2\sqrt{3}}{3}R$

5. $x = 120 \quad y = 80$

6. (1)$z\Big|_{x=1,y=1} = 2$　　　　　　　(2)棱长为 $\dfrac{a}{3}$ 的正方体

　　(3)A、B 分别为 $75 \quad \dfrac{75}{2}$

7. 115.85 万元

习题 7.5

1. (1)$\dfrac{3}{2}$　　　　　　(2)$\dfrac{6}{55}$　　　　　　(3)$\dfrac{64}{15}$

　　(4)$\dfrac{13}{6}$　　　　　　(5)$\dfrac{4}{3}$　　　　　　(6)$-\dfrac{3\pi}{2}$

2. (1)$\displaystyle\int_{0}^{4}dx\int_{x}^{2\sqrt{x}}f(x,y)dy$　或　$\displaystyle\int_{0}^{4}dy\int_{\frac{y^2}{4}}^{y}f(x,y)dx$

　　(2)$\displaystyle\int_{-R}^{R}dx\int_{0}^{\sqrt{R^2-x^2}}f(x,y)dy$ 或 $\displaystyle\int_{0}^{R}dy\int_{-\sqrt{R^4-y^2}}^{\sqrt{R^2-y^2}}f(x,y)dx$

　　(3)$\displaystyle\int_{1}^{2}dx\int_{\frac{1}{x}}^{x}f(x,y)dy$　或　$\displaystyle\int_{\frac{1}{2}}^{1}dx\int_{\frac{1}{3}}^{1}f(x,y)dy + \int_{1}^{2}dy\int_{y}^{2}f(x,y)dx$

　　(4)$\displaystyle\int_{0}^{1}dx\int_{0}^{x}f(x,y)dy + \int_{1}^{2}dy\int_{0}^{2-x}f(x,y)dx$　或　$\displaystyle\int_{0}^{1}dy\int_{y}^{2-y}f(x,y)dx$

3. (1)$\displaystyle\int_{1}^{2}dy\int_{1}^{y}f(x,y)dx + \int_{2}^{4}dy\int_{\frac{y}{2}}^{2}f(x,y)dx$

　　(2)$\displaystyle\int_{0}^{1}dy\int_{e^y}^{1}f(x,y)dx$

　　(3)$\displaystyle\int_{0}^{2}dx\int_{\frac{x}{2}}^{3-x}f(x,y)dy$

4. $\dfrac{8}{3}$

5. $\dfrac{\pi}{4}$

6. $\dfrac{1}{6}$

7. $\left(\dfrac{35}{48},\dfrac{35}{54}\right)$

复习题七

（一）

1. $(1,0,0)$　$(5,0,0)$

2. $y=1$

3. $y=x$

4. $y<x$ 且 $0\leqslant y\leqslant 2$

5. e

6. ye^x

7. $\dfrac{1}{3}(dx+dy)$

8. $(0,0)$

9. $\dfrac{1-e^{-2}}{4}$

10. 0

（二）

1. C　　2. A　　3. B　　4. D　　5. C　　6. D　　7. A　　8. B　　9. B　　10. D

（三）

1. $(1)(x,y)\neq(0,0)$　　　　$(2)x\notin R,y\geqslant 0$

$(3)x\in R,y\in 0$　　　　$(4)|x|<1,|y|>1$

$(5)x+y>0$　　　　$(6)x^2+y^2\neq 0,x^2+y^2-z^2\geqslant 0$

2. $(1)z'_x=2xy+\dfrac{1}{y}$　　$z'_y=x^2-\dfrac{x}{y^2}$

$(2)z'_x=-\dfrac{2}{x}$　　$z'_y=\dfrac{1}{y}$

$(3)z'_x=e^{\sin x}\cos x\cos y$　　$z'_y=-e^{\sin x}\sin y$

$(4)z'_x=\dfrac{1}{2x\sqrt{\ln(xy)}}$　　$z'_y=\dfrac{1}{2y\sqrt{\ln(xy)}}$

$(5)z'_x=\dfrac{1}{y\sin\dfrac{x}{y}\cos\dfrac{x}{y}}$　　$z'_y=\dfrac{x}{y^2\sin\dfrac{x}{y}\cos\dfrac{x}{y}}$

$(6)z'_x=\dfrac{y}{2\sqrt{x(1-xy^2)}}$　　$z'_y=\sqrt{\dfrac{x}{1-xy^2}}$

$(7) u'_x = \dfrac{y}{z} x^{\frac{y}{z}-1}$　　　$u'_y = \dfrac{1}{z} x^{\frac{y}{z}} \ln x$　　　$u'_z = -\dfrac{y}{z^2} x^{\frac{y}{z}} \ln x$

$(8) u'_x = \dfrac{z(x-y)^{z-1}}{1+(x-y)^{2z}}$　　$u'_y = -\dfrac{z(x-y)^{z-1}}{1+(x-y)^{2z}}$　　$u'_z = \dfrac{(x-y)^z \ln(x-y)}{1+(x-y)^{2z}}$

3. $\left.\dfrac{\partial z}{\partial x}\right|_{\substack{x=2\\y=\pi}} = \dfrac{\pi}{4}\sin\dfrac{2}{\pi}, \left.\dfrac{\partial z}{\partial y}\right|_{\substack{x=2\\y=\pi}} = -\dfrac{1}{2}\sin\dfrac{2}{\pi}$

4. 证略

5. $(1) \dfrac{\partial^2 z}{\partial x^2} = \dfrac{2xy}{(x^2+y^2)^2}, \dfrac{\partial^2 z}{\partial y^2} = -\dfrac{2xy}{(x^2+y^2)^2}$　　$\dfrac{\partial^2 z}{\partial x \partial y} = \dfrac{y^2-x^2}{(x^2+y^2)^2}$

$(2) \dfrac{\partial^2 z}{\partial x^2} = y^x \ln^2 y$　　$\dfrac{\partial^2 z}{\partial y^2} = x(x-1)y^{z-2}$　　$\dfrac{\partial^2 z}{\partial x \partial y} = y^{z-1}(1+x\ln y)$

6. 证略

7. $(1) \left(\dfrac{1}{y}+y\right)dx + x\left(1-\dfrac{1}{y^2}\right)dy$　　$(2) \dfrac{1}{y}e^{\frac{x}{y}}dx - \dfrac{x}{y^2}e^{\frac{x}{y}}dy$

$(3) \dfrac{ydx-xdy}{y\sqrt{y^2-x^2}}$　　　　　　　$(4) \dfrac{xdx+ydy}{x^2+y^2}$

8. $(1) \dfrac{\partial z}{\partial x} = \dfrac{2x}{y^2}\ln(3x-2y) + \dfrac{3x^2}{y^2(3x-2y)}$

$\quad\dfrac{\partial z}{\partial y} = -\dfrac{2x^2}{y^3}\ln(3x-2y) - \dfrac{2x^2}{y^2(3x-2y)}$

$(2) \dfrac{\partial z}{\partial x} = 2x^2 y(x^2+y^2)^{xy-1} + y(x^2+y^2)^{xy}\ln(x^2+y^2)$

$\quad\dfrac{\partial z}{\partial y} = 2xy^2(x^2+y^2)^{xy-1} + x(x^2+y^2)^{xy}\ln(x^2+y^2)$

$(3) (\sin t)^{\cos t-1}\cos^2 t - (\sin t)^{\cos t+1}\ln\sin t$

$(4) \dfrac{(1+x)e^x}{1+x^2 e^{2x}}$

9. $(1) -\dfrac{y+1}{x+1}$

$(2) \dfrac{\partial z}{\partial x} = \dfrac{yz}{e^z-xy}; \dfrac{\partial z}{\partial y} = \dfrac{xz}{e^z-xy}$

$(3) \dfrac{dx}{1+\ln z-\ln y} + \dfrac{zdy}{y(1+\ln z-\ln y)}$

$(4) -dx+dy$

10. (1) 极大值 $\left. z\right|_{\substack{x=-2\\y=2}} = 8$

(2) 极小值 $\left. z\right|_{\substack{x=0\\y=1}} = -5$；极大值 $\left. z\right|_{\substack{x=-3\\y=2}} = 31$

11. 长、宽、高分别取 $\sqrt[3]{V}$

12. A 商品 5 个单位，B 商品 3 个单位

13. $y = 0.0395x + 35.14$

14. (1) $\dfrac{\pi^2}{4}$　　　　　　(2) $\dfrac{16}{315}$　　　　　　(3) $\dfrac{1}{15}$

　　(4) $\dfrac{1}{6} - \dfrac{1}{3e}$　　　　　(5) $\dfrac{1066}{315}$

习题 8.1

1. B　2. B
3. (1) 发散　　　　　　(2) 收敛　　　　　　(3) 发散
4. (1) 收敛　　　　　　(2) 收敛　　　　　　(3) 收敛

习题 8.2

1. (1) 发散　　　　(2) 收敛　　　　(3) 发散　　　　(4) 收敛
2. (1) 发散　　　　(2) 收敛　　　　(3) 收敛
　　(4) 收敛　　　　(5) 收敛　　　　(6) 收敛
3. (1) 发散　　　　(2) 发散　　　　(3) 发散
　　(4) 收敛　　　　(5) 发散　　　　(6) $a > 1$ 时收敛, $a = 1$ 时发散
4. (1) 条件收敛　　　(2) 绝对收敛　　　(3) 条件收敛　　　(4) 绝对收敛

习题 8.3

1. (1) $R = 0$. 级数仅在 $x = 0$ 处收敛
　　(2) $R = +\infty$. 收敛区间为 $(-\infty, +\infty)$
　　(3) $R = 1$, 收敛区间为 $(-1, 1)$ (端点处收敛性没讨论. 事实上, 如果考虑端点处收敛
　　　　性, 可得 $[-1, 1]$).
　　(4) $R = 1$, 收敛区间为 $(-1, 1)$ (端点处收敛性没讨论)
　　(5) 收敛半径 $R = 1$, 收敛区间为 $(-2, 0)$
　　(6) 收敛半径 $R = 1$. 收敛区间为 $(-1, 1)$

2. (1) $e^{-x^2} = \displaystyle\sum_{n=0}^{\infty} \dfrac{(-1)^2 x^{2n}}{n!}$　　$(-\infty < x < +\infty)$

　　(2) $\dfrac{1}{2}(e^x - e^{-x}) = x + \dfrac{x^3}{3!} + \dfrac{x^5}{5!} + \cdots + \dfrac{x^{2n-1}}{(2n-1)!} + \cdots$　　$(-\infty < x < +\infty)$

　　(3) $\dfrac{1}{2+x} = \displaystyle\sum_{n=0}^{\infty} \dfrac{(-1)^2 x^n}{2^{n+1}}$　　$(-2 < x < 2)$

　　(4) $\dfrac{1}{(1-x)^2} = \left(\dfrac{1}{1-x}\right)' = \displaystyle\sum_{n=0}^{\infty} (n+1)x^n$　　$(-1 < x < 1)$

(5) $\arctan x = \int_0^x \frac{1}{1+x^2} dx = \int_0^x \sum_{n=0}^{\infty} (-1)^n x^{2n} dx = \sum_{n=0}^{\infty} \frac{(-1)^n x^{2n+1}}{(2n+1)}$ $(-1 < x < 1)$

(6) $\frac{1}{1-3x+2x^2} = \frac{1}{(1-x)(1-2x)} = \frac{1}{1-x} + \frac{2}{1-2x}$

$= 1 + (2^2-1)x + (2^3-1)x^2 + \cdots + (2^{n+1}-1)x^n + \cdots$ $(-\infty < x < +\infty)$

习题8.4

1. (1) $2x^2 = \frac{2}{3}\pi^2 + 8 \sum_{n=1}^{\infty} \frac{(-1)^n}{n^2} \cos nx$ $(-\pi \leq x \leq \pi)$

(2) $x = 2(\sin x - \frac{1}{2}\sin 2x + \frac{1}{3}\sin 3x - \cdots)$ $(-\pi < x < \pi)$

(3) $f(x) = \frac{\pi}{2} - \frac{4}{\pi}\left[\cos x + \frac{1}{3^2}\cos 3x + \frac{1}{5^2}\cos 5x + \cdots\right]$ $(-\pi \leq x \leq \pi)$

2. (1) $2x^2 = \frac{4}{\pi} \sum_{n=1}^{\infty} \left[\frac{-2}{n^3} + (-1)^2(\frac{2}{n^3} - \frac{\pi^2}{n})\right] \sin x$ $(-\pi < x < \pi)$

(2) $\frac{\pi - x}{2} = \sum_{n=1}^{\infty} \frac{1}{n}\sin nx$ $(0 < x \leq \pi)$

3. (1) $2x + 3 = \pi + 3 - \frac{8}{\pi} \sum_{n=0}^{\infty} \frac{\cos(2n+1)x}{(2n+1)^2}$ $(0 \leq x \leq \pi)$

(2) $f(x) = \frac{8h}{\pi^2} \sum_{n=1}^{\infty} \frac{(-1)^{n-1}}{(2n-1)^2}\sin(2n-1)x$ $(0 \leq x \leq \pi)$

复习题八

(一)

1. (1) 发散   (2) 收敛   (3) 收敛   (4) 收敛   (5) 发散

2. 0

3. $(-\infty, +\infty)$

4. $(-2, 4)$

5. $(-\sqrt{2}, \sqrt{2})$

6. $\sqrt{3}$

(二)

1. A, D   2. A, C   3. C   4. C   5. A, D

(三)

1. (1) 发散   (2) 发散   (3) $\lim_{u \to \infty} u_n \neq 0$, 所给级数发散   (4) 收敛

2. (1) 条件收敛   (2) 绝对收敛

(3)条件收敛　　　　　　　　　　(4)绝对收敛

3. (1)$R=1$,收敛区间为$(-1,1)$

　(2)$R=+\infty$,收敛区间为$(-\infty,+\infty)$

4. (1)$\dfrac{1}{2+x-x^2}=\dfrac{1}{(2-x)(1+x)}=\dfrac{1}{3}\left(\dfrac{1}{2-x}+\dfrac{1}{1+x}\right)$

$$=\dfrac{1}{3}\left[\sum_{n=0}^{\infty}\left(\dfrac{1}{2^{n+1}}+(-1)^n\right)x^n\right]\qquad(-1<x<1)$$

(2)$\ln\dfrac{x}{1+x}=\ln x-\ln(1+x)=\ln[1+(x-1)]-\ln2\left(1+\dfrac{x-1}{2}\right)$

$$=-\ln2+\sum_{n=1}^{\infty}\dfrac{(-1)^{n+1}}{n}\left(1-\dfrac{1}{2^n}\right)(x-1)^n\qquad(0<x<2)$$